“苏霍姆林斯基在中国”丛书

总顾问◎朱小蔓　总主编◎吴盘生

探索与创新

苏霍姆林斯基
家庭教育思想解读与实践

郑建业◎著

江苏凤凰科学技术出版社·南京

图书在版编目(CIP)数据

探索与创新:苏霍姆林斯基家庭教育思想解读与实践/郑建业著.—南京:江苏凤凰科学技术出版社,2018.10(2022.8重印)
(苏霍姆林斯基在中国丛书)
ISBN 978-7-5537-9745-8

Ⅰ.①探… Ⅱ.①郑… Ⅲ.①苏霍姆林斯基(Suhomlinskii, Vasilii Aleksanlrovich 1918—1970)—教育思想 Ⅳ.①G40—095.12

中国版本图书馆CIP数据核字(2018)第229780号

"苏霍姆林斯基在中国"丛书
探索与创新:苏霍姆林斯基家庭教育思想解读与实践

著　　者	郑建业
责任编辑	吴梦琪
责任校对	仲　敏
责任监制	周雅婷
出版发行	江苏凤凰科学技术出版社
出版社地址	南京市湖南路1号A座,邮编:210009
出版社网址	http://www.pspress.cn
印　　刷	溧阳市金宇包装印刷有限公司
开　　本	787mm×1092mm　1/16
印　　张	14
字　　数	224 000
版　　次	2018年10月第1版
印　　次	2022年8月第3次印刷
标准书号	ISBN 978-7-5537-9745-8
定　　价	42.00元

“苏霍姆林斯基在中国”丛书
编委会名单

总序

怎样培养真正的人：教育永恒的命题

“苏霍姆林斯基在中国”丛书的编写，历经数年，已初见成果。现在，第一批著作即将出版，这是一件喜事，我感到十分欣慰。

这套丛书是我国一群热爱、研究苏霍姆林斯基，特别是践行其教育思想的教育工作者的心血之作。丛书向人们真切、生动地展现出在中国教育改革进程中，一大批志士仁人满怀热诚和景仰，向享誉世界的教育家苏霍姆林斯基认真学习的动人情景。丛书也有力地证明，中国基础教育界在改革开放三十多年来，学习、研究和运用苏霍姆林斯基教育思想于中国中小学教育改革实践，取得了可喜的成果。

1979 年，华东师范大学杜殿坤先生翻译、整理的苏霍姆林斯基教育著述（尤其是《给教师的建议》）一经面世，渴望学习、渴望提升教育能力的中国教师，立刻像久旱逢甘雨，将其视作至为宝贵的精神食粮。自此，我国教育界兴起了一次次学习苏霍姆林斯基教育思想的热潮。

苏霍姆林斯基教育思想在当代中国的传播，大致产生过三次高潮，其时间分别是：20 世纪 80 年代初中期，20 世纪 90 年代中后期，21 世纪初至今。

这三次传播高潮，主要表现为三个重要事实。

第一，苏霍姆林斯基的全部著述陆续翻译出版，并应读者要求不断加印。据统计，至 1986 年，国内翻译出版的苏霍姆林斯基教育著作就已达 24 本，每本发行量都很大，如杜殿坤先生编译的《给教师的建议》就一版再版，印数突破了一百万册。同时，热心阅读、研究和传播苏霍姆林斯基教育思想的人们，成立了学术团体，如 1998 年建在中国教育学会比较教育专业委员会之下的“苏霍姆林斯基研究分会”（北京师范大学外国教育研究所），如 2004 年建在中央教育科学研究所之下的“中国苏霍姆林斯基研究中心”，如 2015 年在中国陶行知研究会领导下组建的“苏霍姆林斯基研究专业委员会”。总之，人们像推崇我国著名教育家陶行知那样，期望同样享誉世界、受到我国中小学教师爱戴的苏霍姆林斯基，能对中小学教师产生更为广阔、深刻的思想影响。

第二，我国一批中小学校借鉴苏霍姆林斯基的教育思想，积极开展中小学教育教学改革，持续地反对那种“以知识为本、分数至上为特征，以牺牲学生身心人格健全发展为代价”的应试教育，在改革探索的热潮中做出了诸多创造，如“情境教育”“愉快教育”“和谐教育”“审美教育”“成功教育”等，成为中国学校中推行素质教育的基层典范。这批学校的校长及创造性探索的教师，无一不是学习苏霍姆林斯基教育思想的模范，他们和他们的学校，把我国的中小学素质教育，由民间发端而不断推动，并最终上升为国家政策，在此过程中他们带了头、立了功。

第三，我国一大批中小学教师，以苏霍姆林斯基为楷模，坚持以儿童为本、教书育人的立场，积极效仿苏霍姆林斯基，对自己的职场实践进行持续的教育研究；同时，出现了一批教育科学研究工作者，他们扎根教育实践，以潜心研究、传播苏霍姆林斯基教育思想为志业。由于苏霍姆林斯基教育思想的滋润，经过教育实践的历练，他们或成长为当今中国最优秀并享有盛誉的教育家型教师和校长，或成为很“接地气”、善于结合理论与实践、受到基层教师普遍欢迎的教育科学研究者。

回顾这三次传播高潮，分析客观存在的各种事实，考察它们产生的国内背景，研究其可能构成的长远影响，我以为这种持续性传播主要与以下三个主题密切相关，它们是：①持续地反对应试教育，推动中小学校的素质教育；②不断调整、深化基础教育的课程改革；③鼓励教师成为职场中的研究者，引导中小学教师走向职业的专业化。

苏霍姆林斯基教育思想在我国得到广泛和持续地传播，正与这三个主题的展开过程融为一体。事实上，苏霍姆林斯基的整个教育生涯，也是与这三个主题息息相关的。我们看到：他扎根一所乡村学校几十年，一贯强调在智力教学中实现德育，旨在培养健全、和谐发展的人；他重视基础知识和基本技能，反对死记硬背，强调激发兴趣，培育学习愿望与勤奋品质，力求学生获得智力劳动的心灵成果与其中的创造喜悦；他强调优化学校教育，同时十分看重课外阅读、同辈交往以及校外实践活动对孩子的影响；他身体力行，坚持每年听 360 节以上的课，注重观察现场每个儿童，分析师生关系，体验课堂情感，发挥校长最为重要的管理作用；他亲自主办家长学校，探访学生家长，共商孩子教育问题；他制定“第二教学大纲”，开设“蓝天下的课堂”，带领孩子进行户外游历；他如饥似渴地学习理论，不停顿地思考日常教育教学，把职场当作教育科学与艺术结合的试验场和诞生地；作为一线教师、校长，他在科学研究上取得了骄人的成就，但他的研究不为别的，只为儿童的发展，只为改善教育……这一切的一切，都深深吸引了人们，打动了中国教师的心，得到中国中小学教师的共鸣、欣赏和由衷钦佩。由此可见，苏霍姆林斯基教育思想与实践，正是应和了改革开放以来我国中小学的素质教育、课程改革及教师专业化的追求方向与基本理念，正符合我国中小学教师专业素养提升的内在需要与外部要求。这样就不难理解，苏霍姆林斯基为什么注定会受到中国教师的爱戴，成了他们的效法榜样，甚至是精神偶像。

苏霍姆林斯基这个名字，已是当代中国教师心中一座不朽的丰碑！

本套丛书邀请的作者正是我国教育工作者中的优秀代表。他们现身说法，介绍自己的学习和研究经历，展示自己的精神成长历程。丛书总主编吴盘生老师是一位资深教育科研工作者，他曾因工作需要被派遣到中国驻乌克兰大使馆工作，有幸结识苏霍姆林斯基的家人，并多次进行实地考察和访谈，由此开展对苏霍姆林斯基教育思想的深入研究。近几年来，他倾心策划和组织了一批对苏霍姆林斯基特别有感情、对苏霍姆林斯基教育思想有研究并积极践行的教育工作者，着手这件有意义的工作——编写本套丛书。我相信，这套丛书不仅将给中国教育界留下一幅中国同仁学习苏霍姆林斯基并取得积极成效的历史画卷，而且能折射出中国基础教育改革的不凡历程，讴歌中国教师为教育理想而奋斗的峥嵘岁月。借丛书出版之际，我向吴盘生老师及各位作者表示由衷的敬意和感谢。

苏霍姆林斯基，一位异域教育家，竟然获得中国当代教师如此的热爱和追随，而且是那么的自然而然、经久不息，这在当代教育界的国际交流史上算得上是一个奇迹！当然，这也是一种值得好好研究的教育文化现象。

现在，我们关注的是：今天应当怎样学习苏霍姆林斯基呢？

自苏霍姆林斯基的著述传入我国，三十多年过去了，今天中国的教育环境已经发生了巨大变化。新生代教师所面对的，再也不是“无书可读”的窘境，而是日新月异的网络时代，是多元文化的涌现，是应接不暇的海量信息。此时，我们的确需要回答：今天为什么还要学习苏霍姆林斯基？苏霍姆林斯基还能吸引我们今天的教师吗？今天应当怎样学习这位非凡的教育家？

2008年我访问帕夫雷什中学，曾与苏霍姆林斯基的女儿苏霍姆林斯卡娅院士讨论过这个问题。我们有如下共识：正因为市场经济条件下文化多元，正因为科技主义与物质主义的潮流迅猛，我们更有必要请教苏霍姆林斯基！因为他高洁的思想与磊落的人格恰恰是当今时代稀缺的财富！苏霍姆林斯基把全部身心都贡献给孩子，体现出了他的伟大人格。他集中了全部生命、意识和情感，专注于钻研怎样培养真正的人，专注于思考什么是教育的最高追求和核心价值，从而体现出了他的神圣精神。在今天，他如此的伟大人格和神圣精神显得尤其宝贵！的确，当今时代，特别需要苏霍姆林斯基这样清醒、执着的教育家，因为他的信念和价值观可以警示世人，与时代衍生的缺陷和偏见抗衡，可以给教育工作者以示范和鼓舞，影响他们的理念、信仰，提升他们的情操、境界。

当前和今后中国教师如何学习苏霍姆林斯基呢？

我以为最重要的，是深刻认识苏霍姆林斯基教育思想的本质精神和永恒价值。我觉得，他的全部思想的本质，就是毕生思考和实践“怎样培养真正的人”。苏霍姆林斯基在去世前写出了最为重要的一篇论文《人是最高价值》，其中写道：“在我们社会的旗帜上清楚地书写着：人是最高价值，没有什么事比活生生的人更加重要。”苏霍姆林斯基把教育认定为人学，他说：“教育——这首先就是人学。不了解孩子——不了解他的智力发展，他的思维、兴趣、爱好、才能、禀赋、倾向——就谈不上教育。”20世纪50年代初，当有人预言21世纪是“数学的世纪”时，苏霍姆林斯基就坚定地判言“21世纪将是人的世纪”，他坚信没有人的素质提升，就没有人类社会光明的未来。他对教育活动的本质、对教育的根本价值的理解具有永恒的意义。

关注人的心灵成长，是苏霍姆林斯基对教育活动本质的深刻理解，是他全部教育思想中最为聚焦，也最富有特色的方面。这是我个人的研究心得。

我看到，苏霍姆林斯基把情感教育与道德教育看得最为相关，在其著述中，关于情感与人的精神成长的关系，关于情感教育的论述，特别丰富、深刻。他把情感视作道德发生的基础，强调要“重视人的同情心、善良、怜悯、敏感性、友谊、义务感、责任感”，认为它们“能够增强精神情感力量，这些情感力量微妙地交织在一起，进而达到高尚的情感激动。只有这些情感的培养才能使道德概念变为信念”。从苏霍姆林斯基的诸多论述中可以看出，他把同情、怜悯看成人最基础的情感，把正义感看作青少年道德良知中最深刻的情感。同时，他明确指出：自尊感是学生道德发展的重要因素。“教师要善于在每一个学生面前，甚至是最平庸的、在智力发展上最有困难的学生面前，都向他打开他的精神发展的领域。”

正因为如此，他从来不把德育从全部教育活动中抽离出去、割裂开来，仅当作一种专项工作，而是要求所有教师不是只教某门课程，比如他常对教师说“你不是教物理，而是教人学物理”。他要求学校教育工作努力做到综合地、和谐一致地影响人的发展。

苏霍姆林斯基的全部教育思想，包括教育目标、过程、机制与方法，都与建构人的精神世界相关，他从不把具体的德育工作看作外部知识的堆积、外在纪律的束缚、形式主义的刻板的措施，而是把德育看作心灵沟通、精神建构的过程，主张让尽量多的人和物进入童年的精神生活，并在整个少年时期在情感领域中一直保存着这些人和物的迷人的吸引力。在他看来，所有的教育工作，都只有在人产生内在的感受时，具有属于自己的感受时，心灵才能得到扩展。因此，他坚定地相信，教师对学生最重要的影响，是教师本人的情感世界、精神和心灵，是“教师在传导到学生意识里去的思想中表现出自我，使学生的心灵接触到的不是冷冰冰的道理，而是教师充满激情的活生生的个性”。

时至今日，随着物质财富日益丰富，我国基础教育学校的硬件设施已越来越好，现在特别需要的，是追求教育的内在品质，是更加重视在人的发展方面那些精神性的特征，我把它称之为“内质性”的特征。这种“内质性”主要表现在身心内部，它们较为隐蔽并且往往变化缓慢，难以从表面测定，但如果轻视、忽略它们，教育（德育）便会走向短视、肤浅，形式主义和功利主义便会随之滋生，因为重视儿童的精神性特征即“内质性”，才是道德教育，也是真正的教育的根本性特征。

对儿童彻底的爱、无保留的爱，作为伟大的动力和个性品格，成就了苏霍姆林斯基，爱所有的孩子是他坚定的教育信仰。他相信每一个孩子身上都有“金矿”，但他又说，“才能不是从天上掉下来的，而是由教育家发掘出来的”。他尤其相信：“在道德发展这个领域，通往顶点的道路对任何人都没有封锁，这里有真正的和毫无限制的平等，这里每一个人都可以成为伟大的、独一无二的人。”这样，他就把真正的教育，与技术层面、功利意义上理解的教育区分开来了。

今天，在主张教育民主、维护教育权利、推进全民教育的时代，人们愈益看重教育的普及，2015年年底，联合国教科文组织发表了第三份综合性的长篇教育报告《反思教育：向“全球共同利益”的理念转变？》，报告在肯定全民教育运动成就的同时，提出了着眼于全局的人文主义教育观，指出教育应当“超越知识”“超越个人竞争”。这种面对全球教育形势作出的反思和研判，又一次强有力地证明苏霍姆林斯基的思想高度和远见卓识。正因为苏霍姆林斯基相信人可以变好，信仰教育的力量，他才可能彻底地做到把全部心灵献给孩子、献给教育，才会心甘情愿地在孩子身上花费那么多的心血，心无旁骛地几十年扑在一所乡村学校。苏霍姆林斯基虽然生活、工作在苏联的国家体制及主流意识形态下，但他的教育思想和实践经验，却能够超越时空，具有广泛而长久的力量；他为培养“真正的人”而殚精竭虑的教育精神和教育大爱，具有永恒的价值。

反观我国教育现状和基础教育的教师队伍素养，继续学习苏霍姆林斯基很有必要。自21世纪以来，我国教师在入职学历标准、学科专业要求、教育技术条件方面有一些提高，但有些方面仍需提升：这表现为：教师对自身职业的理解、对教育活动本质的理解限于表面，情感性人文素质不高，构建良好、和谐之师生关系的能力不足。他们对苏霍姆林斯基的了解程度、读苏霍姆林斯基原著的普及程度远不能与他们的前辈和兄长辈教师相比。对于一位教师来说，放着苏霍姆林斯基著作少读或不读，这是极大的精神损失！

我希望本套丛书能够燃起新生代教师关注苏霍姆林斯基的热情。我相信阅读的力量：教师们一旦走近了苏霍姆林斯基，深入读进去，与伟大心灵相遇，那么，教师的价值认同、情感态度会一点一点地发生变化，而教师一旦改变了自己的精神状态，渴望扩展自己的精神世界，用心钻研如何培养真正的人，他便是一个求真向善的人，他的精神世界会充盈、积极起来，他们的学生自然会受其感染和影响，并形成正向反馈。如此，发生积极变化一定是可期待的，也是必然的。

苏霍姆林斯基创造了教育奇迹，那是在他的国家、他所处的民族文化背景下，在他的那个时代。但是，必须指出，苏霍姆林斯基并不只是一个理想主义者，他一生都在思考：如何在现实条件下创造最好的教育条件和环境，如何改变现实，团结教师，协同各种教育力量，与他一起奋斗，去培养“真正的人”。他高度关注现代科技发展，富有现代意识，主动思考未来，他坚持马克思唯物主义的方法论，在学校教育中强调认识外部世界与自我表达相平衡，集体生活与个性舒展相平衡，坚持认为这才是和谐教育。

同样是在《人是最高价值》这篇重要论文中，他尖锐地提出一系列问题：在苏维埃中小学中，“人是最高价值”这一原则是否在教育教学过程中得到了贯彻？教师在工作中是把每个学生看成不可替代的个体，还是“目中无人”？孩子们在学校里是在发现自我和发展自我，还是“失去自我”？他们在学校里生活得怎么样：幸福还是不幸福？这些提问至今还是那么振聋发聩！

至此我们可以看到，苏霍姆林斯基敢于独立思考，他不盲从，不跟风，他对位高权重者、对前辈学术权威，也敢于直言和批评。他是一位饱含良知、坚持真理、实事求是的教育家。同时，他不仅是博览群书的饱学之士，是教师的精神领袖和带头人，也是学校教育及现实教育问题的积极变革者，他的教育研究和实践始终面向问题，着眼解决问题，探索教育改进改善之道。

当我们能够如此理解苏霍姆林斯基，如此去学习他的著作和为人时，我们就不会满足于寻章摘句，或企图从中寻找灵丹妙药，也不会苛责他的著作及话语中的时代局限，而是学习他着眼现实、解决问题的务实态度，学习他与时俱进的进取精神，立足自己的本土和具体情境，把对教育的信仰化为爱的力量，真正贯彻到解决本学校、本班级、本学科的育人事业中来。

中国基础教育深化改革、提升质量的道路漫长，教师队伍素质提高是一项特别艰巨的任务。今天，教师需要榜样，需要从活生生的、平凡而伟大的榜样中获取智慧和力量。我深信，在中国基础教育界，一是本邦的陶行知先生，一是域外的苏霍姆林斯基，他们二位的著作、教育思想、教育家生涯和个人生命故事最是教师教育与教师自我教育的百科全书，最是教师成长道路上取之不尽、用之不竭的富矿。

回顾历史，展望未来，我满怀希望。愿中国教师学习苏霍姆林斯基教育思想的积极行动，在中国大地上成为一种长远的历史文化现象，成为赓续绵延于教育界的道德佳话。

我愿意与同仁一起，为继续学习苏霍姆林斯基教育思想、促进我国的教育改革而尽些心力、做些实事。

以上想法，因参与丛书讨论而引起，现整理成文，是以为序。

朱小蔓

2016 年 10 月　北京

前言

苏霍姆林斯基：家庭教育的实践者

一

苏霍姆林斯基是20世纪苏联杰出的教育理论家和教育实践家。

1917年11月7日（俄历10月25日），俄国爆发了震惊世界的“十月革命”，建立了世界上第一个社会主义国家政权——俄罗斯苏维埃联邦社会主义共和国，成为20世纪震撼人心的伟大事件。苏联人民在列宁等领导人的带领下，开启了社会主义建设的新征程。苏霍姆林斯基出生于“十月革命”后的第2年，他在童年时代就耳闻目睹了祖国百业待兴、蒸蒸日上的崭新局面。1926年他进入本村七年制学校学习，毕业后进入乌克兰克列明楚格师范学院预备班学习。17岁时，他因病中断学业，回到母校担任小学教师。1936年，他进入马卡连柯的母校波尔塔瓦师范学院语言文学系函授班学习。1938年开始，他到奥努弗里耶夫斯克中学担任中学语文教师，后兼任教导主任。

1941年6月，希特勒领导的法西斯德国闪电式入侵苏联，苏联卫国战争随即爆发。在上级安排下，苏霍姆林斯基也拿起武器，投入保卫祖国的战争。经过短期培训，他应征参加苏联红军，并任作战部队某部连政治指导员。1942年2月，苏霍姆林斯基在一次激烈的战斗中身负重伤，治疗5个多月后基本痊愈，然而他的右臂比原来短了6厘米，胸腔中还留有一块无法取出的弹片，他因此获得二等伤残证书。

带着对敌人的无限仇恨和对人民、对孩子的无限热爱，苏霍姆林斯基于1942年6月返回学校。1948年，他辞去当地教育局局长职务，开始担任帕夫雷什农村中学校长。进入学校之后，他面临着一个残酷的现实——不但校舍破旧不堪，而且孩子们还受到严重伤害：“在270个孩子中，有189个失去父亲，只有孤独的母亲；有77个孩子，家庭破散了；只有4个孩子，一眼看上去家里情况很正常。”[①]战争不但造成了无数的孤儿和单亲家庭，即使在有父亲和母亲的家庭中，大人的心灵和身体也深受战争的伤害，造成了许多家庭对孩子的教育放任自流，不闻不问，导致学校里产生了一大批不能教育的儿童，这使学校的教育受到了更严重的挑战。他重返学校之后，所做的第一件工作就是搜寻战争后遗留下的孤儿，将他们带进校园，把满腔的爱心奉献给他们，千方百计地把学校建成儿童快乐成长的温暖家园，创造了中外教育史上的奇迹。1978 年，波兰学者奥孔在《1900—1975 年世界上的实验学校》一书中，将帕夫雷什中学列为 20 世纪世界著名的实验学校之一。

战争带来的一个个畸形家庭中成长出来的孩子，再加上许多家长并没有掌握有效的教育方法，导致当时不少的家庭出现了许多教育问题，有些问题甚至还十分严重，令许多家长非常苦恼。于是很多本地和外地的家长亲自来找苏霍姆林斯基或写信求助。

近两年来我接到你们寄来的数千封信。对来信逐一回复是不可能的，但又非复不可。每当我打开放着许许多多父母来信的文夹时，我觉得好像触摸到一颗颗赤诚的心——一张张的信纸都诉说着父母们遇到的痛苦和悲伤。我读着读着，心里充满了别人的痛苦。不，不是别人的痛苦。如果对一张张的信纸无动于衷，如果不设法帮助来信的每一个人，那么又由谁来帮助呢？[②]

这些从心底流淌出来的充满感情的语言，是苏霍姆林斯基《家长教育学》一书开篇的话。家长们从内心发出的无助的呐喊，深深地触动了作为教育者的苏霍姆林斯基的责任心。

面对这些家长几乎处于绝望中的哀求，每一个富有责任心的教育工作者都不会无动于衷。于是苏霍姆林斯基下定决心来帮助这些家长们，并从根本做起，研究并指导家长们做好家庭教育工作，亲自为家长们专门撰写《家长教育学》，编写家长教育读本，开办家长学校，大力提升家长的教育学素养。从此之后，家庭教育成为苏霍姆林斯基日常教育工作中的重要组成部分。

苏霍姆林斯基在家庭教育工作中取得了辉煌的业绩，除去他个人的辛勤

① 苏霍姆林斯基著，杜志英等译 :《家长教育学》，中国妇女出版社 1982 年版，第 69 页。

② 苏霍姆林斯基著，杜志英等译 :《家长教育学》，中国妇女出版社 1982 年版，前言第 1 页。

工作、同事和家庭的大力支持外，还得益于他对苏联和外国教育家先进教育思想的批判继承与发扬光大。他曾指出："伟大的教育家夸美纽斯、裴斯泰洛齐、卢梭、乌申斯基、第斯多惠等都主张引导学校、教师和学生去考察周围世界，教导他们去研究和解释人所能见到的事物。"[①] 这些教育家对苏霍姆林斯基教育思想的形成都产生过积极的影响。

对苏霍姆林斯基的教育思想产生直接而重大影响的杰出教育家当属马卡连柯，特别是马卡连柯的家庭教育思想，对苏霍姆林斯基产生了重大的影响。他曾深情地说过：

> 马卡连柯是我最爱戴和敬重的一位教育实践家。我在学校工作了32个年头，在32年里我竭尽努力从他的教育实践中探索各种理论结论。我赞叹他对空话和大话的强烈憎恶，也钦佩他在教育事业中敢作敢为的胆识。我爱他，因为他具有一种真正的、严格要求的仁爱心，也因为他对人怀着深刻的信念。我爱他，还因为他在建立苏维埃学校的艰难年代里挽救了数百名儿童，并以自己的经验证明了，苏维埃教育学乃是真正富有人道精神的教育学。对于我来说，他并不是某种可望而不可即的楷模，而是一位友人和为了人而进行斗争中的战友。[②]

安东·谢苗诺维奇·马卡连柯（1888—1939）是苏联著名的教育理论家、教育实践家和作家。他于1888年3月13日出生于乌克兰的一个铁路工人家庭。17岁（1905年）成为小学教师，1914—1917年进入波尔塔瓦师范学院深造。1920年组建了以流浪儿童和少年违法者为教育对象的"高尔基工学团"，后组建捷尔任斯基公社。

马卡连柯坚持以下教育原则："尽量多地要求一个人，也尽可能地尊重一个人。"[③] 通过运用集体教育、劳动教育和自我教育等方式方法，在16年中，马卡连柯和他的同事们把近3000名流浪儿童和少年违法者，教育成为有道德有文化的新型公民，不少人后来成了教师、医生、工程师、卫国战争

---

① 苏霍姆林斯基著，蔡汀等主编：《苏霍姆林斯基选集（五卷本）》（第四卷），教育科学出版社2001年版，第7页。

② 苏霍姆林斯基著，肖勇译：《教育的艺术》，湖南教育出版社1983年版，第196页。

③ 马卡连柯著：《马卡连柯全集》第七卷，人民教育出版社1959年版，第490页。

英雄等。他善于用文学形式总结自己的教育经验，形成了别具特色的社会主义教育思想体系，主要代表作有教育小说《教育诗》《1930 年进行曲》《塔上旗》等。

结合长期对流浪儿童和少年违法者的教育研究，马卡连柯还实践和总结了丰富的家庭教育的经验，创作了教育小说《父母必读》，应全苏广播电台“家长教育宣传”节目约稿而撰写了《儿童教育讲座》，还撰写了家庭教育工作经验总结《家庭和儿童教育》《家庭与学校的儿童教育》等一系列文章，系统地阐述了自己的家庭教育思想。

家庭教育是马卡连柯努力探索并取得成功的一个方面，他的出发点是把整个教育问题与家庭教育有机结合起来。在积累了关于家庭教育的大量印象、感官、经验和思想的基础上，他提出：家庭教育的成败，直接影响着青少年的成长，关系到国家和民族的未来，因此家庭教育是极其重要的。在进行家庭教育时，马卡连柯认为，父母不应溺爱子女，不能做子女的奴隶；父母要以身作则，注重自己的一言一行。他反对父母对孩子进行体罚，严厉批评了父母体罚孩子的错误行为，认为应该给孩子必要的自由，指导孩子跟不好的影响去斗争。

正因为马卡连柯取得了非常卓越的教育成就，他才受到了苏霍姆林斯基的敬重和爱戴。难能可贵的是，苏霍姆林斯基并不唯马卡连柯教育思想是从，而是创造性地继承和发展了马卡连柯的家庭教育思想，修正了马卡连柯家庭教育中存在的问题和失误，从而建立了丰富且富有特色的苏霍姆林斯基家庭教育思想。相比于马卡连柯，苏霍姆林斯基对家长的尊重、期待、组织、教育和培养，他在其中投入的献身精神和教育智慧，他与家长的精神交往与和谐默契，他创办家长学校的教育经验，都达到了前所未有的高度。

苏霍姆林斯基在学习和继承前人教育理论的基础上，结合马克思列宁主义的教育思想，创造性地提出了培养个性全面和谐发展人才的教育学说，并通过自己 30 多年的教育实践，建立了系统而卓越的教育理论，先后撰写了 50 余部教育专著和小册子、600 多篇论文、1500 多篇供儿童阅读的童话和短篇小说。他的著作中有论文、研究报告、散文、小说、随笔、诗歌、童话、书信、答问、谈话录等各种文体，被译成 30 多种文字在世界各国发行，在我国也产生了巨大而广泛的影响。

苏霍姆林斯基对世界教育的贡献，主要是他针对当时苏联社会与教育的现实，大胆地提出了“人是最高的价值”这一论断，并倡导学校要培育“大写的人”“真正的人”。苏霍姆林斯基认为：“我们生活在一个大写的人的时代。”[①]“世界正在进入人的时代。”[②]这在当时苏联忽视人性教育的情况下不啻为一声惊雷，并且他预言科学技术高度发达的21世纪仍然是“人的世纪”。

在苏霍姆林斯基丰富而全面的教育思想中，既有个性全面和谐发展教育思想的综合理论，又有关于德育、智育、体育与健康教育、美育、劳动教育的理论，也有关于集体教育、自我教育、家庭教育等方面的观点。苏霍姆林斯基的全部著作都是面向教师、教育家、父母和孩子们的。他把自己的实践、思考、建议和见解，全部倾注在他的著作当中，即怎样培养“真正的人”。为了把学生培养成为个性全面和谐发展的人才，苏霍姆林斯基努力挖掘各方面的教育因素，调动各方面的教育积极性，其中家庭教育也是他最关注的教育因素之一，他的家庭教育的理论与实践也是他教育思想中最闪光的部分之一。

苏霍姆林斯基在致力于学校教育工作的同时，十分重视家庭教育，尤其强调在教育孩子的问题上，学校和家庭要密切配合、协调一致。他定期进行家访活动和组织家长会，经常和家长们共同研究如何教育孩子，如何学会做父母。他非常重视教师同家长的联系，他本人每周都要和家长亲切谈心，向他们提出建议和忠告，他还同许多家长保持通信联系，成百上千封的家长来信向他诉说他们在管教孩子问题上遇到的困难和苦恼。他和教师们一起办了一所“父母学校”，根据学生的年龄状况分成不同的班级，系统地对家长进行教育学、心理学等教育素养的培训，取得了一系列成绩和丰富的教育经验。

苏霍姆林斯基家庭教育的核心理念是让家长掌握必备的教育学素养，他开展家庭教育的主要目的是培养合格的父母。学校和父母应当通过艰辛的共

---

① 苏霍姆林斯基著，蔡汀等主编：《苏霍姆林斯基选集（五卷本）》（第三卷），教育科学出版社2001年版，第555页。

② 苏霍姆林斯基著，罗亦超译：《睿智的父母之爱》，长江文艺出版社2014年版，第202页。

同努力，把孩子们培养成为好学上进、聪颖智慧、心地善良而又品格高尚的好公民。这些理论和做法，不仅影响了几代人，而且在今天依然具有现实指导意义，仍然是一座尚未完全开发的宝藏，非常值得我们的教师和父母来学习和借鉴。

苏霍姆林斯基的家庭教育思想诞生于20世纪50年代初期，形成于60年代。在当时苏联的教育现状下，苏霍姆林斯基的家庭教育工作取得了突出的成就，这样的成就在他之前的教育家是几乎没有做到的，因此他的家庭教育工作是一项带有探索性的创举。从另一方面来说，苏霍姆林斯基家庭教育取得的突出成就，本身就是对学校教育工作方面的一大创新。因此，“探索与创新”是苏霍姆林斯基家庭教育的最大特色。

二

从20世纪80年代开始，苏霍姆林斯基的著作和教育思想传播到了中国。最早将苏霍姆林斯基教育思想引入中国的是华东师范大学的杜殿坤教授，他于1979年在《上海教育》杂志第十和十一两期上连续发表文章，题为《校长的主要工作是什么?——介绍苏霍姆林斯基的〈和青年校长的谈话〉》，从此拉开了传播苏霍姆林斯基教育思想的序幕。苏霍姆林斯基的家庭教育思想是其教育思想的一部分，也是随着他的教育思想在中国传播而逐渐引起中国学者和教师重视的。

1980—1985年，中国对苏霍姆林斯基教育思想的研究热情达到一个高潮，无论是出版的相关译著还是直接研究苏霍姆林斯基的论文数量都比较多。初版于1981年11月的《给教师的建议》受到读者们的热烈欢迎，其中有很多涉及家庭教育的内容。1982年8月，中国学者杜志英等翻译出版了苏霍姆林斯基的《家长教育学》，又译作《睿智的父母之爱》，在中国引起了巨大反响。此书后被多次改版，成为许多学校研究与开展家庭教育的经典之作。

1994—1999年，中国对苏霍姆林斯基教育思想的研究热度再度回升，主要表现为论文研究的形式，这也与这一时期中国学习和研究苏霍姆林斯基的方向转换有关，即较多地转向以苏霍姆林斯基教育思想进行教育实践的尝试。苏霍姆林斯基的家庭教育思想也受到中国学者和教师们的关注。

20 世纪 90 年代是中国当代教育发展历史中“模式”研究起始和蓬勃生长的时期，尤其是 90 年代中期以来，教育模式的研究与实践更是如火如荼。可以说，尽管这一时期出现的许多教育模式并没有十分明确地标示自己是在践行苏霍姆林斯基的思想，但从其所遵循的教育理念以及所追求的教育理想上，都能看到苏霍姆林斯基教育思想的影子。

2000—2004 年，随着新课程改革的全面实施，中国又一次大量出版、再版或重印苏霍姆林斯基的著作及研究苏霍姆林斯基教育思想的著作，其教育思想的传播与研究又达到一个新的高度。特别是出版于 2001 年 8 月的《苏霍姆林斯基选集》五卷本，收录了苏霍姆林斯基的所有代表作，其中家庭教育的内容也受到教育界的普遍重视，苏霍姆林斯基的家庭教育思想也成为广大教育者学习和实践的重要内容。

从 20 世纪 80 年代初期开始，在传播苏霍姆林斯基教育思想的过程中，杜殿坤、王义高、唐其慈、毕淑芝、姚光智、吴式颖、王天一等学者起了十分突出的作用，他们翻译了苏霍姆林斯基的许多著作，并撰写了大量评介文章和研究专著。在促进中国教育与苏霍姆林斯基教育思想的交流方面，朱小蔓、顾明远、吴盘生、李镇西、孙孔懿、冉乃彦等人做了大量的工作，在他们的带领下，参与传播苏霍姆林斯基教育思想的人越来越多，而学习和实践苏霍姆林斯基的家庭教育思想已经成为不少中小学校的自觉行动。

乌克兰教育科学院院士、苏霍姆林斯基的女儿——苏霍姆林斯卡娅，作为苏霍姆林斯基教育思想的继承者和传人，对苏霍姆林斯基教育思想在世界的传播做了大量的工作，她创办了国际性的《教师之路》杂志，从 1996 年 10 月赴北京参加“苏霍姆林斯基教育思想国际研讨会”开始，不辞辛苦，多次来到中国，传播苏霍姆林斯基的教育思想，加强与中国教育界的合作。

苏霍姆林斯基教育思想在中国的迅速传播，有当代中国教育发展的深层次的原因。改革开放以来的中国教育进入了特殊的历史发展时期。作为最大的发展中国家，中国发展教育走的是追赶型路径。但在追赶型的特殊时期，中国学校教育不断显露出许多矛盾，包括数量与质量、公平与效率、人的全面发展和升学、教育与教学等诸多要素之间的矛盾。这些矛盾的焦点集中反映在素质教育和片面追求升学率的应试教育之间的冲突上，也体现在学校教育和家庭教育的冲突上。可以说，素质教育理念和行动从其产生起，就投入与片面应试教育的斗争中，至今仍未平息。这种在矛盾中发展的状况，使人们不断地光顾、诉求、深思国外教育家的思想和做法，而苏霍姆林斯基的思想以其独特的实践特征赢得了中国教育界的青睐。特别是中国教育在探索家庭教育方面，苏霍姆林斯基的教育经验为我们提供了很好的借鉴。

几十年来，经过无数教育者的共同努力，苏霍姆林斯基的教育思想在我国中小学教育界已经深入人心，苏霍姆林斯基的教育思想在中国大地上已经生根开花，并结出累累果实。中国一次次掀起了学习苏霍姆林斯基教育思想的热潮，各地纷纷成立苏霍姆林斯基研究学会，召开学术研讨会，交流学习苏霍姆林斯基教育思想的成果。学习苏霍姆林斯基，实践苏霍姆林斯基，超越苏霍姆林斯基，已成为无数中国教育工作者的自觉行动。我们可以这样说，作为一名外国教育家，他在我国中小学教育界的影响力，至今无人能够匹敌。

三

中国历来有重视家庭教育的传统，家庭教育思想源远流长。在浩如烟海的文化典籍中，除了先秦的礼法、汉代的家法，六朝以后出现的家训、家规、家仪等，都有对家庭教育的专门论述。还有大量散见于经史子集中的有关家教的名言、名篇和大量的古代传统家书以及传播于世的教子诗文等，也无不蕴含着丰富的家庭教育思想，阐释了世人对家庭教育重要性的认识。

中国古代创立了“家国同构”的教化模式，把教化天下的任务分摊到每个家庭来承担，把家庭这个社会最基层的单位及人所依赖的生活环境变成了道德教化的组织机构。《三字经》中提出的“养不教，父之过”，就是社会向家庭分摊教化任务的明证。先秦《大学》一书中，提出了著名的“身修而后家齐，家齐而后国治，国治而后天下平”的观点，说明了在中国的传统社会中，齐家既是修身的目标，又是治国的基础。所以“齐家”便成为中国古代家庭教育的根本追求。“孟母三迁”“岳母刺字”等都是著名的家教典故，诸葛亮的《诫子书》、颜之推的《颜氏家训》等都是著名的家教论述。这些传统的家庭教育理论对今天我们的家庭教育仍具有很重要的借鉴意义。

1904年清政府颁布了《奏定蒙养院章程及家庭教育法章程》，对学校教育和家庭教育提出了明确的要求。虽然这个章程在内容上有些封建思想的残余，且仅仅流于形式，但它的颁布标志着家庭教育第一次被列入我国的国家教育体系中。1925年，著名儿童教育家陈鹤琴先生出版了《家庭教育》一书，成为我国现代家庭教育理论与实践的开创性著作，对我国以后的家庭教育研究产生了一定影响。20世纪40年代，当时的教育主管部门颁布过《推行家庭教育办法》，并在一些地区推行实验，但由于处于战争时期，并没有推广开来。中华人民共和国成立以后，我们的主要任务是发展学校教育，家庭教育长期没有得到应有的重视，发展较为缓慢，理论研究也相对匮乏。

改革开放以后，我国的科学技术迅速发展，对人才质量的需求也越来越高，人才培养的模式也受到高度重视。1980年开始，国家实行“一对夫妻只允许生一胎”政策之后，独生子女家庭成为我国家庭的主流形式，家庭教育开始受到前所未有的重视，各地的家庭教育研究机构陆续涌现，家庭教育也由原来的“粗放式”转变为“集约式”，对家长的教育素质也提出了更高的要求。各级各类学校也从自己的实际出发，成立家庭教育领导机构，加强家校沟通工作，举办家长学校，发挥家长的教育作用，形成家校共育合力，进行了许多卓有成效的探索，也取得了丰富的经验，为学校教育的持续发展提供了不懈的动力和保障。

在社会主义建设的新时代，我国的家庭教育研究虽然有了长足的进展，家庭教育工作取得了显著的成绩，但由于受一些根深蒂固的传统观念与思想的影响，加上新形势下我国经济迅速发展和科技不断进步的影响，在家庭教育工作中，无论是学校对家庭教育的管理与指导，还是家长的教育理念和教育方法，都存在着许多问题和不足之处。许多学校没有将家庭教育放在重要位置，对主管部门的家庭教育要求落实不到位，不注重与家长进行有效沟通，没有形成系统化和整体性的家长学校教育工作规划，不能形成家校共育的合力。由于受经济、科技多元化发展的影响，我们的家庭教育和孩子的成长受到越来越多的不利因素的干扰。特别是很多家长缺乏家庭教育的知识与素质，根本不会教育孩子，因家庭教育不力导致出现问题的孩子层出不穷。由于学校与家长之间缺少协作与交流，导致家庭与学校经常发生矛盾，甚至学生出现问题后经常发生“学闹”现象。

因此，在全面深化教育改革的今天，重视和加强家庭教育工作，已经迫在眉睫，刻不容缓！

面对学校和家庭中暴露出的种种教育问题，我们应当调动各方面的教育力量，深入进行研究，制定有效措施认真加以解决，特别是要从中华优秀教育传统和世界先进的教育思想中汲取优秀的家庭教育经验。而苏霍姆林斯基的家庭教育理论与实践，同我们现在的家庭教育有许多相通之处。我们现在家庭教育的许多方面，还远远没有达到苏霍姆林斯基在帕夫雷什中学的高度。至于对苏霍姆林斯基家庭教育思想的研究，多数家庭教育研究者只是关注其“家长学校”的基本做法，对其整个家庭教育思想体系的研究还远远不够。

通过系统研究发现：我们目前家庭教育中存在的种种问题，往往都能从苏霍姆林斯基的家庭教育思想中寻找到解决的答案。因此，我们应当加强对苏霍姆林斯基家庭教育思想的深入研究，努力寻找其家庭教育思想与我们家庭教育的契合点，积极运用苏霍姆林斯基家庭教育的成果，解决当前我们家庭教育研究与实践中存在的问题。

目前，我们的社会主义现代化建设正处在全面建成小康社会的决胜阶段，我们的中小学教育发展也已经达到了前所未有的最高水平。但学校教育无论如何发展，都离不开与家庭教育的紧密结合，而且家庭教育的作用会越来越大。这正如苏霍姆林斯基所说的：

> 我对这一点深信不疑：建立理想的家庭，建立父母之间、孩子与家长之间的理想关系的时代已经到来了。我坚定地相信，家庭——这是海浪中美丽的神话般的浪花，如果没有这种人类的美的神秘力量，学校的作用将会永远停留在初级教育的水平上。[①]

在各种名目繁多、花样翻新的教育思潮和教育思想的干扰之下，不少教育者似乎迷失了前进的方向。针对家庭教育中存在的问题和困惑，我们要正本溯源，回归初心，遵循孩子的成长规律，调动家庭教育的积极性，才能回

---

① 苏霍姆林斯基著，肖勇译：《教育的艺术》，湖南教育出版社 1983 年版，第 62 页。

归教育的本质。我们研究和学习苏霍姆林斯基家庭教育思想的目的，就是学习他科学先进的家庭教育经验，走出我们的家庭教育误区，探索建立符合我们实际的家庭教育策略，争取最佳的教育成效。

本书既是对苏霍姆林斯基家庭教育思想的全面总结与解读，也是我们学习和借鉴苏霍姆林斯基家庭教育思想的指南。本书主要是针对学校和教师如何指导开展家庭教育的“家长教育学”；对于家长和父母来说，也是一部如何提升家庭教育素养的“家庭教育学”。需要特别说明的是：我们研究和学习苏霍姆林斯基，主要是学习和借鉴他的教育理念和教育思想，对于他在家庭教育方面的一些具体的做法，需要根据我们的实际情况灵活选用，不能原样照搬，更不能生吞活剥。本书在编写过程中，得到了许多朋友的大力支持，也借鉴了一些关于苏霍姆林斯基家庭教育思想和我们家庭教育的研究成果，在此一并表示感谢。书中的许多纰漏和错误之处，恳请读者朋友批评指正。

郑建业

2018 年 7 月

目　录

第一章　在孩子身上重现自己 / 1

第一节　不要忘本：来自长辈的家庭教育影响 / 2

第二节　建立和睦的家庭关系：为孩子树立榜样 / 9

第三节　对儿女的教育：做一个真正的人 / 15

第二章　父母是孩子的首席教养者 / 25

第一节　家庭教育重要作用：教育学应当成为众人的科学 / 26

第二节　家庭是第一所学校：父母要承担教育孩子的职责 / 38

第三章　人类之爱是强大的教育力量 / 59

第一节　胸怀大爱：要真正热爱和了解孩子 / 60

第二节　最为幽香的一朵花：从小培养儿童的道德情感 / 78

第四章　教育孩子是每个公民最重要的义务 / 95

第一节　认识世界从劳动开始：儿童的智慧在他的手指尖上 / 96

第二节　教给孩子思考：关注孩子的智力发展 / 103

第三节　爱是责任和付出：培养健康高尚的爱情观 / 109

第四节　适应生活的需要：让孩子学会做父母 / 114

第五章　教育人要首先教心 / 119

第一节　学会正面管教：家长要公平对待孩子 / 120

第二节　保护心灵纯洁：不让恶习落到儿童心田 / 126

第三节　鞭挞不能培育心灵：爱抚有着神奇的力量 / 131

第六章　让孩子在良好的环境中成长 / 139

第一节　到大自然中去：带领孩子到思维的发源地 / 140

第二节　尊重和热爱书籍：家庭要有浓郁的读书氛围 / 146

第三节　赤脚走过童年：家长要关心孩子的健康 / 151

第七章　家长教育学应当成为公民的必备书 / 159

第一节　深入研究童年：开办家长学校的重要性 / 160

第二节　提高家长教育学水平：家长学校的办学模式 / 163

第三节　父母都要参加学习：家长学校的教学活动 / 169

第八章　最完备的教育是学校—家庭教育 / 177

第一节　教师是“指挥者”：使创造真正人的活动和谐一致 / 178

第二节　和谐的教育：两个雕塑家立场要一致 / 181

第三节　发挥学校教育作用：让学校中的正能量战胜家庭中的负面影响 / 184

总跋　苏霍姆林斯基的卓越贡献令人敬仰 / 190

第一章

Chapter 1

在孩子身上重现自己

苏霍姆林斯基在其 36 年的教育生涯中，创造了辉煌的教育业绩，分析其成长历程和取得成就的原因，很重要的一点，就是来自于他自己家庭教育的良好影响。他在童年成长的过程中，虽然经受了许多生活的磨难，家庭生活比较穷困，但他受到了来自于祖父母和父母多方面的影响，为他一生从事教育人的事业奠定了良好的基础。

在苏霍姆林斯基建立自己的家庭之后，他与妻子和睦相爱，相濡以沫，形成了融洽的家庭气氛，为自己孩子的成长建立了良好的家庭环境。苏霍姆林斯基不但探索形成了丰富的家庭教育思想，还将其应用到自己的家庭教育工作中去，把自己的两个孩子培养成才，切实做到了他自己所要求的“我们要在孩子身上重现自己”①。

分析苏霍姆林斯基家庭中的教育经验，可以让我们了解一个更加全面的苏霍姆林斯基，也可以让我们从他的家庭教育工作中得到更多的启发与思考。

---

① 苏霍姆林斯基著，杜志英等译：《家长教育学》，中国妇女出版社 1982 年版，第 128 页。

第一节 不要忘本：来自长辈的家庭教育影响

在“十月革命”之前，乌克兰一直饱受沙皇俄国的专制统治，农奴制对农民的剥削与压榨尤其残酷，1914—1918年第一次世界大战期间，乌克兰成为主战场，又经历了战争的蹂躏和践踏，人民生活极度贫困。即使在“十月革命”胜利后的前三年中，新生的社会主义政权内外交困，乌克兰仍然陷于苦难之中，当时西乌克兰农民的平均寿命仅有三四十岁。苏霍姆林斯基出生于“十月革命”的第二年，他的童年虽然未经历过战乱，但却经受了家庭生活的困苦，这在他的一生中留下了深刻的印象。这些因战争或苦难带来的记忆，常常出现在他的著作之中：“我们村有一片柞树林，过去属地主所有。地主不仅不让农民进入，甚至连林边的路也不让走。有一天，一位妈妈领着小女孩来到林子里想捡点干枝，地主的管家发现后，竟然指使看家狗把小女孩咬死了。母亲因此发疯了，常去林子附近，逢人便问她的女儿在哪里。”①

苏霍姆林斯基出生于一个贫苦农民家庭，他出生时先天缺乏营养，出生后母亲奶水不足，一直在贫困中艰难成长。幸运的是，这个贫寒之家充满了温馨，全家人相濡以沫，相亲相爱。他的出生也为家庭带来了无限的欢乐和生机，他在全家人的关照下成长起来。

爷爷的文学书籍滋养了他的童年

爷爷奥梅里柯·苏霍姆林曾经是个农奴，他天资聪慧，很早就学会了读书，平时省吃俭用，积累了一大批自己喜爱的文学书籍，并喜欢给幼小的瓦西里（苏霍姆林斯基乳名）朗读书籍，这启蒙了苏霍姆林斯基走上喜爱读书的道路。苏霍姆林斯基参加工作多年之后，还经常回忆起爷爷小时候对他的影响。当瓦西里在本村学校上学的时候，突然有一天，远在拜达科夫卡的爷

① 苏霍姆林斯基著，蔡汀等主编：《苏霍姆林斯基选集（五卷本）》（第二卷），教育科学出版社2001年版，第77页。

爷去世了。后来父亲给他带来了两包捆得整整齐齐的书："这些书是爷爷留给你的，要爱惜啊……"

苏霍姆林斯基得到爷爷去世的消息，看到爷爷给自己留下的书，感觉爷爷仿佛又站在他面前：白胡子、秃头顶，和蔼可亲地捧起一本书，戴上那副圆镜片、铁架子的眼镜，清了清嗓子："咳……咳……"开始为小瓦西里读起来……

当他意识到爷爷已经不会再回来了，禁不住跑进板棚，钻进草堆，哭了很久。后来他走出棚子，取出颜料和画笔，打算为爷爷画一幅肖像：他要画爷爷灰白的胡子，画那双操劳过度的双手，手里捧着书。这样，爷爷将永远与他在一起，永远活在人世间……

爷爷"是在手扶着犁的情况下死在庄稼地里的"①。后来，父亲亲手为苏霍姆林斯基做了一只漂亮的小柜子。他小心翼翼地把爷爷留给他的那些书放进小柜子里，感到自己是瓦西里耶夫卡村最富有的人。小柜子里放进了伊万·弗兰科的中篇小说《巨蟒集》和《扎哈尔·别尔库特》，果戈理的《塔拉斯·布利巴》，在当时罕见的陀思妥耶夫斯基的多卷集，柯罗连科的故事集，莱夏·乌克兰卡的诗集以及《火中列岛》等。爷爷留给苏霍姆林斯基的这些财富，对他以后的读书、学习与成长，产生了莫大的影响。②

凭借爷爷留下的这些精神财富，苏霍姆林斯基开启了人生的精神之旅，他不仅养成了终身热爱读书的良好习惯，而且通过读书跟许多英雄人物建立了精神联系，从他们的故事中汲取了成长的力量和奋斗终生的勇气，也为他身边的家人、同事、学生和家长树立了读书的榜样。

祖母的童话故事影响了他的一生

对苏霍姆林斯基影响较大的家人还有他的祖母玛丽娅，她是一个和蔼可亲、富有智慧的老太太③。在苏霍姆林斯基小时候，祖母对他格外疼爱，她

① 苏霍姆林斯基著，蔡汀等主编：《苏霍姆林斯基选集（五卷本）》（第三卷），教育科学出版社 2001 年版，第 845 页。

②［苏］鲍里斯·塔尔塔科夫斯基著，唐其慈等译：《苏霍姆林斯基的一生》，教育科学出版社 1986 年版，第 8–10 页。

③《苏霍姆林斯基的一生》等书说是外祖母，而《苏霍姆林斯基选集》中一直都说是祖母，我们采用后者说法。

经常给小瓦西里讲童话故事，善于用浅显的故事阐述深刻的道理，对苏霍姆林斯基小时候的成长产生了很大影响。苏霍姆林斯基曾经这样评价过她："她是一位了不起的人，渗透到我内心的一切美好、明智和真诚的品质都受恩于她。"[①] 留给苏霍姆林斯基童年最深刻的记忆，还是祖母玛丽娅经常给他讲的童话故事："她在我面前打开了童话、本族语言和人性美的世界。"[②] 苏霍姆林斯基在工作中经常回想起祖母给他讲故事的情景：

每当人们问起我怎样和孩子们一起编童话、集体创作的实质何在等问题时，我就不由得回想起我的祖母玛丽娅。我永远不会忘记她那双黑眼睛。从她的眼里我看到时而悲伤，时而欢乐，时而忧虑，时而赞叹，时而爱抚，时而慌张的心情。她所讲述的一切都栩栩如生地呈现在她的眼睛里。战争爆发前，她去世了，享年 107 岁。[③]

而祖母给苏霍姆林斯基讲故事的过程更为他留下了深刻的印象：

每当我回忆起自己的童年，我就仿佛看到了她的一双眼睛和听到了她讲童话的声音。那时我以为祖母能看见童话里的东西。因为讲童话时，她总是凝视着花园里茂密的叶丛，遥远的草原，黑夜前的黄昏或白皑皑的暴风雪，于是我就常常问她："祖母，你能看见童话里的东西吗？它在哪儿？指给我看看……"祖母微微一笑，又把我们孩子们带进越来越远的童话世界。我们依偎着坐在她的身旁。使我们感到高兴的不仅是因为我们漫步在童话中仙境般的小道上，而且还因为我们彼此都感到心脏在频频地跳动，都能听到轻微的呼吸声，彼此看到对方眼里闪烁着欢乐的火花。……我们挨个儿地讲着同样一个童话——稻草牛。然而我们并不觉得每个人重讲一遍好像是令人厌烦的老调重弹。我们像在倾听美妙的、富有魅力的音乐一样倾听着童话故事。每个人都通过童话表现自己，就像歌手通过歌声表现自己一样……

晚上，我吻了吻祖母，尽量不再跟任何人讲话，也不再想任何其他的

① 苏霍姆林斯基著，世敏等译：《爱情的教育》，教育科学出版社 2001 年版，第 164 页。

② 苏霍姆林斯基著，世敏等译：《爱情的教育》，教育科学出版社 2001 年版，第 164 页。

③ 苏霍姆林斯基著，蔡汀等主编：《苏霍姆林斯基选集（五卷本）》（第一卷），教育科学出版社 2001 年版，第 676–677 页。

事，因为我对祖母这样讲过：我想把稻草牛、奇美的小柳树、金鸡蛋、青蛙公主、善良的波瓦王子以及热心鸟……都带入梦乡。我幻想，明天我就能窥见祖母看到童话里的东西的地方……我闭上了眼睛，在我的面前顿时呈现一片黑压压的森林，延伸着辽阔、无际的田野；我听到了小溪的潺潺流水声和云雀的欢乐歌声；看到了闪烁的群星和夜间藏入水中神秘深处的白百合花。①

这是苏霍姆林斯基对老祖母生前美好而深情的回忆。苏霍姆林斯基的童年时期就是在祖母的童话故事里长大的，因而祖母给他讲故事的过程更为他留下了终生难忘的印象，也对他形成健康高尚的人格产生了很大的影响。

在苏霍姆林斯基当教师 4 年多之后，炎热的 6 月天里，祖母就要去世了。家里派人叫苏霍姆林斯基回家，他马上中止了即将与孩子们一起参加的旅行活动，赶回家去。在花园里那棵枝繁叶茂的老桑树下的旧安乐椅上，祖母给他讲述了最后一个故事。为了避免让苏霍姆林斯基过度悲伤，她最后深情地告诉他："人总是要死的，只要他是一个真正的人，他那美好的劳动岁月总是永存的。"②

从祖母那儿，苏霍姆林斯基还学到了如何从眼神中观察和理解人。他写道："瞧！她那双充满着智慧和求知欲的眼睛。从她的眼神里我看到了各种细腻的感情和言语活动。"③这对他以后从事教育教学工作，指导教师和家长如何教育孩子起到了巨大的作用。

父亲的正直勇敢成为他心中的标杆

他的父亲亚历山大·叶梅历亚诺维奇·苏霍姆林斯基是一个农民，曾经在地主的庄园里当木匠，木工手艺十分精湛。在第一次世界大战中，他积极当兵参战，负伤后拄着拐杖返回家乡。到第一次世界大战结束后，在新生的

① 苏霍姆林斯基著，蔡汀等主编：《苏霍姆林斯基选集（五卷本）》（第一卷），教育科学出版社 2001 年版，第 678–680 页。

② 苏霍姆林斯基著，蔡汀等主编：《苏霍姆林斯基选集（五卷本）》（第一卷），教育科学出版社 2001 年版，第 678 页。

③ 苏霍姆林斯基著，蔡汀等主编：《苏霍姆林斯基选集（五卷本）》（第一卷），教育科学出版社 2001 年版，第 677 页。

苏维埃政权面临着国内白军叛乱和外国武装干涉的危急关头，他又主动拿起了武器，参与捍卫苏维埃政权的战斗。因此他成为村里的先进人物，成了一名共产党员。

父亲不平凡的经历让苏霍姆林斯基从小就感到骄傲。他为父亲百折不挠的精神、奇妙的双手而自豪。

父亲还是一个优秀的木匠：家里所有的用具，包括凳子、柜子、箱子等等都是父亲亲手做的。父亲那双粗大有力的手散发着树脂、油漆、粘胶的气味，他能把任何东西都做得结结实实的。而且就是这双勤劳的手，还能在木头上雕刻出精细的花纹，用木头刻出稀罕的鸟兽，显示出这位能工巧匠高超的手艺和艺术鉴赏力。

苏霍姆林斯基同父亲一起在森林里、田野上、作坊中的劳动是多么快活啊！但这种欢乐一年比一年少了。瓦西里刚刚睡醒，就不见父亲的人影儿。到了睡觉的时候，还不见父亲回来。“哪怕为自己操操心也好，”有一次祖母玛丽娅这么说道，“总是为大伙儿……”苏霍姆林斯基感觉出来，祖母玛丽娅不是在责备父亲，而是在为他而骄傲。

不用说，苏霍姆林斯基有一位非常好的父亲。他的一言一行为苏霍姆林斯基树立了光辉的榜样。在一个寒冷的 10 月之夜，天空中被一闪一闪的火光映红了。集体农庄的马厩起了大火，父亲带领着苏霍姆林斯基等人首先冲到失火现场，父亲带头扑向火光熊熊的马厩，往外牵马。年轻的苏霍姆林斯基也紧跟父亲冲了进去。苏霍姆林斯基虽然被直冲肺部的浓烟呛得喘不过气来，但他还是穿过一排拴在单马厩里的狂蹦乱跳的马匹，闯到了马厩的最里面。最后，马匹全部获救了，但马厩被烧毁了。正是勇敢的父亲的带头作用，给年轻的苏霍姆林斯基以无穷的力量。在大家的齐心努力下，才使集体的马匹没有遭受损失。很快，父亲又带领人把烧毁的马厩重新建了起来。①

苏霍姆林斯基曾对自己的儿子深情地回忆起父亲对他的教育和影响：

---

①［苏］鲍里斯·塔尔塔科夫斯基著，唐其慈等译：《苏霍姆林斯基的一生》，教育科学出版社 1986 年版，第 34–35 页。

父亲给我的第一封信，我也是一直保存着。我离开父母身边的那年只有15岁，考到克列明楚格师范学院学习。那是艰难的1934年。我至今还记得母亲送我去参加入学考试的情景。用一个旧的但很干净的包袱皮包上从箱子底找出来的新的粗麻布，再带上一个干粮袋，里面装着几块饼和两瓶炒豆……[①]

就在面包的旁边放着父亲的信，这就是父亲写给即将外出求学的苏霍姆林斯基的第一封信。苏霍姆林斯基把它作为第一个座右铭，一直保留在自己身边……信中写道："儿子，你不要忘了，面包这个最起码的生活资料。我是不相信上帝的，但是，我说面包是神圣的。让它在你的一生中也永远是神圣的吧！不要忘了，你是什么人，从哪里来的。要知道，弄到这几片面包是多么地不容易。要记住，你爷爷——我的父亲奥梅里柯·苏霍姆林，是一个农奴，他是在手扶着犁的情况下死在庄稼地里的。永远也不要忘本。不要忘了，此时此刻当你学习的时候，有人正在劳动，正在为你提供生活资料。即使你将来学成以后，当上了老师，也不要忘记面包是怎么来的。这面包是人类用劳动换来的，这是未来的希望，而且永远是衡量你和你的子女们的良心的一把尺子。"[②]

这封言辞恳切、含义深刻的信，被苏霍姆林斯基对为人生的座右铭，激励他在教育生涯中奋斗了终生，并且取得了辉煌的教育成就。

苏霍姆林斯基长大之后，父亲一直关心着他的学习与成长。当苏霍姆林斯基还在克列明楚格师范学院学习的时候，有一次，父亲来学校里探望他，给他带来了10个厚笔记本。他还把其中4个本子送给了儿子的好朋友，让他们收下。[③]有一次，苏霍姆林斯基患上了严重的胸膜炎而失去了知觉，只好住进医院进行治疗，他不得不中断了在克列明楚格师范学院的学习。得到这一消息，父亲和正在中等师范学习的弟弟谢尔盖从老家赶到医院探望他，

---

① 苏霍姆林斯基著，蔡汀等主编：《苏霍姆林斯基选集（五卷本）》（第三卷），教育科学出版社2001年版，第844页。

② 苏霍姆林斯基著，蔡汀等主编：《苏霍姆林斯基选集（五卷本）》（第三卷），教育科学出版社2001年版，第844–845页。

③［苏］鲍里斯·塔尔塔科夫斯基著，唐其慈等译：《苏霍姆林斯基的一生》，教育科学出版社1986年版，第20页。

并急切地询问医生他的病情，他们的关心给了病中的苏霍姆林斯基以人生的力量，也给了他跟病魔做斗争的勇气。①

在苏霍姆林斯基童年和青年的成长中，正直勇敢的父亲不但给了他无微不至的关怀，也是他人生成长的榜样。

母亲的勤劳善良成为他生命激情的明灯

苏霍姆林斯基的母亲奥克萨娜·尤多夫娜·苏霍姆林斯卡娅，是一个勤劳的家庭主妇，也是一位贤妻良母。她擅长干裁缝活，也经常下地干些农活。她是一位典型的乌克兰农村妇女，在她身上集中体现了普通村妇所具备的家庭美德：善良、勤劳、聪明、忍辱负重、吃苦耐劳。她跟丈夫一起养育了 5 个孩子。她很爱孩子们，尽力为他们营造温馨的家庭气氛，特别注意加强对孩子们的教育，努力培养他们成才。除去苏霍姆林斯基的姐姐冬尼娅因患病不幸夭折外，苏霍姆林斯基和他的哥哥伊万、弟弟谢尔盖和妹妹梅拉尼娅，都很有出息，后来都担任了乡村学校的教师，工作都非常出色。其中哥哥伊万也是一位优秀教师和校长，获得过列宁勋章，后来担任了区教育局局长。

家庭中和睦的亲情关系和母亲对父亲深情含蓄的爱，给幼年的苏霍姆林斯基留下了深刻的印象。当时父亲每天都在村里处理集体事务，这里天天都有农民聚集在一起吵吵嚷嚷到很晚。只要父亲不回家，母亲总是久久地坐在屋里纺线，并不时跑到窗口，紧张地朝外面漆黑的寒夜里探视。

在弟弟谢廖扎（谢尔盖的乳名）和妹妹梅拉尼娅因劳累而睡去之后，每当母亲跑到窗口去时，苏霍姆林斯基总要惊醒过来。他的内心隐隐发痛，惶恐不安的情绪也感染了他。但他静静地躺着，甚至不能动弹，怕母亲更加不安。可是在他脑际经常萦回着集体农庄刚成立时的种种骚乱人心的议论。

一天深夜，不幸的事情终于发生了：父亲在办完公事回家的途中，遭受到一个坏蛋打的黑枪。父亲浑身是血地赶回家时，母亲惊讶地叫了一声，父亲压低了声音提醒她："别出声，会吓着孩子的。"随后父亲安慰母亲说："只

① [苏] 鲍里斯·塔尔塔科夫斯基著，唐其慈等译：《苏霍姆林斯基的一生》，教育科学出版社 1986 年版，第 53 页。

是擦破了点皮。这个阶级敌人是想朝我的脑袋打……别难过，会长好的。”

为了不打扰父亲和母亲，小苏霍姆林斯基假装睡着了。他强忍着心中的愤怒，并没有暴露自己。“别哭泣，妈妈，我要为爸爸报仇……这仇一定要报！”他真想大声喊叫，但他没有喊出来，只有内心在呼叫……第二天，父亲又带着伤痛，告别了妻子和儿女们，继续去了村里的工作岗位上。①

苏霍姆林斯基从母亲那里感受到了爱，学会了爱。每当他在学校里因表现出色而被老师奖励“优”的时候，一到放学时间，他就光着脚丫从秋水雨洼里跑回家，为的是尽快能在家门口就向妈妈报告这一振奋人心的消息：“妈妈，今天我得了个‘优’！”②

苏霍姆林斯基长大后成了一位教师，在学校里倡导“崇拜母亲”，把自己对母亲的崇敬传递给一届又一届的孩子们。他深情地说过：“由于母亲，你才能成为人民的一分子。你是人民这血管中的一滴血，然而你在世界上却是唯一的、独特的，用母亲的乳汁，育成你自己的独特风格。”③

可见母亲对苏霍姆林斯基的精神影响是十分巨大的。

第二节　建立和睦的家庭关系：为孩子树立榜样

苏霍姆林斯基一生中经历了两次婚姻。他的第一次婚姻是在1938—1941年期间，当他在奥努弗里耶夫斯克中学担任九年级和十年级乌克兰语文教师时，与邻校女教师薇拉·彼得洛夫娜相识相爱，并于1939年结婚，后来生了一个可爱的儿子。1941年苏联卫国战争爆发后，苏霍姆林斯基将身怀六甲的妻子送回娘家后，他便接到上级命令，随即投身于保卫祖国的战斗中。战争期间德寇占领了他们的村子，妻子薇拉因散发传单被德寇逮捕，受尽折磨后，和幼小的儿子一起被德寇杀害。

---

①［苏］鲍里斯·塔尔塔科夫斯基著，唐其慈等译：《苏霍姆林斯基的一生》，教育科学出版社1986年版，第31–32页。

②［苏］鲍里斯·塔尔塔科夫斯基著，唐其慈等译：《苏霍姆林斯基的一生》，教育科学出版社1986年版，第271页。

③ 苏霍姆林斯基著，杜志英等译：《家长教育学》，中国妇女出版社1982年版，第224页。

战争结束后，苏霍姆林斯基返回校园，于 1942 年 6 月—1944 年 3 月，赴亚美尼亚共和国乌德摩尔梯亚的乌瓦镇中学担任校长，兼俄罗斯语言文学教师。1944 年初，在他进入帕夫雷什中学之前，同当地教育人民委员部的视导员安娜·伊万诺夫娜结婚。婚后两人生育一男一女两个孩子：男孩谢尔盖、女孩奥莉娅（即苏霍姆林斯卡娅）。

在苏霍姆林斯基的著作中，对第一个妻子及家庭的情况记录很少（可能是他有意避开了心中那永远的伤痛），而对第二个妻子和家庭的记述充满了无限的爱心和关切，家庭中时时充满了温馨和幸福。在爷爷奶奶和父母的影响下，苏霍姆林斯基非常注意在家庭中建立成员之间和谐的关系。

他曾经描述过儿子出生时的情景："那是一个春天的黎明时分，他陪着妻子安娜·伊万诺夫娜去产院。她紧紧地依在他臂膀上，而他则不断地对她讲些家常琐事，以转移她对将要经受的那件事的注意力，好让她心情平静下来。"①

苏霍姆林斯基非常喜爱自己的孩子，一有时间就陪孩子们玩各种游戏，他为孩子们能和睦相处而高兴。儿子谢尔盖很活泼，总是待不住，女儿奥莉娅跟哥哥既上树，又上房，还"上前线去打法西斯"哩。回到家里他们身上到处都是伤痕，满身泥土，裤子和连衣裙上挂着许多蒺藜。有时，父亲对谢尔盖进行罚站处罚，可是却不罚奥莉娅，谢尔盖会生气地说：

"为啥光罚我？"

"因为你是男子汉，可你还带着妹妹到处乱跑……"

谢尔盖 6 岁时就会看书了。奥莉娅也很早就开始看书。书，是家里的神圣之物，如同粮食一样神圣。

他们时常全家一起去散步，孩子们在前面跑，父母跟在后面，并且总是不停地交谈着，谈论在学校的这一天是怎样度过的……

谢尔盖从来不向家长诉说在班里受到的委屈——他知道父母对此多么反感。奥莉娅一年年地变得越来越善良、热忱而富于同情心，她也和母亲一样，表现得颇有分寸……

---

①［苏］鲍里斯·塔尔塔科夫斯基著，唐其慈等译：《苏霍姆林斯基的一生》，教育科学出版社 1986 年版，第 233 页。

全家有最喜爱的出游地点，他们喜欢远距离散步，最后总是以休息而告终：或在百鸟争鸣、阳光洒辉的树林中；或在茂密的橡树、菩提树、桦树的浓荫下；或在两脚感到非常舒服的（孩子们整个夏季都打赤脚）、柔软异常的草地上。孩子们对什么都感到新奇：不论是鸟儿怎样给幼鸟哺食，还是喜鹊在树上干什么。对于他们，一切都变成了童话……谢尔盖和奥莉娅知道很多童话。

当谢尔盖和奥莉娅上学后，苏霍姆林斯基和妻子安娜·伊万诺夫娜对他们要求都非常严格，每当犯错误时，父母总是口径一致地教育他们。他们遵循这样一条原则：力求尽可能地少作指责，而且根本不谈论不良行为。这里务必要有分寸感。要少讲坏事，多讲好事。要少讲孩子的不良行为。他们认为，谈论的坏事越多，对于孩子的成长就越不利，他们的言语将会日益失去作用，在孩子心目中变得一文不值。他们总是在努力激发孩子的思考力，想方设法要孩子自己去考虑自己的行为。如果父母一味斥责，而不启发他们去思考分析，那么孩子就无须再去自省，无须诉诸他的良知了。这是很危险的现象。①

请看下面一则苏霍姆林斯基的儿子谢尔盖在逃学之后发生的故事：

有一次，哥哥谢尔盖逃学，班主任老师来家访。苏霍姆林斯基和妻子知道后非常吃惊。直到吃晚饭时，谢尔盖才回家来，他根据家里亲人们闷闷不乐的神色已经猜到发生的情况。父亲没有说话，蹙着双眉，紧闭嘴唇，用手揉着伤病疼痛的左肩。当母亲质问他到哪儿去时，他只好解释说，同学舒拉借给他一本书，只能借一天，于是他躲藏到墓地里读书去了。爸爸问他读什么书，他回答："是一本很有意思的书，书名叫《隐身人》。"

父亲这才惊奇地问他："是威尔斯写的那本吗？你看懂了些什么？"

"全都看懂了。"

此时，当父亲看到对技术着迷的儿子喜欢上读书时，这才略微放松了些。

母亲教育孩子们说："谢尔盖，学校可不是家。在学校里，对你们的要求

---

①［苏］鲍里斯·塔尔塔科夫斯基著，唐其慈等译：《苏霍姆林斯基的一生》，教育科学出版社 1986 年版，第 224-225 页。

要比别人更严格，因为你们是校长的儿女，你们的妈妈又是个班主任。”

父亲也提醒说：“你们不仅应该学习好，品行也要好，不然我在道义上就无权要求别的孩子也做到这点。譬如说，要是我的儿子尽得二分的话，我怎么好问舒拉的父亲，他儿子为什么学习不好……”

原来父亲和他们的班主任早就定下了协议：对他们的要求要更严格些，不作任何宽容。孩子们也知道：父亲每天不论有多么繁忙，他必定要检查他们是否准备好了明天的功课。①

当苏霍姆林斯基得知儿子逃学之后，非常震惊。儿子回家之后，他没有立即对他进行批评，而是耐心地问他到哪儿去了，当他得知儿子因为读书而逃学时，心情才略微放松了。他先从跟儿子交流书中的内容开始，引导他要为父母争光，做其他同学的表率，从而让孩子认识到自己的错误。苏霍姆林斯基高超的教育智慧，值得我们学习和借鉴。

苏霍姆林斯基和妻子一直以真正的人的标准来严格要求两个孩子：

——要学会从小保护弱小动物，以培养自己的爱心。在父母的影响下，奥莉娅从小养成了保护弱小动物的习惯，她常常把那些无家可归的小猫小狗捡回家来，精心地喂它们喝牛奶。

——教育孩子懂得“不劳动者不得食”的道理。这是苏霍姆林斯基随着母乳已经接受了的思想，也应当为儿女所接受。

——功课不做完，就休想休息。妻子也坚持这个原则，她说“这是家庭教育的入门”。

他们还注意教育孩子在家庭保持对母亲的崇敬，犹如古人保持灶中火一般。苏霍姆林斯基经常对孩子们讲：“妈妈知道该要求我们做什么。因此，她说什么，我们就干什么：休息或是到森林里去；整理图书或是照料花草。她说：‘这本书大家都得读一读。’那就是说，应该读……”② 他还明确地宣布说：“母亲是我们的领导。她知道该让我们做什么，该对我们作何要求。妈妈

① [苏] 鲍里斯·塔尔塔科夫斯基著，唐其慈等译：《苏霍姆林斯基的一生》，教育科学出版社 1986 年版，第 235–236 页。

② [苏] 鲍里斯·塔尔塔科夫斯基著，唐其慈等译：《苏霍姆林斯基的一生》，教育科学出版社 1986 年版，第 237 页。

说什么，我和你们都要严格去执行。妈妈的意志对于我们就是至高无上的‘法律’。休息或者像我们全家常做的那样，到森林里去游玩，这都是合我心意的，对于孩子们的教育也是必要的。”① 他要求全家都崇拜书籍，崇尚读书，尊重思考，崇敬母亲。不论从自己这方面还是从孩子那方面，都要尊重母亲。

苏霍姆林斯基和妻子不但以自己的言行教育儿女要尊敬父母，还要尊敬家里的其他长辈老人，姥姥和姥爷对外孙们的表现的确无可抱怨。

还在去卡涅夫之前，曾经有本乡渔民送来刚刚打上来的鲜鱼。安娜·伊万诺夫娜按“伏尔加风味”烧好。端上饭桌时，谢尔盖便说：“妈妈，中间那段您别给别人，我给姥姥送过去，姥姥爱吃鱼的中段……”

苏霍姆林斯基发觉，妻子那双淡蓝色的眼睛泛出温柔亲热的神色：儿子能惦记姥姥，她感到多么欣慰。不过安娜·伊万诺夫娜认为没有必要为此当面去夸奖他。

散步的时候也是这样，当他们采集野花时，奥莉娅总是挑出最好看的花献给姥姥。

这一切就是苏霍姆林斯基的“家”。缺少了这些，家就是空虚的；缺少了这些，家就不会使人感到快慰。②

苏霍姆林斯基还非常注意培养孩子的劳动观念，鼓励孩子多参加一些力所能及的家庭劳动。下面是一则非常感人的小故事《不是失，而是得》：

儿子谢尔盖满 12 岁了，父亲给了他一把新铁锹，并且说：“儿子，你到地里去，量出一块长宽各一百个脚掌的地块，然后就刨池。”

儿子到地里量了一块地，就刨起来了。

在没有习惯使用铁锹之前，起初感到很费力。随后干得越来越轻松了。可是待到他用铁锹准备翻出最后一锹泥土时，铁锹断了。

儿子回到家来，心里感到忐忑不安：父亲一旦知道铁锹坏了，会怎么说我呢？

---

①［苏］鲍里斯·塔尔塔科夫斯基著，唐其慈等译：《苏霍姆林斯基的一生》，教育科学出版社 1986 年版，第 224–225 页。

②［苏］鲍里斯·塔尔塔科夫斯基著，唐其慈等译：《苏霍姆林斯基的一生》，教育科学出版社 1986 年版，第 238–239 页。

"爸爸，您可别怪罪我，"儿子说，"我让家里失掉了东西。"

"什么东西？"父亲问。

"铁锹坏了。"

"可是你学会刨地没有？刨到最后，是觉得越来越费劲还是越来越轻松了呢？"

"刨到最后越来越轻松了。"

"那就是说，这不是失，而是得。"

"有什么收获呀，爸爸？"

"愿意劳动了。这就是最宝贵的收获。"①

苏霍姆林斯基非常关心自己的妻子。他曾经对自己的儿子说过："我和你母亲结婚快25年了……每当我们分手几天而又相见时，我总是兴奋得不能平静，我在她这个唯一为我所爱的妇女身上又发现了从未见过的东西。她的双眼似乎不断地射出新的美。"②当他看到妻子同她的学生之间所形成的那种真挚友爱的关系，感到非常愉快。学生们都很信任他，他也从不记得他们当中有谁说过"老师对我不公平"。尽管她爱孩子们，对他们很善良，可是她也很严格，对偷懒和懈怠从不姑息。偶尔，苏霍姆林斯基边看书边观察她是怎样批阅学生作文的。苏霍姆林斯基无须去看作文本——妻子的面部神情，她的眼睛时而流露出欣喜，时而郁郁不乐，有时则欣然赞赏着问："打扰你一下，你愿意欣赏欣赏吗？"他的家里不能想象没有这些，这也正是他家的幸福所在……③苏霍姆林斯基对妻子深情的爱，也深深地影响了自己的两个孩子。

苏霍姆林斯基坚决反对那种因为自己工作繁忙而把孩子的教育甩给老人的观点和做法。有一次，安娜·伊万诺夫娜的两位老人——父亲伊万·格里

① [苏]鲍里斯·塔尔塔科夫斯基著，唐其慈等译：《苏霍姆林斯基的一生》，教育科学出版社1986年版，第309–310页。

② 苏霍姆林斯基著，蔡汀等主编：《苏霍姆林斯基选集（五卷本）》（第三卷），教育科学出版社2001年版，第901页。

③ [苏]鲍里斯·塔尔塔科夫斯基著，唐其慈等译：《苏霍姆林斯基的一生》，教育科学出版社1986年版，第237页。

戈里耶维奇和母亲叶卡捷琳娜·米哈伊洛夫娜——从伏尔加河来到这里。伊万·格里戈里耶维奇是一位老工人，是一位技艺高超的二匠，不久前刚刚退休。当他们来到之后，曾有人说："这一下可好了，瓦西里·亚历山德罗维奇，您跟安娜·伊万诺夫娜可以轻松一些了；可以把孩子们甩给老人了……"可能是由于看到了苏霍姆林斯基非常难看的面部表情，说这话的人突然住口了。而这时他也好像感到左手的手指突然变凉了——就是那条因负伤动手术之后缩短了 6 厘米的手臂。这时苏霍姆林斯基沉静地回答说：

"我跟安娜·伊万诺夫娜是不'甩'儿女的，而是要培育他们，并且认为，只有那些忘却了自己当儿作女义务的、冷酷无情的人才会把自己的儿女'甩'给老人，'甩'给为养育自己而已经付出相当多辛劳的长辈……"①

正因为苏霍姆林斯基注意建立和谐温馨的家庭关系，他才不仅成为一名杰出的教师、校长和教育家，而且也成为一位优秀的丈夫和父亲。

第三节　对儿女的教育：做一个真正的人

苏霍姆林斯基对自己一双儿女的辛勤培育，还体现在他写给孩子们的信中。他对儿女的谆谆教导，也是按照培养一个真正的人的标准去要求的。

苏霍姆林斯基对儿子谢尔盖的教育，集中体现在他的《给儿子的信》一书之中。《给儿子的信》收录了苏霍姆林斯基给上大学的儿子谢尔盖的 22 封信，也被编入苏霍姆林斯基《育人三部曲》中，作为人生成长的第三个阶段（这三个阶段分别是童年、少年和青年）的论述。本书是作为教育者兼父亲的苏霍姆林斯基，同自己的儿子也是一位大学生的对话，系统地阐述了苏霍姆林斯基关注青年人健康成长的教育思想。

全书通篇都是一个和善的父亲对远在外地上大学的儿子的谆谆教诲和善意忠告。每一封信都不是居高临下的要求，不是刻板教条的指教，而是同志式的和蔼可亲的交谈。这不仅是一篇篇教育子女的谈话录，也是青年人从事

① [苏] 鲍里斯·塔尔塔科夫斯基著，唐其慈等译：《苏霍姆林斯基的一生》，教育科学出版社 1986 年版，第 238 页。

生活与工作、加强自我修养的指南书。

在《给儿子的信》这 20 多封信中，苏霍姆林斯基告诫儿子在大学里应该做的一切。每封信基本都围绕着一个主题，都是作者与儿子探讨交流的人生话题。他在同儿子进行谈话时，不是空谈大道理，而是把身边发生的事件、自己的人生成长经历与阅读书籍的收获体会等结合起来，非常具有可读性，也具有深刻的教育意义。主要包括以下几个方面的内容：

1. 幸福的成果要用双手通过劳动获得

苏霍姆林斯基非常重视劳动对人成长的教育作用。在第一封信中，他深情地回忆了自己从父母和爷爷那里继承的劳动传统。“我们的语言中有成千上万个词汇，但是应当放在第一位的，我认为是三个词儿：粮食、劳动和人民。这是我们国家赖以生存的三根支柱。它是我们这个制度的本质所在。”[①]苏霍姆林斯基告诫儿子，共产主义的理想是非常美好的，但是，“我不相信那种权且称作巧克力式的共产主义。说什么一切物质财富极为丰富；所有的人都能得到充分的供应；似乎只要一挥手就什么都有了；任何东西都可以轻而易举地得到”[②]。他认为，人没紧张，没有努力，不想流汗，不想付出劳累，不经过焦急与不安，是什么也得不到的。即使到了共产主义，也得把手磨出茧子，也得有许许多多不眠的夜晚。而最主要的，人们永远保持的是他的智慧、良心和人的尊严。人们将永远依靠自己的辛勤劳动获得食物。他反复告诫儿子：“年轻人对劳动的热爱并非囊中之物，轻而易举所得，只能通过劳动才能获得这个珍宝。”[③]每个人都应当为能为别人做点事而感到自豪，每个诚实的人都要在自己培育的麦穗上留下自己的点滴血汗。

反观我们的学校教育和家庭教育，越来越忽视劳动教育的作用，将劳动放在了可有可无的地位。无论是儿童、少年，还是青年，距离劳动都越来越

① 苏霍姆林斯基著，蔡汀等主编：《苏霍姆林斯基选集（五卷本）》（第三卷），教育科学出版社 2001 年版，第 845 页。

② 苏霍姆林斯基著，蔡汀等主编：《苏霍姆林斯基选集（五卷本）》（第三卷），教育科学出版社 2001 年版，第 846 页。

③ 苏霍姆林斯基著，蔡汀等主编：《苏霍姆林斯基选集（五卷本）》（第三卷），教育科学出版社 2001 年版，第 876 页。

远，这对形成一个健全的人格是非常不利的。阅读着苏霍姆林斯基关于劳动的论述，我们不得不佩服这位伟大教育家的远见与卓识。

2. 要鼓起敢于面对严峻、冷酷事实的勇敢精神

作为人生观、价值观已经基本确立的青年人，不仅要对生活充满无限热爱，更要养成疾恶如仇的良好习惯。苏霍姆林斯基教育年轻人不要扑灭自己心灵中的第一次冲动，因为它们是高尚的。他结合儿子在信中提到的已经司空见惯的各种浪费现象教育儿子："永远也不要害怕表明自己的观点，哪怕你的想法跟公认的准则背道而驰。"① 他反复告诫自己的儿子：不做违背自己良心的事，只有这样才能磨炼性格。为了培养自己的坚定性格，就要树立坚定的共产主义信仰。因为共产主义就存在于人类自身之中。还要努力锻炼培养自己的思想性，因为思想性才是真正的人性。

联系我们目前的教育，很多老师和家长极力向孩子们宣扬生活的美好，回避眼前的社会矛盾，着力培养孩子温顺的性格和听话的态度，这也不利于他们坚强性格的形成。

3. 要善于确定个人志向，追求生活最大的乐趣

苏霍姆林斯基非常注重对儿子上大学之后的人生规划教育，他也非常尊重儿子自己的职业选择。他认为人是自己志向的创造者："志向中天才的幼苗，经过热爱劳动的双手培育，在肥田沃土里将成长为粗壮的大树。……确定个人志向，选好专业，这是幸福的源泉。"② 他要求儿子从培养自己的兴趣出发，再把兴趣变成自己的志向，必须还要付出几倍的努力劳动。他肯定了儿子选择的无线电物理专业的志向，并告诫儿子要每天多阅读关于无线电物理学和相近科学的书籍，要利用各种机会多去实验室和工厂劳动，努力提高自己的操作技能。要勤练两只手，使之成为能胜任各种劳动的最重要的工具。

而我们现实生活中有不少的家长，不考虑孩子个人的兴趣与爱好，自主

① 苏霍姆林斯基著，蔡汀等主编：《苏霍姆林斯基选集（五卷本）》（第三卷），教育科学出版社 2001 年版，第 850 页。

② 苏霍姆林斯基著，蔡汀等主编：《苏霍姆林斯基选集（五卷本）》（第三卷），教育科学出版社 2001 年版，第 864 页。

替孩子进行职业选择，并要求孩子要服从家长的意志，让孩子按照家长的规划去发展，最后泯灭了孩子的个性和乐趣，这不得不引起我们的深思。

4. 要努力追求丰富完满的精神世界

当人进入青年之后，就要努力追求丰富的精神世界。他教育儿子首先要去探寻真理，去探寻事物的根源。其次要防止内心空虚和精神兴趣贫乏。他教育儿子，虽然学习的是自然科学课程，但要阅读更多的人文科学书籍，以“培养情操美感，培养细微的和美好的感情，培养热情的、对人体贴入微的心肠”①。要努力培养自己勇敢向上的美好心灵，多阅读英雄人物的书籍，这是进行自我教育的有效手段。再次，要多阅读书籍，追求丰富完满和精神世界。“书籍浩如烟海，在书籍的海洋里，一本本好书宛如彼此疏远的小岛；你要善于到每个岛上去游历……在这个海洋里，不易迷失方向。也不会遇到浅滩。”②他要求儿子多购书多读书，并根据自己的读书经验，多次跟儿子交流自己读书的收获与体会，嘱托儿子购买自己需要的图书。“如果我不读这些语言大师的作品，恐怕连一个月也不能生活。”③读书不是一个机械的过程，而是一种创造，读书要与思考紧密结合起来。他教育儿子：要思考、思考，再思考！精神上的营养越丰富，争辩就会越激烈，对生活经验的认识也将越深刻。

读书对促进青年人心灵成长的作用十分重要，我们应当教育青年人静下心来，捧起书本，进行心灵旅行，通过读书来丰富自己的精神世界。

5. 要为建设祖国和保卫祖国做出贡献

在一封苏霍姆林斯基到柏林考察学习期间写给儿子的信中，他特别谈到了自己对祖国的深厚感情：“我曾到过许多国家。而且每当命运把我弄到远离

---

① 苏霍姆林斯基著，蔡汀等主编：《苏霍姆林斯基选集（五卷本）》（第三卷），教育科学出版社 2001 年版，第 881 页。

② 苏霍姆林斯基著，蔡汀等主编：《苏霍姆林斯基选集（五卷本）》（第三卷），教育科学出版社 2001 年版，第 887 页。

③ 苏霍姆林斯基著，蔡汀等主编：《苏霍姆林斯基选集（五卷本）》（第三卷），教育科学出版社 2001 年版，第 888 页。

祖国的地方，都有一种新的力量激起我热爱祖国的情感。”① “祖国——是慈祥而又严格的母亲。”② 热爱祖国，就要永远记住成千上万的人为了我们的幸福而献出宝贵生命的英雄们。苏霍姆林斯基亲身经历了苏联卫国战争，目睹了无数革命先烈为了保卫祖国而牺牲在战场上，他自己也身负重伤而留下终生残疾。他告诫儿子要十分珍惜当下的幸福生活，努力刻苦学习，掌握丰富的科学知识，为建设幸福祖国而做出贡献。“我们每个男子汉都应当牢牢地记住：我有两个专业：第一个，也许是教师，也许是农艺师、工程师；而第二个则是大家所共同要有的，那就是祖国的保卫者。”③

由此可见苏霍姆林斯基对祖国的深厚感情。

6. 要树立健康高尚的爱情观

当儿子进入大学学习之后，必然会遇到爱情问题，苏霍姆林斯基并没有回避这个敏感的话题，而是启发儿子思考：大学生应当树立怎样的爱情观念？“爱情的道德纯洁性，是人类灵魂的一面镜子。”④ 青年人应当对他人怀有极大的道德责任感，坚决杜绝情感至上的思想。当你进入成年之后，要做好当父亲的准备：“孩子，你要记住，父亲是崇高的公民称号。”⑤ 为了对得起这个崇高的称号，要做好终生承担巨大的、神圣的义务的准备。这跟苏霍姆林斯基教育自己的学生做好当父母准备的理念是相通的。他特别教育儿子：“要记住，爱情首先意味着对你所爱的人的命运、前途承担责任。……爱，首先意味着奉献，把自己的精神力量献给所爱的人，为他（她）创造幸福。”⑥ 其

---

① 苏霍姆林斯基著，蔡汀等主编：《苏霍姆林斯基选集（五卷本）》（第三卷），教育科学出版社 2001 年版，第 895 页。

② 苏霍姆林斯基著，蔡汀等主编：《苏霍姆林斯基选集（五卷本）》（第三卷），教育科学出版社 2001 年版，第 896 页。

③ 苏霍姆林斯基著，蔡汀等主编：《苏霍姆林斯基选集（五卷本）》（第三卷），教育科学出版社 2001 年版，第 898 页。

④ 苏霍姆林斯基著，蔡汀等主编：《苏霍姆林斯基选集（五卷本）》（第三卷），教育科学出版社 2001 年版，第 899 页。

⑤ 苏霍姆林斯基著，蔡汀等主编：《苏霍姆林斯基选集（五卷本）》（第三卷），教育科学出版社 2001 年版，第 900 页。

⑥ 苏霍姆林斯基著，蔡汀等主编：《苏霍姆林斯基选集（五卷本）》（第三卷），教育科学出版社 2001 年版，第 901 页。

次，他特别强调对爱情要忠贞不渝，对于一个善于创造精神财富的人来说，没有第一次、第二次爱情，只有唯一的爱情。

7. 要善于追求生活中的美

作为一个大学生，要善于从学习和生活中发现美，欣赏美，并努力去创造美。要跟同学们建立真诚的友谊，感悟人性美。“友谊是培养人的感情的学校。……道德教育的一项极重要的原则是，要使每个人从少年和青年早期就对人的高尚精神深怀赞美，产生敬爱之心。这实际上决定着对人、对人性美的信任。”① 要善于尊重女性美，他认为女性美是道德纯洁和品行高尚的最高体现，是崇高美德的最高体现。在家庭中，妻子不应当处于附属的位置。聪明的丈夫恰恰是竭力使妻子有丰富的精神生活，使她在家庭的精神生活中处于平等甚至是优先的地位。要正确认识人的外表美，人不能只追求漂亮的外表。只有内在的美和外表的美的统一，这才是人的道德尊严的审美表现。他鼓励儿子要用双手去创造美：“如果希望美——你就得忘我地劳动，直至你感觉到自己已经成为一名创造者、一名能手，成为自己理想事业的主人。”②

阅读着这些充满深情的文字，我们也在进行一场庄严的精神洗礼。

8. 要珍惜时间，刻苦学习

在儿子的要求下，苏霍姆林斯基就“如何经济地和合理地利用时间”给儿子提出了 15 条建议，这就是著名的“15 条戒律”。每条内容虽然都言简意赅，但都非常适用。这 15 条戒律主要包括养成以下 5 个方面的学习习惯：一是科学记录笔记的习惯。养成在听课中科学记录学习笔记的习惯，养成系统记录学习笔记的习惯。二是养成天天读书的习惯。但要善于限定阅读范围，严格选择阅读的书刊。三是养成科学用脑的习惯。在早上的黄金时间进行紧张的脑力劳动，养成集中精力从事脑力劳动的习惯，在理解之后再去记忆，交替阅读科学与文艺书籍。四是养成时时增强学习内驱力的习惯。逐渐

① 苏霍姆林斯基著，蔡汀等主编：《苏霍姆林斯基选集（五卷本）》（第三卷），教育科学出版社 2001 年版，第 909 页。

② 苏霍姆林斯基著，蔡汀等主编：《苏霍姆林斯基选集（五卷本）》（第三卷），教育科学出版社 2001 年版，第 920 页。

将“我需要”变为“我想要”。五是养成珍惜时间的习惯。把劳动放在课余活动的第一位，不要虚度时光。要丢掉一切坏习惯，今天的事情不要搁置到明天。

这是一位父亲对儿子如何科学利用时间、提高学习效率的谆谆教诲，无论对我们青年学生的学习要求，还是成年人的学习指导，这15条戒律都非常实用，也应当成为我们的座右铭。

苏霍姆林斯基对儿子的教育观点，对当代大学生如何建立丰富完满的精神世界，促进身心发展和健康成长，同样具有很深刻的教育意义。在严格的家庭教育环境之下，苏霍姆林斯基的儿子谢尔盖考入了基辅工学院学习，后进入基辅大学学习，毕业之后被分配到乌克兰一个拥有万余人的大型军工厂——阿尔谢纳尔厂工作，成为一名出色的工程师。可惜后来苏联解体，乌克兰经济衰退，谢尔盖也从工厂下岗。

苏霍姆林斯基教育女儿的观点，集中体现在《给女儿的信》中。北岳文艺出版社出版过《给女儿的信》一书，收录的是苏联教育家阿莫纳什维利给女儿的10封信和苏霍姆林斯基给女儿的6封信。在《给女儿的信》中，苏霍姆林斯基主要跟女儿谈论了关于爱情和幸福的话题。其中最为著名的当属第一篇谈话，多次被收入我国的初中语文教材中，是对中学生进行爱情教育的佳篇。

德国诗人歌德说过：“哪个少年不钟情，哪个少女不怀春？”正值花季的少男少女，必然对爱情充满了好奇和遐想。爱情，可以说是人生命本能的一种活动、一种体验。但如何跟14岁、尚是中学生的女儿谈论这一成年人的话题，当父亲面临女儿关于“什么叫爱情”的询问时，苏霍姆林斯基的回答是动了一番脑筋的。他内心的愿望是：“告诉你要学会明智地生活，也就是要善于生活。我希望做父亲的每一句话能像一颗小小的种子，促使你自己的观点和信念的幼芽萌发出来。”①

面对女儿的询问，苏霍姆林斯基没有从正面进行解答，而是回想起了自己在童年时代，向自己老祖母玛丽娅提出过同样的问题，祖母善于用童话

① 苏霍姆林斯基著，世敏等译：《爱情的教育》，教育科学出版社2001年版，第164页。

讲解最复杂的事情。于是，他把祖母讲给他的一个关于爱情的童话故事也讲给了自己的女儿。这是一个充满诗意的故事，主要解释了爱情的真谛。故事中，上帝和大天使加弗利尔先后3次来到人间，在人的眼神里先后读到了3种东西：爱情、忠诚和心灵的追念。作者把它们集中放在一起谈论，是别有深意的。人在年轻的时候，异性间很容易产生爱慕之心，但岁月和生命是对爱情的最大考验：只有能经得起时间磨砺的忠诚，能超越死亡的心灵追念，才配称为真正的爱情。上帝在人的眼神里3次发现了“美和力量”——人间的挚爱，这正是“美和力量”的最高体现！在信中，苏霍姆林斯基感叹：只有人才懂得爱，人的“爱情比上帝权威大，这是人类永恒的美与力量，一代一代地相传”。①

人要学会真正的爱，人类的爱情要去创造和培养。“如果他没有学会真正的爱，他仍是一个野人。一个受过教育的野人比没有受过教育的野人要危险一百倍。”② 人类的爱情不能以遗传学的方式，像延续后代的本能那样留给下一代，而是需要创造和培养。人类不仅要有坦率的、善良的心肠，而且应当有一颗严肃、坚强、严格要求自己和他人的心。苏霍姆林斯基坚决反对持有两种错误爱情观的姑娘：一种是宽恕小伙子的狂妄并原谅他的粗鲁行为的姑娘；一种是“他打我，但是，我爱他”③ 的奴隶哲学。于是他倡导：为了真正的爱，应当具有坚强的精神力量。他从母性觉醒的角度告诉女儿：“今后的你不但要为自己负责，而且还要为你将要给他生命的未来的孩子负责。”④

青少年要努力创造明智而勇敢的爱的精神力量。他教育孩子：“你要深思，需要有自己的力量，包括心灵上的爱情的力量，这种力量需要坚持终生。”⑤ 爱情是明智的、勇敢的力量，而缺乏理智的性欲，这是巨大的罪恶。通过这种精神的力量，人才能成为一个完满的人，才能适应社会的需要，并能够肩负起将来自己家庭的责任。

---

① 苏霍姆林斯基著，世敏等译：《爱情的教育》，教育科学出版社2001年版，第166页。

② 苏霍姆林斯基著，世敏等译：《爱情的教育》，教育科学出版社2001年版，第167页。

③ 苏霍姆林斯基著，世敏等译：《爱情的教育》，教育科学出版社2001年版，第169页。

④ 苏霍姆林斯基著，世敏等译：《爱情的教育》，教育科学出版社2001年版，第171页。

⑤ 苏霍姆林斯基著，世敏等译：《爱情的教育》，教育科学出版社2001年版，第172页。

女人是教育男人成为真正人的强大力量。“女人在爱情上是主宰者。”①他教育自己的女儿：爱情是一种责任，首先是责任，然后才能获得快乐，包括爱情生活的幸福。爱情的幸福在于对一个人负有很大的责任。在学校和家庭里要充满一个人为他人的幸福、快乐、命运和生活而负责的精神。通过爱情的教育，每一个人同时也应当成为自我教育者。

苏霍姆林斯基在《给女儿的信》中谈到的要树立高尚的爱情观，对于我们的青少年来说，也是一方非常好的清醒剂。因为，青少年会开始对异性产生好奇，也有些人开始希望自己像青春偶像剧中一样，来一场浪漫的爱情。但青少年应当树立怎样的爱情观呢？苏霍姆林斯基给了我们一个很明确的答案。

作者在这里谈论爱情，主要是谈“情”与“性”，或人的“精神性”与“生物性”的关系，强调人类高尚的爱情应该远远超越“传宗接代”的生理需要。这一思想，可以说是贯穿在作者所有爱情论述中的一个主旋律。但是，毋庸讳言，“性”也是人生的重要内容。作者曾批判“西方资产阶级”受弗洛伊德“性本能”学说的影响，夸大了本能、性欲对于人格的作用。对此，我们应客观而辩证地分析。作者强调他的爱情观，既与当时苏联弘扬社会主义的主导价值观合拍，也是和他所面对的教育对象（中学生）有关的。我们在和学生研讨苏霍姆林斯基的爱情教育问题时，应该坦诚而审慎地把握“情”与“性”的分寸，不能偏执一端。

在苏霍姆林斯基的教育和影响下，他的女儿奥丽佳·苏霍姆林斯卡娅在师范毕业之后，分配到了帕夫雷什中学任教，并很快成长为一名优秀的语文教师。苏霍姆林斯基在《帕夫雷什中学》一书中，曾自豪地介绍说：“我和苏霍姆林斯卡娅的私人藏书共有 1.95 万多册，包括文艺、历史、教育、艺术理论及艺术史等方面的书。”②由此可见，父女二人的私人藏书是多么丰富，阅读面又是多么宽广！苏霍姆林斯卡娅继承了父亲热爱读书和刻苦学习的传统，并坚持多年进行教育科学研究，逐渐成长为一名出色的教育家。她后来

① 苏霍姆林斯基著，世敏等译：《爱情的教育》，教育科学出版社 2001 年版，第 174 页。

② 苏霍姆林斯基著，赵玮等译：《帕夫雷什中学》，教育科学出版社 1983 年版，第 29 页。

成为苏联教育学博士和乌克兰教育科学院院士，曾经先后5次来到中国，出席苏霍姆林斯基教育思想研讨会，同中国学者进行广泛交流。她还热情接待前往乌克兰进行访问和学习的中国团队，积极介绍和传播苏霍姆林斯基的教育思想，为苏霍姆林斯基教育思想在中国大地上的传播做出了巨大贡献。在对我国进行访问期间，我国著名的教育家和学者朱小蔓、顾明远、李镇西、吴盘生、孙孔懿等人，都对她进行过专门的访谈。

第二章

Chapter 2

父母是孩子的首席教养者

苏霍姆林斯基非常重视家庭教育的重要作用。而在当时的现实生活中，许多家长并没有认识到培养孩子的重要性，也没有承担起教育孩子的责任。他认为："良好的学校教育要建立在良好的家庭道德的基础上，而家庭教育是一门培养人的科学。"① "应当使每个人懂得：在社会面前，他的责任和对社会最重要的义务就是教育自己的孩子。孩子的首席教养者、第一位教师，这就是母亲和父亲。"②

因此，学校和教师要努力做好家长的教育工作，澄清家长在教育孩子方面各种片面的和错误的认识，提升家长的教育素质，让家长积极配合学校做好孩子的教育工作。因此，苏霍姆林斯基特别强调：家庭是孩子的第一所学校，父母要承担起教育孩子的职责。"不是所有的人都要做物理学家、数学家，可是所有的人都要做父母、丈夫或妻子。"③ 而且在家庭中，父母和睦相处，互敬互爱，会对孩子的成长产生巨大的影响力。

---

① 苏霍姆林斯基著，杜志英等译：《家长教育学》，中国妇女出版社 1982 年版，第 262 页。

② 苏霍姆林斯基著，杜志英等译：《家长教育学》，中国妇女出版社 1982 年版，第 72 页。

③ 苏霍姆林斯基著，蔡汀等主编：《苏霍姆林斯基选集（五卷本）》（第四卷），教育科学出版社 2001 年版，第 717 页。

第一节 家庭教育重要作用：教育学应当成为众人的科学

家庭是组成社会的细胞，社会的大厦是由一个个家庭组成的。“社会，这是用一小块一小块砖——家庭——建成的巨型大厦。”[①]“家庭是我们社会的细胞，它体现着在经济、道德、精神心理学、审美等方面的诸多人际关系，当然，还包括教育方面的关系。”[②]我们新时代中国特色社会主义建设的大厦就是用每个家庭的砖瓦砌成的。培养合格的人才既是每个家庭的希望，也事关我们社会和民族的未来。

在苏霍姆林斯基时期，社会上对家庭教育还存在着许多片面或错误的认识，有的人认为教育孩子是学校的责任，家庭教育可有可无，或者认为家庭教育是学校教育的附属或补充，而更多的问题是大多数的家长没有掌握教育孩子的相关知识和经验，孩子虽然生下来了，但却不知道如何去教育和培养他。因此，苏霍姆林斯基一方面大力呼吁全社会都来重视家庭教育，另一方面，学校要通过兴办家长学校等方式，让家长掌握更多的教育学知识，使“教育学应当成为众人的科学”。[③]他的这些观点和做法，非常值得我们学习和思考。

在新时代中国特色社会主义建设的新时期，要充分发挥家庭教育的重要作用，既要研究家庭教育面临的新形势、新发展，更要吸收国外优秀的传统家庭教育经验。苏霍姆林斯基的家庭教育思想对我们今天的教育工作者和家长们来说，仍具有深刻的现实意义，它也是我们家庭教育的一座不朽的丰碑！

家庭教育重要性：社会教育是从家庭开始的

在苏维埃社会主义共和国建立之后，特别是苏联在 1945 年取得卫国战

---

① 苏霍姆林斯基著，杜志英等译：《家长教育学》，中国妇女出版社 1982 年版，第 160 页。

② 苏霍姆林斯基著，蔡汀等主编：《苏霍姆林斯基选集（五卷本）》（第五卷），教育科学出版社 2001 年版，第 604 页。

③ 苏霍姆林斯基著，蔡汀等主编：《苏霍姆林斯基选集（五卷本）》（第四卷），教育科学出版社 2001 年版，第 50 页。

争的最后胜利之后，全国进入了社会主义建设的蓬勃发展时期，虽然当时国家经济还十分困难，但教育工作仍受到了前所未有的重视，全社会普遍认识到了培育人这一工作的重要性。苏霍姆林斯基曾自豪地说过：

我们进入这样一个美好的时代，我们国家的每一个公民都把培养人这一最高尚的工作，即在孩子身上重现自己，把创造人，培养人的智能、感情、意志、性格，道德美和人所固有的个性，都看作是最大的幸福。我们每个人都要为自己的同胞创造些什么——生产面包或制造机器，制作衣服或建造宇宙飞船，培育新品种的牲畜或创作交响乐，——然而，我们每个人都还有完全属于自己个人的，同时又是完全属于社会的创造性工作，即培育人的工作。①

在苏霍姆林斯基看来，培育祖国建设者、接班人的工作，不仅是学校的工作，更是家庭和全社会每一个人的工作。他特别强调，在儿童的成长过程中，学校教育固然重要，但家庭教育的作用不可忽视，而且任务异常艰巨。苏霍姆林斯基的教育目标是培养德、智、体、美、劳诸方面全面和谐发展的人。他认为，要实现这一教育目标，完成这一项教育任务，单靠学校教育是绝对不行的，一定要有家庭教育的配合。他打过一个生动的比喻："社会教育是从家庭教育开始的。家庭教育好比植物的根苗，根苗茁壮才能枝繁叶茂，开花结果。良好的学校教育是建立在良好的家庭教育基础上的。"② 他还特别强调，家庭教育的作用跟学校教育同等重要："教会孩子生活——意味着把人类获取和积累的道德财富从心灵授之于心灵。而传授这种财富的，则是从孩提时代起爱抚孩子的人，用关切的双手扶着他走出第一步的人，领着他在人生最初的道路上行走的人，这便是父母和教师。"③ "家庭，现在、过去和将来一直都是儿童学习热情待人的学校。"④

有些教师只关注学校教育，而忽视家庭教育，结果导致有些孩子的问题

---

① 苏霍姆林斯基著，杜志英等译：《家长教育学》，中国妇女出版社 1982 年版，第 135 页。

② 苏霍姆林斯基著，杜志英等译：《家长教育学》，中国妇女出版社 1982 年版，前言第 2-3 页。

③ 苏霍姆林斯基著，蔡汀等主编：《苏霍姆林斯基选集（五卷本）》（第五卷），教育科学出版社 2001 年版，第 285-286 页。

④ 苏霍姆林斯基著，蔡汀等主编：《苏霍姆林斯基选集（五卷本）》（第五卷），教育科学出版社 2001 年版，第 359 页。

不能彻底解决，也增加了学校教育工作的难度："学校里一切问题都会在家庭里反映出来，学校的复杂的教育过程中产生的一切困难的根源都可以追溯到家庭：人的全面发展取决于母亲和父亲在儿童面前是怎样的人，取决于儿童从父母的榜样中怎样认识人与人的关系和社会环境。"[①]因此，我们的学校绝对不能没有家庭的配合，家庭应该是一个人学习做好事的起源之地。家庭每日、每时都在和学校集体的精神生活相接触；学校里集体主义的道德文明在许多方面，就是开在家庭里的许多花朵的果实。

苏霍姆林斯基一再提出一个孩子有很多老师，但家庭和学校是一个人一生中最重要的教育场所，而父母则又是孩子的第一位老师。他认为，在学前阶段，父母对孩子的教育显得尤其重要。他说，绝不允许父母养而不教。幼儿时期是人一生中最敏感的时期，在这个时期如果缺乏教育，日后就很难弥补过来。所以，此时的家庭教育，也就是父母对孩子的教育，是非常重要的。若养而不教，那就会使孩子丧失了最宝贵的受教育时期。"自然本身就为教育孩子划出一段他们精神系统的一个幼年期：这个时期一旦错过，日后便无法弥补。"[②]

苏霍姆林斯基曾提到，一个人一当上父亲或母亲，这便是他的第二次诞生。他过去有一个非常淘气、给老师带来许多麻烦、让教师甚至很讨厌的学生。有一天，教员休息室的门被打开了，这个昔日的学生提了一瓶酒，上气不接下气地说："我做爸爸了，请大家喝一杯。"苏霍姆林斯基问他："你具备做爸爸的条件吗？"年轻的爸爸说："老师们请原谅我，我现在好像豁然开朗，觉得一个真正的人必须对别人负责。我今天清楚地想起那些年给老师们带来的伤心和痛苦，请原谅我，现在请你们教我怎样做爸爸吧！"[③]所以，苏霍姆林斯基说一个人做父母后如果愿真正担负起责任的话，就会有"第二次诞生"。如果都这样就好了，但并不是所有人都能认识到这一点。

---

① 苏霍姆林斯基著，蔡汀等主编：《苏霍姆林斯基选集（五卷本）》（第一卷），教育科学出版社 2001 年版，第 112 页。

② 苏霍姆林斯基著，蔡汀等主编：《苏霍姆林斯基选集（五卷本）》（第四卷），教育科学出版社 2001 年版，第 11 页。

③ 苏霍姆林斯基著，杜志英等译：《家长教育学》，中国妇女出版社 1982 年版，第 157 页。

在苏霍姆林斯基的《家长教育学》中，曾列举了这样一个事例，说明了早期家庭教育对孩子成长的巨大影响力：

很久很久以前，印度有个皇帝，叫阿克巴尔，他要检验圣人们说的话是不是真理。因为圣人们说，印度人的儿子自然而然会说母亲的语言，不论孩子的童年是待在什么环境里，即使没人教给他们自己祖先的语言。国王下命令，让人准备一处与外界完全隔离的住房，住进了30个不同国籍的哺乳年龄的婴儿。有几个哑巴仆人伺候婴儿；食品由不敢说话的阉人从小窗口里接过来。孩子们住房的钥匙由国王亲自收存挂在自己胸前。孩子在那间住房里成长着，从来听不到人的语言。

就这样，7年的时间过去了。一天，圣人陪着国王打开房门。迎接他们的不是人的语言，而是号叫声、不清晰的类似猫叫声……就这样圣人丢了脸。①

苏霍姆林斯基分析说，从科学的观点来看，上述经验（假若这个暴行也可叫作经验的话）是对的。阿克巴尔展示了一个道理（这个道理也被其他人所证实）：人类环境对处于生活初期的幼儿来说是如此重要。2至7岁这个阶段是人发展的最重要的阶段。在这个时期，有时儿童本身完全不知不觉便从周围环境中获得许多知识、能力、习惯，所有这些便在他的心理上打下了深刻的烙印。在网络上也有很多关于狼孩、豹孩和狗孩的故事，也说明了这个问题。由于特殊的偶然情况，幼儿们落到兽群里，并在它们之中生活了好几年。这样的“野”孩子，后来又幸运地回到了人间，他们中大部分人是10至17岁。学者们用了许多年的时间企图教会这些孩子说话，但是希望和努力是徒然的。这是因为他们在野兽的环境中成长的时间，正是儿童对外界影响最敏感的阶段。

苏霍姆林斯基认为，如果父母在学前期对孩子放任不管，那么他入学以后，学校要进行的就是再教育的工作了，而“再教育”付出的代价要比“教育”昂贵得多，且教育的效果恐怕就差了。因此，他特别强调入学前对孩子的教育。即使孩子入学后，家庭教育也必须和学校教育紧密结合，这样才能

① 苏霍姆林斯基著，杜志英等译：《家长教育学》，中国妇女出版社1982年版，第56页。

收到成效。他常说，学校教育如果没有家长的支持帮助，就将一事无成，教师辛勤的劳动就将化为泡影。他特别强调家庭教育的重要性。我们在研究他的学校教育时，发现他几乎把同样的精力用在家庭教育上。

苏霍姆林斯基在帕夫雷什中学，开展了大量的家庭教育方面的工作和研究。他曾对几名犯罪儿童进行了调查研究，对一些所谓“难以管教”的儿童进行了补救性工作，他把这种工作称为医治儿童的心灵创伤。他和无数的家长通信，了解他们的难处，帮助他们解决在家庭教育中遇到的困难。

苏霍姆林斯基家庭教育思想的出发点是：“无论是排除家庭的学校教育或排除学校的家庭，都不可能解决培养人这个最细致而复杂的任务。”[①]他把父母和老师都看成是孩子的教育者，而父母是孩子最早的并且是无可替代的教育者。而现实的情况是：家庭和学校教育孩子各走一径，我行我素。

苏霍姆林斯基认为，许多家长压根儿不懂得正确培育青少年，不懂得他们的性格、观点、习惯是怎样形成的，不懂得这一过程包含着什么。毋庸置疑，家长无不望子成龙，无不希望把自己的孩子培养成诚实的劳动者和有益于社会的人。但不幸的是，并非所有的家长都能做到这一点。

因此，苏霍姆林斯基倡导，学校教育的任务就是教会家长如何教育自己的孩子：“我们确信自己的实践：对于成人来说，儿童本身就是巨大的教育力量。事实上，有孩子的家庭，无不是教师培养高尚的道德情操、多彩的精神生活、诚挚的人际关系的良好基地，如果能借助学校在年轻家庭里奠定家庭和学校高度教育文明的牢固基础，儿童是能够创造奇迹的：他将不允许父亲酗酒，不让父母说脏话、吵架，等等。”“所以我们认为，教师最重要的任务是教会家长怎样教育孩子。”[②]

苏霍姆林斯基留下的教育遗产中，有相当一部分是专门论述家庭教育的，他在上百篇文章中提出过他自己对家庭教育工作的看法，介绍在家庭教育方面的经验，以及优秀家长的家庭教育经验。为了加强家庭教育研究，总

---

① 苏霍姆林斯基著，蔡汀等主编：《苏霍姆林斯基选集（五卷本）》（第五卷），教育科学出版社 2001 年版，第 498 页。

② 苏霍姆林斯基著，蔡汀等主编：《苏霍姆林斯基选集（五卷本）》（第五卷），教育科学出版社 2001 年版，第 498–499 页。

结自己在家庭教育研究工作中的成就，苏霍姆林斯基在晚年下决心写一本完整的《家长教育学》。他在该书的序言中写道："我们的社会——无论是家长，还是将要建立家庭的青年，都需要有一本家长教育学，需要有一本关于家庭、婚姻的道德修养以及如何教育孩子的书。家长教育学应当成为每个公民手边必备的书。家长教育学要在专门的家长学校里进行研究。这门关于培养人的科学应当占到最重要的位置。"①

在《家长教育学》初稿中，他以谈心的方式写成了7讲，中文版译文只有两万余字。但从他所阐述的整个的家庭教育思想体系来看，特别是在他的帕夫雷什中学制订的一份学年工作计划（1970—1971年）②手稿中，拟定的家长学校的谈话提纲来看，这7讲远远不能包含他的家庭教育思想的全部内容。由于他工作异常繁忙，加之伤病缠身而过早地离开了人世，导致了他的这一夙愿未能实现。但就他所完成的著作来看，其中关于家庭教育的基本思想，已经形成了一整套完整的教育理论。

他的家庭教育专著是《家长教育学》（又译作《睿智的父母之爱》等）。而《给儿子的信》《给女儿的信》等，则是他自己进行家庭教育实践的总结和论述。

苏霍姆林斯基还有不少著作虽然不是专论家庭教育，但也包含着家庭教育方面的内容，如《帕夫雷什中学》《给教师的一百条建议》《公民的诞生》《和青年校长的谈话》《怎样培养真正的人》《爱情的教育》等。

除去苏霍姆林斯基当时所面对的教育环境和家庭环境与我们现在的情况存在很大不同之外，他的家庭教育经验是在社会主义教育制度下探索和建立起来的，特别是他"把爱心献给孩子"的教育思想和教育经验，至今仍不过时。他的家庭教育思想继续闪烁着熠熠光辉，对我们目前的家庭教育工作指导，仍具有特别重要的现实意义，仍然是一项不可多得的社会主义家庭教育思想遗产。

因此，当代国内外的教育工作者在论述儿童的早期教育与家庭教育时，常常提及苏霍姆林斯基的家庭教育观点。近年来，家庭教育在我国越来越引

① 苏霍姆林斯基著，杜志英等译：《家长教育学》，中国妇女出版社1982年版，前言第2页。

② 苏霍姆林斯基著，杜殿坤编译：《给教师的建议》，教育科学出版社1984年版，第397页。

起重视，家庭教育的理论和实践正成为当前探讨的一个热点。苏霍姆林斯基家庭教育的理论建树和实践经验，对我们来说是一座教育财富的宝库。研究他的家庭教育理论，探析他关于家庭教育的真知灼见，对于全面推进素质教育，全面提高学生素养，有着重要的价值。

树立正确认识：教育下一代是家长的责任

在多年的教育实践中，苏霍姆林斯基通过家访工作和调查了解发现，社会上许多人和家长对家庭教育存在着不少片面甚至是错误的认识，如果不澄清这些认识，学校教育工作就不会取得最后的胜利，家长也不会配合学校取得好的家庭教育效果。

针对当时在社会上存在的一些关于家庭教育的错误认识，苏霍姆林斯基以有力的论据进行了批驳：

一种错误认识是：未来属于脱离家庭的寄宿学校。

有人说，教育下一代是幼儿园的任务、学校的任务、社会的任务。苏霍姆林斯基的回答是，家庭作为孩子生活和成长的环境，是不可替代的，父母是孩子最早和不可替代的教师，教育好下一代是每一个家长不容推卸的重要责任。即使孩子进了幼儿园和学校，家庭仍然是教育机构的主要帮手，家庭教育仍然是社会教育的重要组成部分。苏霍姆林斯基认为："生活雄辩地批驳了那种认为未来属于脱离家庭的寄宿学校的主张，凡属削弱家庭经常教育孩子的一切，同时也会削弱学校。"① 其根据就是孩子缺少了家庭——这最有利的教育环境和父母这最细心的教育者，他所受的教育将是不完整的。孩子给家庭带来的不只是幸福，更重要的是还向家长们提出了一项艰巨的教育任务。这项任务在青年恋人决定结婚之前，在做父母之前就要想到，就要做好准备，否则就没有资格当父母。因此，无论是已经有了孩子的家长，还是将要建立家庭的青年人，都需要接受家长教育，掌握关于家庭、婚姻的基本道德修养以及教育孩子的必备知识。

可能有不少父母强调工作忙，没有时间教育孩子，即他们所谓的"顾不

① 苏霍姆林斯基著，蔡汀等主编：《苏霍姆林斯基选集（五卷本）》（第四卷），教育科学出版社 2001 年版，第 12 页。

上”。苏霍姆林斯基承认工作和劳动是每一个人的重要社会责任，但他提醒大家千万别忘了家里还有一个更重要的任务——教育人的任务。苏霍姆林斯基认为：

> 教育人，教育自己的子女——这是一个公民的最重要的、第一位的社会工作，是他作为一个公民的义务。多数家长都能很好地认识这一点。在我们学校的一次家长会议上，一个五年级学生的父亲说，由于他的社会工作负担过重，简直没有空管教自己的孩子。其他家长一针见血地给他指出：如果你找不出时间教育自己的孩子，你这个社会活动家就分文不值。没有时间教育儿子——就意味着没有时间做人。[①]

苏霍姆林斯基恳切地劝说那些“顾不上”教育孩子的家长：如果孩子的学校请你去谈谈，你就一定要请假上学校去。他曾多次引用一句乌克兰民间谚语来告诫家长们：“人有三个不幸：‘死亡、衰老、子女不好。’”[②]他对这句谚语做了如下的解释：衰老是不可违逆的，死亡是逃避不了的，谁都不能把这两大不幸拒之门外，然而使家中不出不成才的孩子是人力可以做到的。帕夫雷什中学锲而不舍地对家长进行大量工作，同时严格要求家长们提高家庭教育水平，做到养而必教。

在我们教育事业快速发展的今天，随着学校办学规模的扩大和学校的合并，越来越多的地方办起了寄宿制学校，进入寄宿学校就读的孩子也越来越小，由原来的高中学生、初中学生，扩展到小学生，甚至出现了全托幼儿园。孩子进了寄宿学校之后，省去了家长每天照顾孩子的诸多麻烦。但是，近来有许多教育专家和学者通过研究发现：寄宿制学校会对孩子的心灵和性格的成长带来不利影响，甚至会带来伤害，这种伤害会影响孩子终生。

有专家认为，在寄宿制下长大的孩子，是半个孤儿院儿童。关于孩子寄宿，赞成派认为可以培养孩子的自理能力和集体意识；反对派认为缺少家庭的温暖，不利于孩子的情感培养及智力发展。按照前者的逻辑，孤儿院的

---

① 苏霍姆林斯基著，杜志英等译：《家长教育学》，中国妇女出版社 1982 年版，第 138 页。

② 苏霍姆林斯基著，蔡汀等主编：《苏霍姆林斯基选集（五卷本）》（第二卷），教育科学出版社 2001 年版，第 287 页。

孩子受到的早期教育应该是最好的。事实上，在孤儿院长大的孩子大部分有较重的心理问题，自我意识和合作意识往往停留在较低层面，原因是他们被剥夺了正常的家庭生活和父母之爱，从小缺少家庭气氛的滋养，缺少和亲人的情感及语言交流，以至于成年后在心理及能力方面表现出永久的缺陷。其次，寄宿制下成长的孩子很难从自然人成长为社会人。家庭的温暖，尤其是母爱，是一个儿童成长必不可少的心理营养品。送孩子寄宿，本质上是反自然、反天性的，是成人无视儿童作为一个人的自然需求，把自己的需求强加到孩子头上。这样会让孩子原始的自然需求得不到满足，今后他的社会属性也难正常成长，有时也无法正常表达。

虽然上述观点难以得到证实，但孩子小时候如果得不到母亲和父亲的关爱，那对孩子性格的形成与发展是非常不利的，这已经成为定论。因此苏霍姆林斯基认为，最好的寄宿学校也不能代替母亲，可惜的是这个观点在当下还是不能为大多数家长，甚至有时也不能被社会接受。

另一种错误认识是：孩子长大了自然会懂事和听话。

苏霍姆林斯基认为，家庭教育不仅重要，而且也是父母的一项非常艰巨的任务。他经常说，有的人认为，孩子从小不必严格进行教育，等他长大了进入社会后，自然会懂事和听话的。这种观点是十分错误的，他曾经举过这样一则故事：

某些父母认为孩子年龄小、不懂事，所以任性不听话；认为当孩子长大点时，他就开始明白应当听父母的，那时就容易让他养成遵守纪律的习惯。因而，这些父母对他的学龄前孩子的任性是完全放任不管的。

在我们工人村住着一位工作人员彼特·阿方纳席耶维奇·恩。他家里有三个孩子，一个男孩两个女孩，家里经济条件很好。父母从不拒绝孩子的要求，尤其是对学龄前的小儿子维加。他已经习惯于父母的有求必应。吃午饭时，母亲给他往小碟子里倒了菜汤，他任性地问：

“干吗往这个碟里倒菜汤？我要你给我倒在这个深的盘子里！”

于是妈妈把这个碟子里的菜汤转倒在深的盘子里。

“长大了就懂得应当听爸爸妈妈的话了。”每次孩子调皮、任性地提出新的要求时，妈妈爸爸总这样解释说。

父母常常给维加买小人书，他一贯是把它撕毁，用书页叠纸鸟和飞机。父亲试图制止他，这时小男孩就使用他一贯使用的有效武器——耍赖、哭闹。妈妈袒护儿子并当着儿子面向爸爸说："将来上学念书时，他就学会保护书籍，干吗现在制止他？随他怎么干吧。长大些时就会变得聪明、懂事。"

维加入学了，父亲说，上课前两个小时应当叫醒他，母亲则抱怨说，干吗那么早就叫孩子？于是维加起床很晚，上学时总是急急忙忙，不是把书忘在家里，就是忘记拿笔记本，还常常迟到。在休息日，维加睡到11点。他起床很晚，在被窝里没事闲躺着。他懒惰、放荡、不守纪律。他听到父亲如何责备母亲对他的迁就，但父亲的话却没有刺痛他，因为他知道有母亲给自己撑腰。最终，父亲总是向母亲让步。孩子看到，父亲和母亲常常向他提出相反的要求，听谁的呢？指望谁的保护呢？假若事情真是这样，那么孩子愿意听那些符合自己愿望的意见。

就像我们在维加的家庭里所看到的，孩子从最初的童年时期起就没有养成听话的习惯。维加的父母知道他们对儿子是有做父母的权利的，这个权利，不费什么力气就能够使儿子努力完成自己的要求。但是他们自觉地放弃了这个权利，认为随着时间的转移，孩子自己就会明白应当听从父母的，在这个时间之前向他提出这个要求是不应该的。某些父母的这种观点证明他们不懂得培养真正的组织纪律性的方法，证明他们忘记了做父母的权利和义务。①

苏霍姆林斯基通过小维加的成长经历，生动地向我们陈述了父母要承担起的教育责任，应当从小培养孩子养成良好的生活习惯，而不应当把教育的责任在孩子上学之后推给学校和社会。还有，当维加的父亲发现了孩子成长中的问题而对孩子严格管教时，却与孩子的母亲发生了矛盾，父母矛盾的结果迫使父亲放弃了教育的要求，这对孩子的成长也是十分不利的。

鉴于此，苏霍姆林斯基要求必须把家庭教育这门科学放到应有的位置上来。应该对要做父母的年轻人，以及已经做父母的家长，传授家庭教育的知识。因此，一方面，苏霍姆林斯基和他的老师们，定期对他们的学生进行家访，或把家长请到学校里来，了解儿童的家庭情况和孩子在家中成长的情

---

① 苏霍姆林斯基著，杜志英等译：《家长教育学》，中国妇女出版社1982年版，第63-64页。

况，具体教给家长教育儿童的方法；另一方面，学校有计划地编写家长课程教材，把不同年级学生的家长编排在不同的班级里，举办家长学校，系统培养家长掌握必备的教育学、心理学等知识，提升家长的教育素养。

还有一种错误认识是：孩子学习成绩好，品行也好。

部分家长在平时只关注孩子的学习成绩，而忽视孩子品质和性格的培养，甚至有人抱有孩子的学习成绩好了，品质也不会差的错误认识。苏霍姆林斯基一针见血地指出了这种观点的严重危害：

> 许多家长还认为，学习成绩好说明品行也好。这种十分错误的认识会给孩子带来严重危害，甚至会摧残孩子的心灵。把学习成绩和品行评定混为一谈，这是把学习成绩看成是成功的唯一标志并对它盲目、片面追求的结果。这是学校工作的一大弊端。①

许多老师和家长只关注孩子的学习分数，认为分数好就是好孩子，分数不怎么样，则意味着没有达到水平。他们不关注孩子的内心需要和精神发展，也不培养其人格和心灵。“这个奇怪的、在教育学原理上十分错误的观点，已抹杀了人是多方面的特点、品质、才能和爱好的统一。然而遗憾的是，这个错误观点已经渗透到家庭和社会生活之中。”② 苏霍姆林斯基对之“感到非常气愤”。

苏霍姆林斯基从人道教育、和谐教育理论出发，认为学校和家庭不仅要关注学生的智力发展，更要注重孩子在德育、体育与健康教育、劳动教育与美育等方面的全面发展。

前几年，在我们的学校教育和家庭教育现实中，也曾一度出现过只关注孩子的学习成绩，而忽视孩子品格和性格培养的现象。忽视孩子的品格培养，会导致个别孩子品行不端，长大之后走上违法犯罪的道路；忽视孩子的性格培养，会导致孩子长大之后经受不住重大人生挫折的考验，有的甚至走上轻生的道路。这样的例子在我们的现实生活中是屡见不鲜的。

---

① 苏霍姆林斯基著，杜志英等译：《家长教育学》，中国妇女出版社 1982 年版，第 142 页。

② 苏霍姆林斯基著，杜志英等译：《家长教育学》，中国妇女出版社 1982 年版，第 142–143 页。

学校和家长要十分明确，培养孩子成为一个对社会有用的人，不能只看他的学习成绩，更要注重他的道德品格的培养。如果孩子的本事没有用到正道上，则不仅不会对社会和他人有用，还可能会危害到他人、社会的安全。所以，道德品质的培养对于一个孩子是非常重要的。

苏霍姆林斯基曾痛心地说："我们每个人应当懂得，尊敬的父亲和母亲们，凡没有受过教育的人、不学无术的人、一知半解的人，就像安装了一个坏发动机的飞机起飞一样，不仅自身毁灭，而且也给别人带来了牺牲。"①

基于上述家庭教育中存在的 3 种错误观点，苏霍姆林斯基本着高度的人道主义情怀，极力倡导家长要努力提升自己的家庭教育素养。

当今社会有一个非常奇怪的现象：我们都知道进入各行各业都需要经过培训，并取得相应的资格证——驾驶员必须有驾驶证，律师要有律师证，教师一定要有教师证……但是在教育方面，却没有"父母上岗证"。在这个最重要的领域，没有经过培训，很多人都是稀里糊涂地就把孩子生下来了。生下来后该如何教育呢？不知道。因此，让家长学习并掌握做父母的基本知识，尽到做父母的责任，把孩子培养成为"真正的人"，应当是学校教育工作的一项重要任务。

家长的家庭教育素养不是凭空得来的，需要学校有计划地做大量工作。首先学校要把培养人作为首要任务："请记住：远不是你所有学生都会成为工程师、医生、科学家和艺术家，可是所有的人都要成为父亲和母亲、丈夫和妻子。假如学校按照重要程度提出一项教育任务的话，那么放在首位的是培养人，培养丈夫、妻子、母亲、父亲，而放在第二位的，才是培养未来的工程师或医生。"②

学校要经常关心家庭的教育素养，否则任何教育任务都不可能顺利完成："我们学校非常重视家长工作，目的是为了使家长成为孩子最早的教育者和启蒙教师，以便在他们精心的观察和监督下，绝不让孩子养成懒惰和闲散的

① 苏霍姆林斯基著，杜志英等译：《家长教育学》，中国妇女出版社 1982 年版，第 35 页。

② 苏霍姆林斯基著，蔡汀等主编：《苏霍姆林斯基选集（五卷本）》（第二卷），教育科学出版社 2001 年版，第 294-295 页。

习惯。经常关心家长的教育素养和家庭的美满和睦，会收到良好的效果。”[①] 根据多年的工作实践，苏霍姆林斯基得出一个结论：不关心家长的教育修养，任何教育和教学任务都不可能完成。家长教育学，即父母关于怎样培养子女成人的初步认识，是整个教育理论和实践的基础。

学校要有计划地让家长掌握必要的教育学知识。“我们在帕夫雷什研究和了解每一个家庭的精神生活。这一点只是家庭—学校教育的开端。我坚定地认为，教育学应当成为所有的人都懂得的一门科学——无论教师或家长都应当懂得它。因此，我们努力使每一位家长都能掌握最低限度的教育学知识。”[②] 特别是在儿童的学龄前期，家长的教育学知识尤为重要，苏霍姆林斯基通过研究发现，当父母是孩子唯一的教育者的时期，也就是在孩子的学龄前期，家长的教育学知识显得尤其重要。在2–6岁这一段时间内，儿童的智力发展和精神生活主要取决于父母的这种教育学素养，它表现在明智地理解这个正常发展中的人的最为复杂的内心活动。

要让家庭掌握一定的教育学知识，提升家长的教育素养，除去教师经常进行家访，对孩子和家庭进行调查了解，有针对性地教给家长教育孩子的知识之外，系统性地开办家长学校，有计划地向不同类别的家长传授教育知识，是苏霍姆林斯基的一大创举。关于“家长学校”，本书在后面将有专章论述。

第二节 家庭是第一所学校：父母要承担教育孩子的职责

孩子出生之后，特别是在他们从幼儿到童年的成长过程中，母亲和父亲都承担着重要的教育角色，他们在家庭中的教育作用不可替代。德国教育家福禄贝尔说过：“国民的命运，与其说是把握在掌权者的手中，倒不如说是掌握在父母的手中。因此，我们必须努力启发母亲——人类的教育者。”在现实生活中，大多数的父亲和母亲都没有意识到自己在家庭教育中所发挥的重

① 苏霍姆林斯基著，蔡汀等主编：《苏霍姆林斯基选集（五卷本）》（第四卷），教育科学出版社2001年版，第664页。

② 苏霍姆林斯基著，杜殿坤编译：《给教师的建议》，教育科学出版社1984年版，第396页。

要作用，在培养和教育自己的孩子方面做得都还很不够，直接影响了孩子的健康成长和全面发展。

因此，学校要通过各项工作，让父母们认识到，家庭是孩子的第一所学校，教育好下一代是做父母的首要任务。学校开展家庭教育的任务在于培养合格的父母。“培养出善良的父亲和母亲，实际上是解决了学校的大半任务。”①

学校还要做好各项工作，教育家长在家庭中建立和睦融洽的家庭关系，为孩子创造一个温馨的家庭成长环境。家庭中的夫妻要互敬互爱，让孩子在父母温暖的怀抱里幸福地成长。

母亲的作用：用双手奠定社会大厦的基石

众所周知，在我们一生的成长过程中，母亲发挥着极为重要的作用。许多教育家和学者都发表过关于母亲重要性的论述。威尔士诗人、演说家乔治·赫伯特说过：“一个优秀的母亲胜过 100 个教师。”苏联文学家高尔基也说：“没有母亲，既不会有诗人，也不会有英雄。”西方有一句著名的教育格言：“推动摇篮的手就是推动世界的手！”这些强调的都是母亲的重要性。虽然我们一直呼吁父亲要承担应有的责任，但是我们知道，对孩子影响最大的还是母亲，尤其在孩子出生后的前 6 年，很多孩子都是和母亲待在一起的。每个人的生命直接来源于母亲，母亲的素质直接关系到孩子素质的高低和品行的优劣，甚至决定了孩子事业的成败。

从十月怀胎到婴儿的哺乳，从牙牙学语到蹒跚学步，一个人的身体素质如何，取决于母亲的精心照顾；一个人的智力高低，取决于母亲的启蒙教育；一个人的品德好坏，取决于母亲的教诲引导；一个人的为人处世，更取决于母亲的言传身教。母亲给孩子带来的潜移默化的作用是不可估量的。父亲可以让一个孩子聪慧，母亲却掌握着孩子的性格，可以影响孩子的一生。古今中外许多伟大的人物，他们的成功都源于自己的母亲，或者源自于母亲在小时候的教导，这样的事例不胜枚举。

孩子是父母的镜子，孩子是父母的“作品”。母亲对孩子性格的形成起

① 苏霍姆林斯基著，世敏等译：《爱情的教育》，教育科学出版社 2001 年版，第 180 页。

到决定性作用。优秀的母亲是孩子走向成功的导师和助手。因此，母亲在一个家庭中的地位十分重要。苏霍姆林斯基认为，一个优秀的母亲不仅可以培养出优秀的孩子，而且也会直接影响到家里的父亲，他曾这样评价一个好的母亲对家庭的影响作用：

母亲的聪颖可以产生一种精神力量，这种精神力量，足以使父亲严守道德，树立对家庭负责任的那种高尚情感。在一个好的家庭里（我之所以称之为好的家庭，是因为在这个家庭的精神源泉里，有着一位聪颖的、精神丰富的、自豪的而又善于珍惜自己品格的母亲），这一切都细微地、优雅地、不易觉察地存在着……[①]

苏霍姆林斯基十分重视家庭教育中母亲的作用。“童年时代每个人都需要得到关怀和爱抚。如果孩子在冷漠无情的环境中长大，他就会变成对善和美都无动于衷的人。学校不可能完全代替家庭、特别是代替母亲。”[②]他曾引用过俄罗斯著名科学家和教育家恩·伊·皮罗戈夫的一段话来说明他的观点：“让妇女们懂得，她们照料摇篮中的孩子，创造他童年时代的游戏，教他牙牙学语，因而成了社会的主要建筑师。基石是她们双手奠定的。”[③]因为孩子来到一个崭新的世界上，他对世界的认识始于母亲的教育：幼儿对世界的认识始于母亲对他的微笑，悄声唱的摇篮曲，和善的眼睛和温情的搂抱。如若世界总是以母亲那种温柔的目光照射儿童的心灵，如若儿童在自己的生活道路上所遇到的一切人都像慈母那样善良温和，那么世上的痛苦、犯罪和悲剧都会一扫而光。

在儿童的成长过程中，母亲教育是不可或缺的，从小缺失母爱的孩子在其长大之后，性格和心理往往是不健全的。可惜的是，这方面的教育并未引起教育界的重视。“这个领域——母亲教育学，现在还是一般教育学里的一块

---

① 苏霍姆林斯基著，蔡汀等主编：《苏霍姆林斯基选集（五卷本）》（第二卷），教育科学出版社 2001 年版，第 282 页。

② 苏霍姆林斯基著，蔡汀等主编：《苏霍姆林斯基选集（五卷本）》（第三卷），教育科学出版社 2001 年版，第 124 页。

③ 苏霍姆林斯基著，蔡汀等主编：《苏霍姆林斯基选集（五卷本）》（第二卷），教育科学出版社 2001 年版，第 683 页。

未曾开垦的处女地。”[①] 如果儿童在出生后的最初两三年里，没有通过最亲近的人——母亲，就这个年龄期的儿童所能接受的程度来发现世界，如果他没有感觉过母亲的爱抚的、慈祥的、忧虑的目光，如果他没有听到过本族语言的细腻而充满情感的音调，那么这个儿童的智力生活就会跟有正确的母亲教育的儿童走上完全不同的发展道路。这是苏霍姆林斯基在几千个家庭里研究了儿童的智力发展对于母亲教育的依存性，又对发展的其他条件做了仔细分析之后，才得出的结论。[②]

1948 年，当苏霍姆林斯基刚进入帕夫雷什中学担任校长的时候，苏联卫国战争对当地的影响还没有完全消除．苏霍姆林斯基在校内外接触到了许多缺少母爱和父爱甚至父母双亡的孩子。在同这些孩子进行交流并对他们进行教育的过程中，苏霍姆林斯基发现：“这些没得到母爱教育的儿童入学之后，我们很快就可发现他们比一般儿童逊色得多。”[③] 苏霍姆林斯基心里也明白，如果像教一般学生那样教他们，那他们肯定难以成才，会成为浑浑噩噩的可怜虫，并因自己一无所能而抱恨终生。因此，他首先确立了关爱特殊儿童、为孩子们奉献爱心的教育原则。

苏霍姆林斯基特别重视对学前儿童母亲的教育工作．他们专门设立了一种“母育学校”，教给母亲培育孩子的知识，加强情感教育与美育，丰富她们的精神生活：“我们已经使学前儿童在家庭中上一种特殊的母育学校。这是任何东西都代替不了的德育、智育、情感教育和美育的学校。任何幼儿园，哪怕是最理想的幼儿园，都不能取代母育学校。”[④] 而且他还特别强调母亲的教育修养的重要性：“母亲的教育修养的重要性，是怎样估计都不会过分的。”“我们关心使母亲成为精巧的、智慧的、精神健美的、受道德美的崇高概念所鼓舞的雕塑家，归根到底就是关心儿童心灵的敏感性和同情心，关心

---

① 苏霍姆林斯基著，蔡汀等主编：《苏霍姆林斯基选集（五卷本）》（第五卷），教育科学出版社 2001 年版，第 848 页。

② 苏霍姆林斯基著，杜殿坤编译：《给教师的建议》，教育科学出版社 1984 年版，第 502 页。

③ 苏霍姆林斯基著，蔡汀等主编：《苏霍姆林斯基选集（五卷本）》（第五卷），教育科学出版社 2001 年版，第 848–849 页。

④ 苏霍姆林斯基著，蔡汀等主编：《苏霍姆林斯基选集（五卷本）》（第二卷），教育科学出版社 2001 年版，第 687 页。

他们内心深处对善与美永远要有反应。”[①] 因此，他们非常重视母育学校中培养人的情感的教育。

在苏霍姆林斯基当时的社会里，一位母亲若能“创造聪明、善良、勇敢的人”，会受到全社会的尊重。他举过这样一个例子：

在乌克兰一个村庄里，姑娘们和妇女们决定显示一下自己的匠心和技艺，在星期天都来赶集，而且每个人都要带来自己亲手制作的一件最漂亮的东西：绣花的面巾，编织的花边，亚麻布或台布。星期天，所有的姑娘和妇女都来到集市，她们带来许多非常好看的东西。大爷大娘们受大伙委托，来评定谁的手最巧。面对这么多有本事的姑娘和妇女，大爷大娘们看不胜看，眼睛都看花了。富人们的妻子、女儿带来用金线、银线刺绣的丝绸罩单，以及编织有非常美丽的花、鸟和精致花边的窗帘。

但是，出乎大家意料的是，穷人的妻子玛丽娜最后成了胜利者。她既没有带来面巾，也没有带来花边，尽管这些东西她都能做得很好。她带来了她的儿子彼特鲁西，而彼特鲁西带来一只他自己用木头雕刻的百灵鸟。这个男孩把百灵鸟放在嘴唇上——突然小百灵鸟就跟活的一样，啾啾地唱起来，吱吱地叫起来。集市上所有的人屏息静听，而被地面上的歌声引来的真的百灵鸟在集市的上空也歌唱起来。

“谁能创造聪明、善良和勇敢的人，谁才是最手巧的人。”这就是老人们的结论。[②]

但是，在现实生活中，有许多母亲没有给自己的孩子树立好的学习榜样，在指导孩子成长的过程中扮演了很不光彩的角色：

帕夫雷什中学有一个学生特别自私。一天，全班出去远足。同学们都把带来的食品拿出来，让大家一起品尝。唯独这个学生把最好吃的牛油悄悄藏了起来。

过后，苏霍姆林斯基询问这个学生。这个学生很激动地说：“我永远忘

① 苏霍姆林斯基著，蔡汀等主编：《苏霍姆林斯基选集（五卷本）》（第二卷），教育科学出版社 2001 年版，第 687 页。

② 苏霍姆林斯基著，杜殿坤编译：《给教师的建议》，教育科学出版社 1984 年版，第 159–160 页。

不了小时候发生的一件事：一次，邻居上我们家来借一点葱。我家本来有很多，可是母亲却对邻居说，家里的葱正好吃完了。当我问母亲为什么不借给人家时，母亲‘认真’地教训我说：‘你怎么这么傻？他借了是不会还的，咱家的葱为什么要给别人吃呢？’从此，我有什么好东西，总是舍不得给别人。有时思想斗争很厉害。远足那一天，我看到同学们都拿出自己带的好东西来让大家一起吃，也曾想把那块牛油拿出来，但思想斗争的结果，还是舍不得……”

苏霍姆林斯基从这个学生的谈话中，进一步认为，要重视父母的言传身教，做好家长的工作。①

母亲的言行就是孩子们学习对照的镜子。在这个案例中，这个母亲没有给自己的孩子树立好的学习榜样，在指导孩子成长的过程中扮演了很不光彩的角色，以致对孩子产生了很不好的影响。因此，重视父母对孩子的言传身教，意义十分重大。

在我们的学校和现实生活中，也有许多孩子因缺失母爱和母亲教育而导致性格发展不健全的事例，还有很多母亲喜欢雇人教育孩子，或者把孩子交给别人看管，实际上都是在推卸自己应尽的责任。因此，重视加强家庭教育中母亲的作用，提升母亲的教育素养，应当引起教育界的高度重视。

父亲的作用：家庭中男人的崇高使命

一般在孩子们的心目中，父亲的形象是崇高而伟大的。现代教育学认为，父亲在儿童成长过程中的作用十分重大，具有母亲和其他人员不可替代的作用。父亲受角色和职业职能的限制，虽然每天跟孩子在一起的时间少于母亲，但并不表明父亲对孩子的成长不重要，因为父亲更注重孩子的整体性与方向性的教育，父亲的热情、宽厚、敢于冒险、勇于坚持等特征，能够使孩子在不知不觉中模仿和学习。父亲的这些特征，再跟母亲性别特征中的关心别人、同情心、温和、善良等方面的因素潜移默化地结合起来，才能形成

① 刘守旗等主编：《教育的艺术：苏霍姆林斯基 100 教育案例评析》，中山大学出版社 2003 年版，第 254-255 页。

儿童比较全面完善的人格基础。父亲如果能够从孩子小时就多关爱孩子，加强与孩子的交流，发挥个人角色的教育作用，则往往能扩大孩子的社会活动范围和社交内容，有利于孩子成长中的社交兴趣、社交经验、社交技能等的形成。

据英国媒体报道，美国一项名为“如果目光可以治愈伤痛：儿童健康和家庭投资”的研究表明，长得更像父亲的新生儿出生一年后会更健康，强调了父亲在孩子健康成长过程中扮演的重要角色。美国宾汉顿大学的研究发现，相似的长相会带来更强烈的血缘认同感，会让父亲每个月多花 2.5 天和孩子待在一起。而且随着相处时间变长，孩子得到的支持与关爱更多，会变得更加健康，父母彼此间更加频繁地交流孩子的健康状况和经济需要，也减少了孩子暴露在危险中的可能性。该研究分析了 456 个家庭，共同点就是这些家庭的孩子都和母亲生活，而且父母都认为孩子长得像父亲。在跟踪调查了这些家庭 1 年后，研究人员发现，和父亲相处时间更长的孩子“明显更加健康”。

这一研究发现十分重要，因为它能影响到父亲在家庭中扮演的角色。然而，单亲家庭的孩子如果得不到父亲的陪伴会处于弱势，这种影响就会贯穿他们的一生，而这一发现支持了破碎家庭孩子也需要双亲共同抚养的论断。

在苏霍姆林斯基看来，父亲的教育作用也是至关重要和无可替代的。他曾真诚而明确地告诫过孩子们的父亲：“无论您的工作或生产岗位多么重要、复杂或需要创造性，请您记住，家里还有一项更重要、更复杂、更细致的工作在等您去做，这就是育人。您的工作可以找人替代，无论您从事的是什么职业——从畜牧场的看门人到部长，而真正的父亲是无可替代的！”①

父亲在幼儿和儿童的成长过程中具有不可替代的作用，对孩子美好心灵的形成会产生巨大的影响。苏霍姆林斯基曾经感叹说：孩子多么希望有一个坚强的、有才华的、责任心强的父亲！每个做父亲的都应知道和了解，孩子是多么需要他！他曾经举过这样一个例子：

---

① 苏霍姆林斯基著，蔡汀等主编：《苏霍姆林斯基选集（五卷本）》（第五卷），教育科学出版社 2001 年版，第 600 页。

20世纪50年代初期，在我们学校的二年级有两个要好的女同学，其中一个叫娜塔莎，她没有父亲。当她小的时候，她经常问母亲，父亲哪儿去了。可是妈妈始终没有回答，有一次甚至号啕大哭起来……娜塔莎上了中学以后，再也没有向母亲问过关于父亲的事。

她的女同学娜斯佳既有母亲，又有父亲。有一次娜斯佳到娜塔莎家做客，她问娜塔莎："你爸爸呢？"娜塔莎不好意思说她没有父亲，于是回答说："我父亲是个飞行员，他在飞行，很少回来。"娜塔莎每天都要从母亲给她买午饭的钱里节省几个戈比。有一天她乘公共汽车进城买了一顶飞行员的军帽……如果在她的考勤簿中出现了不好的分数，她往往跟女同学说："哎呀！父亲要说我的……"这话给人们一种不是害怕而是骄傲的感觉。

娜塔莎长大了，她有了自己的家庭：丈夫和两个女儿。记得年轻的母亲第一次送自己的大女儿上学的那一天，她对女儿说：

"你是很难想象的，父亲在我小的时候是怎么要求我的。我在自己的想象中创造了他，这样我生活还好过一些。父亲在我的想象中是一个温和善良却又十分严厉的人。那时我希望有一天他拿起我的考勤簿，说：'噢！我的孩子，你的日记上写的什么……'特别是在我得病的那些日子里，我多么希望有个大人——一个刚强的人走到我的床前，用手抚摸着我的头，安慰我说：'没什么，孩子，你的病很快就会好的……'"①

父亲在儿童成长过程中发挥的重要作用，首先表现在他尽职责和义务的方面，为孩子树立一个力量和男子汉的榜样。苏霍姆林斯基认为："父亲的作用取决于他的责任感。具有责任感的父亲，会善于尽父亲的义务，即一个真正的男子汉；他的意志就是一种力量，能使孩子严于管束自己的思想、情感、愿望和激情。"其次还表现在父亲保护儿童和妻子的身份方面，这种作用会影响儿童终生的成长："男子汉、丈夫、父亲的刚毅性格，则表现在善于去保护儿童和妻子方面……对一个真正的男子汉来说，通往为祖国服务的小路，往往是从家庭、从对妻子和孩子的奉献、从对人的责任等方面通过的。只有沿着这条小路走下去，男子汉、父亲才有能力去攀登为祖国服务的

① 苏霍姆林斯基著，杜志英等译：《家长教育学》，中国妇女出版社1982年版，第151-152页。

高峰。”①

苏霍姆林斯基曾举过一个生活中生动的例子，来说明父亲对孩子的教育影响和教育作用：

三年级女生娜塔莎的父亲在集体农庄的养羊场工作。娜塔莎常去那里帮助父亲干活。有一次，她父亲偷偷地向四周张望一下后，当着女儿的面宰了一只小羊，随后叫女儿把皮和肉带回家去。父亲让女儿看到的这件事，在女孩的意识里留下了这样的思想：任何罪行，只要你不讲出去，都可以瞒住别人的耳目。这个坏思想在她的意识里又跟她从父亲的生活中得来的另一个坏思想交织在一起，那就是：个人利益高于一切。这些腐蚀心灵的思想在娜塔莎的整个精神世界上打下了烙印：她变得对同学们漠不关心了。她的心灵好像跟正义的、高尚的、崇高的思想隔绝了……

在同一个班里有一个叫齐娜的女孩子。齐娜的父亲也在那个养羊场工作，不过是在另一座房子里。齐娜也常去帮她父亲干活。在养羊场的一个暖和的小房间里，经常有一两只，有时有三只虚弱有病的羊羔。父亲和齐娜像照料患病的孩子一样照料这些小羊。齐娜用干草粉煮成热“牛奶”来喂小羊。当一只只小羊恢复了健康，从“病房”里出来进入大栏时，父女俩都感到非常高兴。暑假里，齐娜跟父母一起把准备给小羊作饲料的青草晒干。有一次，不知是哪个不负责任的人把干草垛弄倒了，使干草浸了雨水。父亲为这件事竟大发雷霆！父亲的愤怒使女儿学会了观察和理解很多事情。她也开始觉察到，在他们的集体农庄里，有些事没有做得像应该做到的那样好。她自己也学会了愤怒，学会了不妥协地对待坏事。像必须做的那样去做，照应该做的那样去做，这一点成了她的内心愿望。这个女孩关心农庄的一切：谷仓里的小麦是不是扬净了；大田里的雪是不是覆盖得均匀；等等。

有一次，教师在给孩子们讲故事：在遥远的一个非洲国家里，法西斯分子掌握着政权，穷苦的人民遭受奴役。法西斯分子把从事革命活动的一个年轻妇女关进了监狱，法院判决她无期徒刑。那个年轻妇女在监狱里生了一个

---

① 苏霍姆林斯基著，蔡汀等主编：《苏霍姆林斯基选集（五卷本）》（第二卷），教育科学出版社 2001 年版，第 283 页。

儿子……这个小男孩也成了囚犯，他不知道什么是自由……教师看到：齐娜的眼光里充满了愤怒，她憎恨敌人，她的小手捏成了拳头。在这种时刻，女孩子心里只有一个想法：怎样去帮助那个远方的小朋友呢？……而娜塔莎又是怎样的表现呢？她的目光是冷漠的，真理和正义的命运不能激动她的心。教师还没有把故事讲完，娜塔莎就想走了。那些使别的孩子的心灵为之战栗的热烈的言语，在娜塔莎的脑海里却没有留下任何痕迹。[①]

家庭教育，尤其是道德教育，是伴随着孩子一生的教育，其所特有的天然性、亲子沟通的情感性、潜移默化的渗透性，都深刻地影响着孩子的身心成长。在孩子的成长过程中，特别是在孩子个性形成的儿童时期，父亲对孩子的教育与影响起着非常重要的作用。孩子们善于模仿，特别是对父亲的崇敬会让孩子自觉地去模仿、学习父亲的言行和动作。作为父亲，一定要给孩子创造良好的成长环境，特别是要从自我做起，严于律己，为孩子的成长做出好的表率和榜样，教会孩子正确地判断事物，引导孩子健康地成长。上述案例中，三年级女生娜塔莎和齐娜的父亲对孩子不同的教育影响形成了鲜明的对比。两位父亲对孩子的教育也直接影响到了学校的教育效果，这不能不引起我们的深思。

为了加强同父亲们的沟通与交流，不论是在夏日的上午，还是在冬季的傍晚，苏霍姆林斯基都会经常邀请父亲们到学校里来，定期跟父亲们谈论一个重要的话题——“家庭中男人的崇高使命”，而且苏霍姆林斯基从孩子内心的需要出发，认识到了父亲教育的重要性：“孩子们是多么希望他的父亲是一个具有责任心的人啊！如果每位父亲都知道和理解孩子对他抱着多么巨大的希望，又多么想在自己身边有个聪明而勇敢的男子汉！”[②]他还特别要求父亲们，要保护好儿童对人的爱与信心：“我想对父亲们说：要知道，要切记，在孩子们的感觉里，您的道德堕落就是他的痛苦，您的欢乐就是他的幸福。

---

① 苏霍姆林斯基著，蔡汀等主编：《苏霍姆林斯基选集（五卷本）》（第一卷），教育科学出版社 2001 年版，第 139–141 页。

② 苏霍姆林斯基著，蔡汀等主编：《苏霍姆林斯基选集（五卷本）》（第五卷），教育科学出版社 2001 年版，第 726 页。

千万要保护好儿童对人的爱，千万要巩固好儿童对人的信心。”[①]

可惜的是，并不是所有的父亲都能认识到自己肩负的神圣使命，并不是所有的父亲在孩子看来都是一个伟大的父亲。请看下面例子中这位父亲：

我们村里有一位善良的人，他是我们全区都敬重的优秀的拖拉机手。他工作认真负责，荣获过勋章。他叫伊万·菲利波维奇。他的照片经常刊登在报纸上，甚至被嵌在路边的宣传板上，旁边写着：这就是学习的榜样。他有个儿子也叫伊万。父母深深地爱着他们的独生子，但这种爱是溺爱，他们满足他一切任性的要求，孩子要什么就买什么（一直到 14 岁，他们还称儿子为“孩子”）。而儿子依仗着父亲的荣誉整天养尊处优，长成一个游手好闲的人。我们常约请伊万·菲利波维奇来校，但他总是没空，不是去参加农庄的管理会，就是到区里介绍经验，要不就是到邻近的农庄检查社会主义竞赛的情况。一次祸事发生了：小伊万把同班的一个女生打坏了，伤势很重，不得不叫来了医生。学校要伊万·菲利波维奇来校：

“请你这位父亲尽快来一趟，你的儿子出事了。”

“出了什么事？”父亲焦急地问。

告诉了他学校发生的事情，父亲平静了，他说：“我还以为他遭到什么不幸哩……我没空到学校去。我马上要去参加先进分子会议……”

傍晚，伊万·菲利波维奇被强行叫到学校。他听完教师愤懑的叙述，就回到家里把儿子狠狠揍了一顿。原来他发怒的原因是：“我教训教训你，以后不要再让学校找我了。”第二天小伊万跑到田里，抓了两把泥糊在父亲相片的双眼上。伊万·菲利波维奇至此才明白，教育是一项细致的工作，它培育的是人的心智……明白了，但也晚了。[②]

苏霍姆林斯基在担任教师的 30 多年间，每天都会同学生家长见面。无论在个别交谈中，还是在家长学校讲课时，家长们都会提出一个迫切而尖锐

① 苏霍姆林斯基著，蔡汀等主编：《苏霍姆林斯基选集（五卷本）》（第五卷），教育科学出版社 2001 年版，第 732 页。

② 苏霍姆林斯基著，蔡汀等主编：《苏霍姆林斯基选集（五卷本）》（第五卷），教育科学出版社 2001 年版，第 599–600 页。

的问题："究竟该怎样教育孩子？怎样把父母的爱护和严格要求协调起来？如何让孩子幸福？"苏霍姆林斯基认为，教育孩子是一项责任极其重大而又最为复杂的工作，它是一件私事，同时又是一件公事。

伊万·菲利波维奇自己虽然是一个先进生产者，但他没有尽到一个做父亲的责任，没有承担好塑造人的义务，而当孩子在学校犯下严重错误时，也没有认识到问题的严重性，以致连他自己的儿子也认为他不配当一名先进生产者。而当他如梦初醒时，为时已晚。

因此，通过这件事，苏霍姆林斯基告诫家长们：人是世界上一切财富中至尊至贵的财富；在一切价值中，人是最高价值。请你们明白这样一个道理：没有教养，没有道德，一无所能的人，无异于一个驾驶着发动机损坏的飞机升空的驾驶员，他本人会在空难中丧命，而且还会害死其他的人。如果学校请你们来，就一定要请假来学校，同教师们一起商议如何教育好自己的孩子。父母要从孩子诞生的第一天起，就承担起教育和培养孩子的责任。而青年男女，如果准备结婚，就要首先自省一下，是否做好了教育人的准备。

中国有句古话说："有其父必有其子。"一个孩子的成长经历离不开父母的影响，一个学生品质的好坏，都可以从他的家长身上找到渊源和影子。因此，作为孩子的父母，不仅在言语上要教育好孩子，而且在行为方面也要为孩子树立榜样。因此，苏霍姆林斯基号召家长要真正认识到自己教育孩子的责任，经历人生的"第二次诞生"。作为学校和教师来说，不仅在学校要加强孩子的教育工作，还要做好家长工作，共同为孩子的健康成长营造一个和谐文明的氛围。

为了达到做一个合格父亲的要求，苏霍姆林斯基特别强调父亲要加强自我修养，要确立好对孩子负责任的义务感，真正成为自己孩子学习的楷模："父亲以关怀孩子健康、安全、生活为目的的操劳，成了道德品质的核心。一个男子汉对这种操劳越是心甘情愿和高高兴兴，他的道德面貌就越高尚，他就越能成为值得仿效的楷模。"① 而父亲的道德堕落则会造成孩子们的痛苦："要切记，在孩子们的感觉里，你的道德堕落则会造成孩子们的痛苦，你的

---

① 苏霍姆林斯基著，蔡汀等主编：《苏霍姆林斯基选集（五卷本）》（第五卷），教育科学出版社 2001 年版，第 728 页。

欢乐就是他的幸福。千万要保护好儿童对人的爱，千万要巩固好儿童对人的信心。"①

反观我们现实生活中的很多父亲，要么平时借口自己工作忙，事务多，对孩子的教育和关爱做得很不够，要么只对孩子提出这样那样的要求，而不注重自身素质的提升，在孩子面前不注意以身作则，结果使自己的家庭教育收效甚微。苏霍姆林斯基的这些建议和实践，非常值得我们学习和借鉴。

以美好关系为榜样：夫妻要建立和谐关系

和睦美好的家庭关系不但在于父亲和母亲发挥各自在家庭中的重要作用，还在于夫妻两人之间和谐相爱的美好关系。我们知道，夫妻是家庭中最基本的关系，在此基础上衍生出亲子关系和其他关系。夫妻是家庭中传递爱的载体，爱从父母传给孩子，再由孩子向下一代传递。和睦的家庭是孩子幸福成长的摇篮，孩子在父母恩爱、家庭成员友好相处、大家相互尊重的环境里生活，就会获得安全感和幸福感，这也是孩子身心发展的必要条件。

苏霍姆林斯基曾列举过一个毕业生回忆童年时代，父母真诚相爱对她产生的巨大影响：

我 7 岁那年，母亲病得很厉害。夜里父亲守在病人身旁。我记得，黎明时我不知怎么醒了，看见母亲呼吸困难，父亲弯下身去看着她的脸，在他的眼睛里充满了那样不可忍受的悲伤，那样的痛楚，那样的爱恋。这时在我面前展示了人类生活（对我来说，毫无所知）的一个侧面——忠诚。我觉得，自那天早晨起，我真正地爱我的父亲了。

10 年过去了，爸爸和妈妈生活和睦、协调一致。他们是我在世界上最亲爱的人。我以某种特殊的爱来爱我的父亲。从没有过这种情况：我不听他的话或向他说谎。当我注视他的眼睛时，我永远能看到伟大人类爱的永不熄灭的光辉。②

---

① 苏霍姆林斯基著，蔡汀等主编：《苏霍姆林斯基选集（五卷本）》（第五卷），教育科学出版社 2001 年版，第 732 页。

② 苏霍姆林斯基著，杜志英等译：《家长教育学》，中国妇女出版社 1982 年版，第 29 页。

在每一个家庭中，孩子从小的教育影响首先来自自己的父母：“儿童对人的世界的认识，是从父母开始的。他首先认识的是，妈妈怎样跟自己说话，爸爸怎样对待妈妈。由此而生成了他关于善和恶的最初概念和理解。”①苏霍姆林斯基从多方面阐述了父母之间的关系对孩子的影响。在他看来，父母是孩子最亲爱的人。父母只有互敬互爱，尤其是父亲无微不至地关怀和体贴母亲，孩子才会觉得世界上有真理，人间才有美德。而这种对人类世界的信念，是一个孩子接受教育所不可缺少的。因此，苏霍姆林斯基认为：“家庭教育的秘诀就在于营造一个互相关怀、坦诚相待、共同进取的温馨氛围。”②

我们知道，父母自身的人格修养会对孩子产生潜移默化的影响，孩子主要是以模仿的方式向大人们学习，孩子对成人的模仿，不仅限于行为举止，而且包括思维方式、情感取向以及个人性格等。父母的品德端正，工作勤奋，就能为子女起到很好的表率作用．激发孩子的上进心和成就感，而且这种影响是终身的，是其他任何力量都无法比拟的。父母的教育是在孩子模仿性最强的幼小年龄进行的，不但占其“先入为主”的便利，而且父母的形象示范、言传身教会给孩子以终身影响。父母的思想作风、性格修养、爱好特长，无不使孩子耳濡目染，令其终身受益或受害。孩子在家庭中养成怎样的性格和习惯，也会直接影响到学校教育的效果。苏霍姆林斯基告诫家长们：“我们做父母的，首先应以美好的相互关系为榜样教育子女。这一点应时刻铭记。”③

苏霍姆林斯基经常用具体而生动的实例来启发家长处理好夫妻之间的关系。在《家长教育学》中，苏霍姆林斯基曾举过一位叫尼柯莱的医生同妻子的美好爱情对 6 个孩子的成长产生影响的例子：

尼柯莱·菲力普诺维奇是个好医生，富有同情心。他在第聂伯河附近的

---

① 苏霍姆林斯基著，蔡汀等主编：《苏霍姆林斯基选集（五卷本）》（第五卷），教育科学出版社 2001 年版，第 608 页。

② 苏霍姆林斯基著，蔡汀等主编：《苏霍姆林斯基选集（五卷本）》（第五卷），教育科学出版社 2001 年版，第 637 页。

③ 苏霍姆林斯基著，蔡汀等主编：《苏霍姆林斯基选集（五卷本）》（第五卷），教育科学出版社 2001 年版，第 607 页。

镇子上工作了42年之久。妻子玛莉娅给他生了6个孩子（3个儿子、3个女儿）。每当做完复杂的手术之后，尼柯莱·菲力普诺维奇常常是疲惫无力地回来，玛莉娅说："你就在这葡萄亭子里先躺着休息休息，再没有比你的工作更繁重的了……"他微笑着回答说："不，世界上最繁重的工作就是当母亲的工作，这一工作最繁重、最费心血也最光荣。我助人于痛楚之中，而你是在创造人类并为人类创造幸福。"

夏天的拂晓，由于每天关照孩子而疲惫的玛莉娅还在睡乡，儿子和女儿也仍在甜甜地睡着，尼柯莱·菲力普诺维奇就悄悄地起来，免得惊醒妻子和孩子。他到花园摘了玫瑰花，拿回卧室，插进妻子床边小桌上的花瓶里。这个小花瓶是尼柯莱·菲力普诺维奇在婚后第一年雕刻的，当时曾花费了好几个月。它摆在桌上活像一片枫叶……玛莉娅似睡非睡，在睡梦中能听见尼柯莱·菲力普诺维奇小心翼翼的脚步声，由于玫瑰花浓香扑鼻，她再也睡不着了，幸福地闭着眼睛还得躺半个小时。

在10年的过程中，每天早晨他都是如此。尼柯莱·菲力普诺维奇盖了一个专门养花用的小温室。不论是在严寒的冬季，在秋天恶劣的天气里，还是在早春季节，黎明时他都要去温室剪下娇嫩的鲜花带给妻子。孩子一个接着一个地长大了些。而且，长大的孩子，在破晓时也与父亲一同起来，于是在花瓶中已经是两枝花了，之后是三枝、四枝、五枝、六枝、七枝……

尼柯莱·菲力普诺维奇去世了。儿子、女儿们飞向祖国各地，而母亲现在还居住在第聂伯河附近的镇子里。儿子和女儿虽然住得很远，但他们都要一年一次在母亲生日那天来看望母亲，并在木刻花瓶中又插上7枝红艳似火的玫瑰花（6枝是孩子赠送的，一枝是父亲陪送的——象征性的）。①

这是一个非常温馨而感人的爱情故事。医生尼柯莱同妻子真挚而美好的爱情，以及两人为维持和谐的家庭关系而各自付出的努力，他们的行动深深地感染和打动了自己的6个孩子，为孩子们创造了一个良好的家庭环境，对孩子们的成长产生了积极而深远的影响。

苏霍姆林斯基认为，人类的爱是教育的强大力量。谁能以自己的生命

---

① 苏霍姆林斯基著，杜志英等译：《家长教育学》，中国妇女出版社1982年版，第22-23页。

倍增人类的宝贵的精神财富，谁能进行自我教育，那他就能教育好自己的孩子。这正如列·尼·托尔斯泰所写的，教育孩子的实质在于教育自己，而自我教育则是父母影响孩子的最有力的方法。他还强调说："人类爱情，再强调一次，它之所以需要，不只因为它是幸福，而且是快乐、纯真、高尚的源泉。它把人带向喜悦和愉快，同时也带向最困难、最复杂、最重大的人类义务中去（即结婚，因为这是永久的职责）。"[①]

苏霍姆林斯基特别强调，在日常的家庭关系中，父母要互敬互爱，为孩子做出榜样。"请记住：你们怎样对待自己的父母，将来，在你成为父母的时候你们的孩子就会怎样对待你们。"[②] 苏霍姆林斯基非常重视榜样的教育作用。他说，没有父亲母亲的光辉榜样，一切有关儿童进行自我教育的谈话都将变成空谈。就和谐的教育来说，团结友爱的父母协同影响孩子是很重要的。父亲和母亲的爱情、友谊和相互支持，对孩子来说，这是把他引进复杂的人的关系领域的直观实例。在父母相亲相爱的家庭中，孩子也会变得"友好、真诚"，"他们自觉地力图不带给父母悲哀、惊惶不安和忧愁"。这恰恰是"父亲和母亲以自己热切的相互关心、相互忠诚和体贴入微进行灌注的结果"[③]。

父母为了建立和谐美好的家庭关系，必须要尽量提高自己在孩子眼中的地位，以便使孩子看到你在播种这颗种子时你生命的崇高意义；这颗种子正萌发为茁壮的幼芽。下面的这个例子就是一个年轻的母亲努力学习文化课，同丈夫一同成长的故事：

村里来了一位青年教师，他刚刚大学毕业。有一次他去畜牧场讲课，认识了一位蓝眼睛、淡黄头发的美丽女郎。这位女孩子讲述了自己的命运：父亲在战场上牺牲了，母亲病重，她不得已在五年级时就中途辍学，之后，到畜牧场工作。青年教师很喜欢这位女孩子。他建议她嫁给他。女孩子坚决拒绝说："你大学毕业，而我……"但他未退却，也未放弃自己的理想。3年

① 苏霍姆林斯基著，杜志英等译：《家长教育学》，中国妇女出版社1982年版，第23页。

② 苏霍姆林斯基著，蔡汀等主编：《苏霍姆林斯基选集（五卷本）》（第二卷），教育科学出版社2001年版，第288页。

③ 苏霍姆林斯基著，杜志英等译：《家长教育学》，中国妇女出版社1982年版，第17–18页。

来，他一直教她读书。冬季，在漫长的冬夜里，两人坐在一起学习。女孩子善于学习又有毅力，中学毕业后，又进入医学院学习。在这个时候，她才同意嫁给他。医学院毕业后她成了医生。夫妇二人生活得很幸福，养育着5个孩子。他们的孩子都很友好、真诚，对父母的哪怕微小的心灵活动都很敏感；他们善良、听话、关心别人、爱好劳动。①

正是女孩的刻苦学习赢得了青年教师的尊重和爱情，他们的和谐关系也为孩子们的成长树立了榜样。孩子们和父母互相理解支持，友好相处。

苏霍姆林斯基认为，夫妻之间和睦相处、相互尊重会对孩子产生积极的影响：

在一个好的家庭里，父母和睦相处，对各自的话语、思想和感情心领神会，对一个眼神和情绪的变化都能体察入微，两人都与人为善，相处和谐，相互帮助支持，齐心协力，以诚相见，互相信任和尊重。这就向孩子无声地表明并使之深信不疑，人间是美的，这里是心灵可以得到安逸和慰藉的乐土。要珍惜儿童的这种信念，它正是人的道德价值观的核心。由此，人才会同一切反道德、反社会的丑恶现象作不调和的斗争。如果这个信念瓦解了，不幸和痛苦就会乘虚潜入儿童的心灵。对于家庭、学校和我们社会生活的道德完善而言，最危险的就是儿童丧失信念，成为一个可怜兮兮的伤感者。②

每一个孩子，从还没有懂事就开始模仿和学习父母的行为举止，特别是孩子在幼儿阶段，模仿能力极强，他们的行为举止可以说是成人行为的缩影。因此，父母在遇到困难或挫折时，要不怕苦不怕累，不要轻易放弃。努力使自己成为生活的强者，为孩子树立意志坚强的榜样，这样孩子也会模仿大人锻炼自己的意志、品质，形成乐观的态度，进而形成完美的人格。

因此，每一位父母，要努力为自己的孩子营造一个民主、温暖的家庭气氛。苏霍姆林斯基强调家长要爱孩子，要让孩子感到家庭的温暖。他认为，有些孩子冷漠、孤僻，倒不是家庭经济情况不好，这些家长往往给孩子买很

① 苏霍姆林斯基著，杜志英等译：《家长教育学》，中国妇女出版社1982年版，第17页。

② 苏霍姆林斯基著，蔡汀等主编：《苏霍姆林斯基选集（五卷本）》（第五卷），教育科学出版社2001年版，第608页。

多的玩具用品，家长误认为在物质上保证了需要就尽到了责任。要知道，孩子首先需要的是精神上的滋润。孩子孤僻、冷漠，多半是因为在家缺乏父母精神上对他的爱，他感觉不到家庭的温暖。如父母在家整天闹离婚，不是吵骂，就是打架，孩子就觉得家里是一个冰窖，再也无心学习，对什么也不感兴趣。当他看到别人高兴时，会故意做一些粗野、残酷的事，使大家都不幸、难过，他却幸灾乐祸。苏霍姆林斯基同时也强调，父母对孩子要尊重、信任，如果整天叨叨不休，孩子不知所措，左也不是右也不是，孩子就会觉得家里不温暖。父母不尊重孩子，孩子就会失去自尊心，而没有自尊心的孩子是很难教育好的。

当孩子进入青少年时期后，家长要对孩子采取民主平等的、共同商量的态度。讲话要有分寸，特别要让孩子信任，跟你说真心话，把他的欢乐、痛苦都向你说出来。假如意见不同，你要耐心听完，同他商量，甚至可以做出适当让步，这会使孩子更加信任你、尊重你。对进入青春期孩子的教育，家长尤其要注意分寸，决不能粗暴干涉。家庭要充满温暖气氛，父母对孩子要关心、体贴，要和孩子平等相处。

父母对孩子进行教育时，必须拥有道德权利，才能收到良好的教育效果："如果父母不是那种人们真正需要的有道德素养的、使孩子生活充实的人的话，对孩子施加教育影响的一切尝试都将成为泡影。只有在父母拥有道德权利的那种条件下，那些对孩子的教诲，才能灌输到他们心灵中去，才能引起情感上的共鸣，唤起良好的愿望来。"①

我们可以这样说：父母相亲相爱的家庭是孩子童年成长最好的礼物，温馨、快乐、暖意融融的家庭氛围是孩子最舒适的成长环境。在这样的环境中，孩子的身心都能得到健康发展，直到孩子与父母分离，成为独立的"自我"。因此，亲子的先决条件是家庭，家庭中和谐的夫妻关系是幸福成长的根源所在。夫妻之间的真挚爱情是和睦家庭的基石，这是苏霍姆林斯基的一个重要思想。想教育好孩子，首先就要真心地喜爱自己的妻子，因为在父母相依为命的相亲相爱的环境中长大的孩子，必然心地善良，性情温和、心理

---

① 苏霍姆林斯基著，蔡汀等主编：《苏霍姆林斯基选集（五卷本）》（第二卷），教育科学出版社 2001 年版，第 277 页。

健康，真诚地相信人的美好。

苏霍姆林斯基还认为，良好的家庭关系能够预防儿童疾病，“有助于形成孩子健全的神经系统，从而形成良好的道德心理品质”。“我认为，必须懂得，家庭中的相互关系处得好，有助于儿童疾病的预防。如果儿童由于某种原因已得了病，也有助于治愈。儿童的神经系统和心脏的健康状况，尤其取决于家庭的情况。那些在叫喊、责难、凶狠、不信任和侮辱的气氛中成长起来的儿童，是很难进行教育的。这种儿童的神经系统常常处于不安状态，很容易疲劳。”①

家庭中人与人精神贫乏或关系紧张，必然会导致出现难教育的儿童，甚至是儿童违法犯罪的根源。“我研究了460例刑事案件的侦讯材料。每一个给社会提供违法分子或犯罪分子的家庭，总是存在着某种缺陷。有时候父母本人似乎并不是坏人，但是他们不知道自己的孩子是怎样生活的。很多家庭在人与人的相互关系方面精神上非常贫乏，而在这些少年学习的学校和班集体里，谁也不去关心他们对什么感兴趣，他们需要什么，他们把什么当作生活中的乐趣。”② 其实，有些家庭中并不是父母故意培养孩子去犯罪，而是因为他们的家庭中缺乏丰富的精神生活，才使有的孩子逐渐丧失了道德感，甚至失去了人性。

这件事发生在一个平静的小城市里，一个14岁的少年在滑冰，他看到一个8岁的小男孩，就把小男孩叫到身边，朝着有个冰窟窿的方向指了指，对他说：“到那儿去滑，那儿的冰又平又好。”小男孩掉进冰窟窿淹死了，而那个少年又滑了个把小时才回到城里，他向同学们讲述他怎样使那个小男孩上了当。死去的小男孩的父母悲痛万分，他们问这个少年：“你是知道把小孩引到什么地方去的，难道你的心竟没有颤动一下吗？”少年平静地回答说：“我又没有把他推到冰窟窿里去。他自己滑到那儿去的。我只是劝他到那儿去滑冰——那儿的冰层平滑……”“那你为什么不马上跑来告诉我们？可能小孩还

---

① 苏霍姆林斯基著，蔡汀等主编：《苏霍姆林斯基选集（五卷本）》（第二卷），教育科学出版社2001年版，第651页。

② 苏霍姆林斯基著，蔡汀等主编：《苏霍姆林斯基选集（五卷本）》（第三卷），教育科学出版社2001年版，第402-403页。

有救……”对这一点，少年回答说：“我可用不着跑回来，关我什么事。每个人都对自己负责……”①

苏霍姆林斯基通过和这个少年谈话，和他的父母、教师、少先队辅导员谈话，发现了这样一幅令人不快的景象：这个孩子的父母和他们的独生儿子都没有任何精神上的爱好。这个孩子只有两种感情：满足或是不满足。家庭里高于一切的是两种需要：吃好、睡足。这个少年不理解一个人需要在与别人的交往中得到欢乐，不懂得为别人做好事、创造幸福的欢乐。

此外，家长还要经常反思自己的言行对孩子的影响。也有的儿童并没有对善的信念丧失殆尽，但即使如此他们也会变得不服管教，正如有的家长抱怨的那样，你说好话他也听不进去。遇有这种情况，家长就要审视一下自己：两代人之间的关系上是否有地方出现了裂痕，它开始时很细微，不易发现。在坎坷的夫妻生活中心理、道德和审美方面可能会出现一些变化，如：对将与自己终生厮守的人视而不见，态度冷漠；动辄相互发泄不满；与共度人生的人不能配合默契，相互包容；若干年家庭生活之后爱心枯竭，相互厌烦；等等。因此，苏霍姆林斯基再三倡导：“要扫除夫妻生活中的这些沟沟坎坎，要善于创造家庭生活中最可宝贵的精神财富——互敬互爱。”②

“父母之间的真正的爱情，这是教育儿童最重要的精神力量。”③有人说，最好的家庭就是一场幸福的婚姬。父母婚姻幸福的孩子，会少走很多弯路，他们会从小在内心获得一种稳定感和安全感。他们从小就获得一种阳光的底色，成就一个美好的童年，那是对他们人生成长最好的一种保护。

---

① 苏霍姆林斯基著，蔡汀等主编：《苏霍姆林斯基选集（五卷本）》（第三卷），教育科学出版社 2001 年版，第 402–403 页。

② 苏霍姆林斯基著，蔡汀等主编：《苏霍姆林斯基选集（五卷本）》（第五卷），教育科学出版社 2001 年版，第 609–610 页。

③ 苏霍姆林斯基著，蔡汀等主编：《苏霍姆林斯基选集（五卷本）》（第一卷），教育科学出版社 2001 年版，第 255 页。

第三章

Chapter 3

人类之爱是强大的教育力量

爱是教育的灵魂和生命。无论对于教师还是家长，要做好对孩子的教育工作，必须首先热爱孩子。苏霍姆林斯基认为："人类之爱是强大的教育力量。"①"家庭，则是人类真正爱的一座学校。这种爱是相互信赖的、严格的、温柔的，而且是严格要求的。"②

苏霍姆林斯基对孩子满怀深情的爱，源自于童年时期启蒙老师在他心灵中埋下的爱的种子。他不仅热爱所有的孩子，还在孩子们入学之前，进入孩子们的家庭，逐个进行家访，详细了解孩子们的家庭与健康状况，然后针对存在的问题，同家长采取相应的教育措施。

在教育工作中，他特别强调家长要树立正确的家庭教育观念。家长对孩子的爱，应当是睿智的爱。他坚决反对一切错误的或畸形的爱，这些畸形的爱培养不出真正的人。在家庭教育中，父母之间要取得统一的意见，才能收到家庭教育的最佳效果。

在学校教育和家庭教育中，苏霍姆林斯基特别注重从小培养孩子们健康高尚的道德情感，要从小事和细节做起，要从尊敬自己的父母和老人做起，逐步培养他们对家庭和社会的义务感，这是苏霍姆林斯基德育思想的基本内容，也是家庭教育的基础。

---

① 苏霍姆林斯基著，杜志英等译：《家长教育学》，中国妇女出版社 1982 年版，第 23 页。

② 苏霍姆林斯基著，蔡汀等主编：《苏霍姆林斯基选集（五卷本）》（第二卷），教育科学出版社 2001 年版，第 287 页。

第一节　胸怀大爱：要真正热爱和了解孩子

高尔基说："谁爱孩子，孩子就爱谁。只有爱孩子的人，他才可以教育孩子。"没有爱就没有教育。这已经成为古今中外教育家和教育工作者的共识。苏霍姆林斯基更是一个对教育和孩子胸怀大爱的教育家。在教育著作中，他反复强调，教师和家长必须具备的首要品质就是热爱孩子，从内心深处关爱孩子的全面发展与健康成长。在《把整个心灵献给孩子》一书的前言中，苏霍姆林斯基庄重地向读者们宣告："我生活中什么是最重要的呢？我可以毫不犹豫地回答说：爱孩子。"[①] 这句话成为全书的感情基调，也是苏霍姆林斯基终生从事教育工作、矢志努力实践的人生诺言和教育信条。

启蒙老师的影响：在心灵里埋下爱的种子

为什么苏霍姆林斯基对孩子如此有爱心？这种大爱之心既来自于家庭中祖父母和父母从小对他爱的教育的影响与传承，也来自于他在小学时一位慈爱的启蒙老师的影响。

苏霍姆林斯基的小学、中学生活，一直是在本村学校度过的。这是一座七年制的学校，虽然学校设施条件极为普通，但这里却有一批热心教育事业的优秀教师。这对从小受到家庭良好熏陶的苏霍姆林斯基来说，又是一个极好的教育环境。他的善良天性在这里得到了充分的发展，知识面得到了迅速的拓宽。他在家经常主动帮助父母、邻居做事，在学校里是位品学兼优的学生，得到了当时的校长伊万·萨维奇和教务主任祖布科夫斯基的重视和关怀。然而，对他影响最大的要数启蒙女教师安娜·萨莫伊洛芙娜。

安娜老师在教育工作中，不仅是孩子们可敬的老师，也是孩子们亲密的伙伴。小苏霍姆林斯基一来到这位女教师的班里，便被她的人格魅力吸引住了。她像一个女魔法师，不仅能歌善舞，还知道世界上一切美丽的秘密。她

① 苏霍姆林斯基著，毕涉芝译：《育人三部曲》，人民教育出版社 1998 年版，第 5 页。

讲课时声情并茂，绘声绘色，引起了学生们浓厚的学习兴趣，因此她所教的知识常被学生铭刻在记忆之中。

安娜老师经常带孩子们到大自然中去，观察日升日落、花开花谢等大自然美妙无穷的变化，指导孩子们练习说话，引导孩子们思考许多问题。短短一个学期，便让孩子们学习了不少知识，明白了许多道理……下面是令小苏霍姆林斯基终生难忘的一个事件：

在山花烂漫、万物生机盎然的季节，有一天下午，安娜·萨莫伊洛芙娜带学生们来到了森林，这对苏霍姆林斯基来说是再熟悉不过的地方了，他平时就到这里来玩。但女教师的解说，让他接触了许多过去没有注意到的新事物和很多使他感到惊奇的东西：看这棵盛开的椴树在帮助蜜蜂酿蜜；瞧那个蚁穴——过去苏霍姆林斯基出自恶作剧曾用棍子去捅它，而现在老师说这个蚁穴有回廊和广场，有幼儿园和粮仓……原来是一个童话般的城市。他感到不和老师一起来，就不会发现世界上这么多美好的东西。当孩子们领略了这大自然美好的风光，急匆匆准备回家的时候，她还有一新招："孩子们，为爷爷、奶奶、爸爸、妈妈采集些鲜花吧。当孩子们关心长辈的时候，长辈会感到高兴，而鲜花——这是关怀和敬爱的标志……"①

在安娜·萨莫伊洛芙娜老师的影响下，幼小的苏霍姆林斯基不仅爱上了学习，爱上了书本，爱上了同伴，爱上了大自然，而且他更尊敬这位老师。他向往着自己的知识能同老师一样渊博，向往着能像老师一样得到人们的喜爱。受安娜老师的影响，从这个时候起，苏霍姆林斯基初步确立了从事教师这一神圣职业的志向，在他的内心深处埋下了爱的种子。因此，在七年制学校毕业时，他毅然决定报考师范院校，希望能够成为像安娜老师那样的老师。后来他一步一个脚印，终于从一个普通的教师成长为一名伟大的教育家。

"爱孩子"是苏霍姆林斯基投身教育事业的指导思想，也是他把教师作为终身职业、把教育孩子作为毕生工作的灵魂。他自己始终坚持并孜孜不倦

---

①［苏］鲍里斯·塔尔塔科夫斯基著，唐其慈等译：《苏霍姆林斯基的一生》，教育科学出版社 1986 年版，第 123 页。

地努力实践着这一信念，也坚定不移地用这一信念来要求和教育帕夫雷什中学的老师们，同时也用这种思想影响参与家长学校学习的各位家长们。

在长期观察和教育实践的基础上，苏霍姆林斯基总结出了一条十分宝贵的经验：只有真正热爱孩子的教师，才能赢得孩子们对他的尊敬和爱戴，因为“孩子们所喜欢的是那些本人就喜欢孩子，离开孩子就不行，而且感到跟孩子们交往是一种幸福的人”①。苏霍姆林斯基终生笃行“爱孩子”的信条，所以他把自己写的一本主要著作命名为《把整个心灵献给孩子》。我们任何一位教师，只要能够像苏霍姆林斯基那样去爱孩子，把爱心献给孩子们，都会成为杰出的教师、优秀的教育家。而每一位家长，只有把爱心献给了孩子，才能促进他的健康成长与全面发展。把爱心献给孩子，做到一时比较容易，而终生这样去做，那的确难能可贵，苏霍姆林斯基的伟大之处就在这里。

“爱孩子”是苏霍姆林斯基教育思想的灵魂与根基。但是苏霍姆林斯基还倡导：父母对孩子的爱不是无原则的溺爱，而应当是明智的爱、睿智的爱。“在人的精神世界里，父亲和母亲对儿女明智的爱，使儿女对你们无限忠诚的这种爱的艺术，未必还有别的什么比这更复杂、更睿智、更动人。孩子——这不仅是我们的爱和希望，而且是一个民族永生的标志。”②

家长热爱孩子，必须要走进儿童心灵。苏霍姆林斯基曾说过：“尽可能深入地了解每个孩子的精神世界，是教师和校长的首条金科玉律。”③这个观点对家长也同样适用。家长要十分了解儿童世界的特点：“儿童时代的世界，是一种特殊的世界。儿童有自己幼稚的善恶观、好坏观，有自己幼稚的审美标准，甚至有自己衡量时间的尺度。在童年时代，一天好比一年，而一年则长似一辈子。当你断定这是一些幼稚的东西时，绝不能忘记，你的学生明天就不再是儿童了。”④

---

① 苏霍姆林斯基著，赵玮等译：《帕夫雷什中学》，教育科学出版社 1983 年版，第 26 页。

② 苏霍姆林斯基著，蔡汀等主编：《苏霍姆林斯基选集（五卷本）》（第五卷），教育科学出版社 2001 年版，第 881 页。

③ 苏霍姆林斯基著，赵玮等译：《帕夫雷什中学》，教育科学出版社 1983 年版，第 10 页。

④ 苏霍姆林斯基著，蔡汀等主编：《苏霍姆林斯基选集（五卷本）》（第一卷），教育科学出版社 2001 年版，第 814 页。

家长和教师要走进儿童的世界，必须先把自己“变成一个孩子”：“要进入童年这个神秘之宫的门，就必须在某种程度上变成一个孩子。只有在这种情况下，孩子们才不会把您当成一个偶然闯入他们那个童话世界大门的人，当成一个守卫这个世界的看守人，一个对这个世界里面发生的一切都无所谓的看守人。”[①]家长和教师必须要注意：孩子的心灵是非常敏感和脆弱的，在大人看来是非常普通的一件小事，但对孩子来讲，就可能是一件引起心灵震动的大事。请看下面的这个例子：

妈妈和吉娜坐在木制的凉棚下。和她们并排坐着的还有一个女孩。下雨了，女孩突然看见了院子的长凳上有个洋娃娃被雨淋湿了，她跑去救了她。她浑身都淋湿了，但是却很高兴，把洋娃娃紧紧按在胸口上……我注意到吉娜非常惊讶地看着她。[②]

“爱”是一个强大的武器，作为家长和教师一定要掌握并运用好这一武器。爱是通向儿童心灵之路的桥梁，需要靠友谊、爱好、兴趣、感情来铺设。家长要走进孩子的心灵，要在感情上与他们产生共鸣，在地位上应当平等合作，切忌把孩子置于被教育者的地位，家长的真诚、坦率及对孩子的信任格外重要。家长与孩子要有共同的兴趣、爱好，这是引发沟通交流和情感共鸣的途径。

因此，苏霍姆林斯基要求家长们，一定要用儿童的眼光来看待儿童的世界，要站在儿童的角度看待孩子们的事，切不可拿成年人的标准来衡量孩子们，更不能简单粗暴地呵斥他们，而应当俯下身子，认真倾听他们的心声。家长们要拥有一颗童心，在处理孩子们的事情的时候，多站在孩子的立场想一想，不要用成人的思维伤害他们那颗没有被社会不良世俗所污染的心灵。

走近每一个孩子：了解家庭与健康状况

我们知道：家庭教育的指导者是学校，学校和老师只有在全面了解所有学生和家庭的情况下，才能指导好家庭教育；作为学生家长，只有在全面了

---

① 苏霍姆林斯基著，蔡汀等主编：《苏霍姆林斯基选集（五卷本）》（第三卷），教育科学出版社 2001 年版，第 4 页。

② 苏霍姆林斯基著，杜志英等译：《家长教育学》，中国妇女出版社 1982 年版，第 240 页。

解自己孩子的身心发展的基本情况下，才能有针对性地开展教育。因此，教师和家长要热爱孩子，应该先了解孩子。

在苏霍姆林斯基领导下的帕夫雷什中学，有一个非常好的传统：每年夏天，一年级新生在进入学校之前，苏霍姆林斯基和老师们都会对每一个孩子进行家访，了解孩子的家庭成员与家庭情况，了解孩子在家庭中的成长情况，了解孩子的家庭背景等，并为每个孩子建立成长档案，以便在他们入学之后，有的放矢地开展学校教育，也为以后开展家庭教育工作创造了条件。

苏霍姆林斯基坚持调查了解每一个孩子的家庭情况的做法，源于刚参加教育工作时老教务主任的一次忠告：

> 1935 年，当年仅 17 岁的苏霍姆林斯基踏上讲台，担任他的母校瓦西里耶夫卡学校低年级语文教师的时候，他对教育教学工作没有一点经验。在开学之前，他的老师、学校的教务主任祖布科夫斯基告诉他："你已经拿到你那班学生的名单，去挨家挨户进行一次家访，在开学之前就认识一下自己未来的学生。一定要去看一看，孩子们生活的情况，他们需要什么，要同家长们聊一聊……"①

在这位老教务主任的要求和帮助下，苏霍姆林斯基按照学校发给他的名单，挨家挨户地进行了详细的家访，调查了解班上每个孩子的家庭与成长情况，掌握了开学之后对学生进行教育的主动权。从此之后，苏霍姆林斯基就养成了这样一个习惯：每当接过一个新年级或新班，都要在开学之前进行家访，详细了解和调查每一个学生的家庭情况和健康状况，为开学后的教育工作做好充分准备。这成为苏霍姆林斯基教育经验中最闪光的一页。这对我们今天教师在开学前如何做好准备工作，仍具有很强的借鉴意义。直到今天，大多数的班主任老师开始做家庭教育与家访工作时，也都是在接到一个新的班级甚至跟学生熟悉之后，很少有在接到学生名单时，就开始做家访工作的，这不能不说是他教育工作的一大创举。

教师只有了解每一个孩子的家庭情况，了解孩子的个性发展情况，了解

① [苏] 鲍里斯·塔尔塔科夫斯基著，唐其慈等译：《苏霍姆林斯基的一生》，教育科学出版社 1986 年版，第 61-62 页。

孩子的父母和其他家庭成员的情况，才能有针对性地加强对孩子的教育，也能够有针对性地指导孩子的家长配合学校做好家庭教育工作。

那么具体来说，教师要向家庭和家长了解孩子的哪些方面呢？

了解儿童的含义是什么呢？

首先是要了解他的健康状况。我在开始教儿童的一年半以前，就有了未来学生的名单。我很了解孩子们的父母，我推测有哪些疾病可能遗传给儿童。当然，这种推测要由医生来检验，这样我就掌握了我未来学生的身体重要器官，如神经系统、呼吸器官、心脏、消化器官、视力和听力等状况的材料。

不了解学生的健康状况，就不能正确地进行教育。从事学校工作30年的经验使我确信，要依据健康状况对每个学生不仅需要采取个别对待的态度，而且需要采取一整套爱护和增强体质的保护性措施。经验令我深信，教育应促进人的疾病痊愈，使他摆脱往往在童年时期产生的疾病。对心血管系统活动不正常的儿童，要采取特殊的教育方法和专门的医疗教育学措施。

我认为，十分重要的是要了解清楚：家庭中的相互关系是否有利预防疾患，或者在儿童由于某种原因已经有病的情况下，是否有利于儿童身体的康复。儿童的神经系统和心脏的健康状况，与家庭情况的关系特别密切。那些在叫骂、训斥、无情对待、互不信任、受到侮辱的环境下长大的孩子，是特别难教育的。这种儿童的神经系统经常处于焦躁不安状态，很容易疲劳。对这些有神经官能症的儿童，要给以特别的关心和随时随地的注意。无论在对他们进行教学或教育的时候，都要运用医疗教育学的特殊方法，防止有害的激动，防止突然从一种情绪状态转到另一种情绪状态。

我建议准备教一年级学生的教师，在儿童入学前的一年半时间里（如可能，两年更好）就召集家长到学校（请父母务必都出席），和他们谈谈家庭中的相互关系问题，因为这种关系有助于形成孩子健全的神经系统，从而形成良好的道德心理品质。

家庭的智力气氛，对于儿童的发育成长具有非常重要的意义。儿童的一般发展和记忆，在很大程度上取决于：家里的人们有什么智力兴趣？读些什么书籍？成年人考虑些什么问题？在儿童的思想里留下些什么影响？你要告诉学生的家长："孩子的智力取决于你们的智力兴趣，取决于书籍在家庭的精神生活中占有什么地位。"

我深信，至少必须用一年时间研究每一个儿童的思维，只有这样，才能为教一年级的课做好准备。①

这就是苏霍姆林斯基对一年级教师如何了解儿童和进行家访的基本要求，从中我们可以看出苏霍姆林斯基的良苦用心：如此丰富而全面地了解每一个孩子，绝不是为了搞形式、走过场，而是为了把每一个孩子都培养成为"真正的人"做好准备。

了解儿童和他的家庭情况，苏霍姆林斯基作为一校之长，并不是把此项工作安排给分管的干部或学校的教师，他自己只是坐在办公室里听汇报，而往往是亲自去认真做这件事情，并且对其他老师也是这样去要求的。只有校长亲自参与了解儿童成长环境的工作，才能制订好学校的教育计划，有的放矢地发挥好学校教育的作用。因而他一直把孩子的情况牢记心头，并时时触动自己敏感的心灵："我在'快乐学校'开学前几周就已了解了每个家庭。个别家庭中父母与子女之间、父亲与母亲之间缺乏友爱气氛，缺乏相互间的尊重，而少了这些，孩子就不可能生活得幸福。这使我甚感不安。"②

记得我在刚参加工作，第三年的时候，遇到过一个叫小莉的七年级女孩，由于没有及时对她的家庭情况进行调查了解，从而犯下了一个至今难忘的教育错误：

小莉是班上的一个很文静的小女孩，穿着很朴素，学习很刻苦。但最近几天，有老师向我反映她在课堂上注意力不集中，经常打瞌睡。我就跟她谈话，一开始她什么也不说，问急了，只说是这几天晚上睡不好觉。于是我就简单说了几句晚上早睡觉、白天不要打瞌睡之类的话就结束了谈话。可是第二天上午第一节课后，英语老师仍然向我反映小莉还打瞌睡，我火冒三丈，

---

① 苏霍姆林斯基著，蔡汀等主编：《苏霍姆林斯基选集（五卷本）》（第二卷），教育科学出版社 2001 年版，第 650-652 页。

② 苏霍姆林斯基著，蔡汀等主编：《苏霍姆林斯基选集（五卷本）》（第三卷），教育科学出版社 2001 年版，第 21 页。

简直把我的谈话当成耳旁风了！于是在当天的课间操时间，当着全班同学的面，我狠狠批评了小莉一顿，只见她低着头一言不发……后来在办公室内谈及此事，一位老师建议我了解一下她的家庭情况。

在当周的周末，我来到了小莉的家里。这是一个怎样的家啊：家中的3间茅草房里，有两个老人卧病在床。原来小莉的父亲因病去世了，奶奶长年卧床不起，母亲承受不了家庭压力而改嫁了，家里只剩下爷爷这一根顶梁柱。这不，在一个月前，爷爷又生病倒下了。为了照顾两位老人，小莉一度想辍学回家，可爷爷一直坚持让她继续读书。于是她白天学习，晚上照顾爷爷奶奶……

我回到教室里，当着全班同学的面，给小莉同学真诚道歉，发动同学们成立了爱心小组，帮助小莉同学渡过了难关……

为了全面了解孩子和掌握孩子的成长状况，苏霍姆林斯基还对每个孩子在学校成长和家庭教育的基本情况做了翔实的记录，类似于我们的学生成长记录卡或学生成长档案袋等。“在笔记本的3700页上，我记载了我的全部教师生涯。每一页都奉献给一个人——我的学生……3700个人的命运……这里几乎有我们村的所有成年人。”[①]他还经常对这些记录进行分析，研究学生发展情况和存在的问题，并采取相应的教育措施：“在20年的过程中，我做了1200张卡片，记载了学生们在少年时代和青年早期，直到毕业时的精神发展情况。对这份材料进行分析得到一个结论：有道德修养的人，有觉悟的劳动者，都是那些在充满深深尊崇书籍的气氛中成长起来的。”[②]

对每一个孩子成长与发展情况进行跟踪调查并做好翔实的记录，需要苏霍姆林斯基付出多少的心血和汗水，而且他做得非常出色。可见，进行这样的记录并进行相应的研究是非常有必要的，也应当值得我们学习和借鉴。

苏霍姆林斯基还有一个观点：每一个年轻的父母，都希望自己的孩子是聪明、伶俐的，都希望人类的精神财富和人类的珍品变成他自己的财富。可是实现这种希望取决于什么呢？孩子和成人的智力取决于什么呢？因此，

① 苏霍姆林斯基著，肖勇译：《教育的艺术》，湖南教育出版社1983年版，第9页。

② 苏霍姆林斯基著，肖勇译：《教育的艺术》，湖南教育出版社1983年版，第61页。

针对当时有些孩子由于父母酗酒而在智力发育中出现功能被破坏和反常的现象，苏霍姆林斯基极力倡导年轻的父母，一定要对创造新人和新生命有负责任的态度。

智力有它的物质基础——脑。这个基础正好也是在妈妈腹内即开始形成的。童年，童年健康，尤其是智力发育有个可怕的敌人，就是父母嗜酒过度。嗜酒者生下来的孩子在大脑半球皮层的发育上会发生反常现象。若想生个天生残疾的人，其条件很简单，那就是不一定父母非嗜酒成癖，只要处于烂醉状态就足够了。在父母酒醉时受孕的胎儿，就已带有“喝醉后发生的幻觉”的极厉害的痕迹。在一些情况下，这些反常现象将有明显表现，也就是孩子将长成个智力上落后的人；他在妈妈腹内就已注定将来要在特种学校中学习（这个学校是为智力障碍者而设立的）。在另一些情况下，大脑半球皮层细胞发育不良，反应慢，细胞是干瘪的、长得虚弱，它们的功能被破坏。这样的孩子思维很慢、记忆力不好。这种人终身背着沉重的包袱，这包袱是他的轻率不负责任的父母放在他们肩上的。[①]

这就是我们现在优生学上倡导的基本观点，父母要想生出一个健康聪明的宝宝，一定要节制自己的饮食，特别是不能有酗酒的恶习。苏霍姆林斯基也曾举过这样的事例：

在我们学校里，某班有个少年，就是嗜酒过度者生的孩子。这是个不幸的人，什么教育方法都改变不了他。这个少年只是在第五个学年才非常吃力地学会了写作文，首次学会独立地解算三年级的算术题。关于背记规则，花了两个小时什么也没有记住。在读算题的条件时，当读到末尾，他已经忘记了开头。记忆力衰退，人们称之为智力发育中的缺陷，其基本原因是大脑皮层细胞紧紧地压缩着，正由于此，来自周围世界的信息将以极慢的速度通过这些细胞，且不能像在正常细胞层中那样进行加工。这种毛病，没有任何医疗方法可以医治。只有教育家耐心、细心的工作，可在某种程度上使孩子的智力发育取得一些平衡。但是，应当坦白地说，只有百分之一的教师能进行

① 苏霍姆林斯基著，杜志英等译：《家长教育学》，中国妇女出版社 1982 年版，第 46–47 页。

这种工作。[①]

苏霍姆林斯基要求教师们要了解孩子的家庭情况，不仅是关注家庭中孩子与家长表面的现象，更要注意了解孩子与父母的精神联系，特别是孩子与父母进行精神交往所反映出来的情况："一般说来，什么都不可能取代家庭。孩子平日不经常同父母在精神上接触的那种教育是不正常的畸形教育，如同不经常关照子女的家长生活一样，也是不正常和畸形的。"[②]

苏霍姆林斯基有一个著名的教育观点："孩子是家庭的镜子：如同一滴水能映出太阳一样，从孩子身上可以看出父母的品德是否纯正。"[③]从每个孩子日常的各种表现，我们可以看到孩子的父母在家庭中的基本情况和对孩子产生怎样的影响。因此"学校和家长的任务，是赋予每个孩子以幸福。幸福是多方面的：它既在于人的才能得到发挥，热衷于劳动并在其中成为创造者；也在于能欣赏周围世界的美，并为他人创造美；还在于爱别人并被别人所爱，把孩子培育成真正的人。教师们只有和家长同心协力，才能赋予孩子们以巨大的、人的幸福。"[④]

如何为自己的孩子创造幸福，家长具有十分重要的责任："父亲、母亲、教师的真正教育才智，就在于妥善地给孩子创造幸福。童年的幸福，如同提供温暖和食物的炉灶之火，当然要有。然而，亲爱的父母亲，这炉火的热度有赖于您如何管理。"[⑤]正因为如此，苏霍姆林斯基也这样告诉家长："每瞬间，你看到孩子，也就看到了自己，你教育孩子，也是在教育自己，并检验自己的人格。"

但在现实生活中，我们的家长和教师常常做不到这方面的要求，苏霍姆

---

① 苏霍姆林斯基著，杜志英等译：《家长教育学》，中国妇女出版社 1982 年版，第 47 页。

② 苏霍姆林斯基著，蔡汀等主编：《苏霍姆林斯基选集（五卷本）》（第四卷），教育科学出版社 2001 年版，第 231 页。

③ 苏霍姆林斯基著，蔡汀等主编：《苏霍姆林斯基选集（五卷本）》（第三卷），教育科学出版社 2001 年版，第 35 页。

④ 苏霍姆林斯基著，蔡汀等主编：《苏霍姆林斯基选集（五卷本）》（第三卷），教育科学出版社 2001 年版，第 35 页。

⑤ 苏霍姆林斯基著，蔡汀等主编：《苏霍姆林斯基选集（五卷本）》（第五卷），教育科学出版社 2001 年版，第 645 页。

林斯基曾经认真分析过家长和教师在这方面分别存在的问题。

对于教师来说，首先要关注孩子与父母的精神联系。他发现有些孩子只从父母那里索取，却不懂得为父母付出和奉献。

苏霍姆林斯基说，每一个新生一进学校，全体教师首先关心的一件事就是：儿童跟他的父母、跟他的亲人之间的精神联系是什么？儿童在家庭里的道德发展是否正常？经过多年观察，发现有些儿童有这么一种思想倾向："妈妈、爸爸最疼爱我，他们没有我就活不下去，他们最需要我"，好像只要他活着，就是对母亲、对父亲的"恩典"。这些孩子不懂这样的道理："母亲父亲是我最需要的人，没有他们，我就没法活下去。"苏霍姆林斯基写道："生活告诉我们，那些凡是他们的怪癖和奇想都从父母那里得到满足的孩子，那些不懂得要关心父母和为父母分担忧愁的孩子，那些沐浴在样样称心如意的海洋里的孩子，他们是不爱母亲和父亲的，他们不晓得有什么真正的爱，他们被剥夺了这种伟大的天赋。"①

加强孩子同父母的精神联系，要使孩子在父母面前因做错事而有羞愧感："我们认为非常重要的一点是，使孩子在父母面前因做错事而有羞愧感（不过，父母也应在孩子面前有种羞愧感，这是个特殊的问题），使孩子从小就懂得给父母带来幸福、满意、精神生活丰富，该是多么大的欢乐啊。你们就这样去培养吧，让孩子们有欢乐，孩子们的欢乐又会变成父母的欢乐。在初年级，也可以说，在我们学校正是依靠这点办学，而无其他教育法。在孩子们的头脑中、心灵里、笔记和日记里所有的一切，我们都是从孩子与父母相互关系的观点来审视的。让孩子给父母带来某些苦恼，这是决不能允许的，是一种错误的教育。您要警惕地注意，正是这个时期，在初年级，有些孩子尚未暴露出是坏孩了，使母亲的心没有变得冷酷，而且孩子要做好孩子的愿望尚未熄灭。"②

全面调查和了解每个孩子的个人情况和家庭情况，关注孩子与父母之间的相互关系，也应当成为我们日常教育工作中的重要内容。

---

① 苏霍姆林斯基著，杜殿坤编译：《给教师的建议》，教育科学出版社 1984 年版，第 173 页。

② 苏霍姆林斯基著，蔡汀等主编：《苏霍姆林斯基选集（五卷本）》（第二卷），教育科学出版社 2001 年版，第 290-291 页。

树立正确的家庭教育观：倡导睿智的爱

众所周知，父母都是爱自己孩子的，父母对自己孩子的爱都是无私的、毫无保留的、没有任何条件的。但许多父母却不善于表达他们的爱，不注意表达爱的方式，结果导致家庭教育走入歧途，亲子关系非常紧张，对孩子的成长造成了不利的影响。

在这一方面，苏霍姆林斯基强调：家长对孩子的爱，应当是有原则的爱、睿智的爱，而不应该是变态的爱、暴君式的爱。他特别指出了目前家庭教育中普遍存在的3种“变态的爱”：娇纵的爱（即溺爱）、专横的爱（即暴君式的爱）、赎买式的爱（即只管花钱的爱）。这3种变态的爱也普遍存在于我们目前的家庭教育中：

一是娇纵的爱。娇纵的爱使孩子的心灵受到腐蚀，这首先是由于他随心所欲；野蛮、卑鄙、下流的人的座右铭成了他的生活原则：我想干什么就干什么，别人不得干预，主要是——我愿意。用娇纵的爱教育出来的孩子，不知道在人的共同生活中还有“可以”“不许”“应该”这样一些概念。他觉得他可以为所欲为。他成了个任性的、近乎病态的人，生活向他略微提出一点要求，他都感到受不了。用娇纵的爱教育出来的人，正如常言所说的，是极端自私自利的人。①

对孩子的溺爱可以说是很多父母的通病，父母都希望将一切美好的东西给孩子，但是过度的爱会变成溺爱，溺爱对孩子的成长是十分有害的。有的父母受自身童年艰苦经历的影响，将自己的一切希望都系于孩子身上，视孩子为掌上明珠，产生了“绝不能让孩子遭一点罪、受一点委屈”的心理，尽量满足孩子提出的一切要求。他们无时无刻、无代价的爱造成孩子觉得什么都是理所当然的，从而养成自私自利、不珍惜爱、不会给予他人爱的个性特征。

什么是对孩子的溺爱？苏霍姆林斯基曾经列举了这样一个事例：“我亲眼见到这样一幅情景：隔壁一个妇女来找谢廖沙的母亲。她们站在院里谈话，

---

① 苏霍姆林斯基著，杜志英等译：《家长教育学》，中国妇女出版社1982年版，第138-139页。

5 岁的谢廖沙在她们身边玩耍。突然，孩子当着这个妇女和他母亲的面撒尿。母亲却宠着孩子，说：‘瞧我们这个儿子，谁也不怕！’这种娇纵导致了十分可悲的结局：儿女们‘依赖父母养活’，变成了家里的小霸王。”[①]

对孩子的溺爱之心来自于家长的利己主义和个人主义。好家长身上不费力而能为子女所仿效的最可贵的品德，就是心地善良，就是善于为他人做好事的品德。凡在那种父母能把自己的一分热忱奉献给人，能与他人休戚与共的家庭里成长起来的孩子，总是善良热情、富于同情心的。最严重的祸根，就是个别家长的利己主义和个人主义。“这一祸端有时会变为对自己孩子的盲目溺爱。如果父母只顾关注自己的儿女，除此而外心目中别无他人，这种过分的溺爱最终总会变为不幸。”[②]

对于溺爱的危害，苏霍姆林斯基一针见血地指出：“溺爱是家长和儿童关系上最可悲不过的东西。这是一种本能的、不理智的爱，有时简直可以说是像母鸡的爱。”[③]为了防止家庭中出现溺爱教育，他们及时请学前儿童的父亲和母亲都来家长学校里进行学习，并参加特殊的实习课。他们还帮助低年级学生进行集体的公益劳动，在孩子们一起劳动的过程中，教儿童控制自己想干其他事的愿望，使之服从于劳动，服从于纪律和集体意志。

在目前我们的现实生活中，家庭中的溺爱现象也非常普遍。因家长对孩子从小溺爱而导致孩子长大之后出现的家庭悲剧也时有发生。某个小伙子，因为从小被娇生惯养而懒惰成性，在父母去世后，他有活儿不干，有事难当，基本生活都不能自理，村里人给他的肉、菜一直放臭了，自己也不会做来吃，竟活活饿死在家中。“懒婆娘脖子上套饼”的寓言故事有了一个现实版，这真让人有点儿哭笑不得。

爱孩子，保护孩子，是所有动物的本能。但父母过度的溺爱，让孩子一点苦都不吃，当孩子独立去面对世界时，吃到的将是一碗“苦果”。冯梦龙

① 苏霍姆林斯基著，杜志英等译：《家长教育学》，中国妇女出版社 1982 年版，第 139 页。

② 苏霍姆林斯基著，蔡汀等主编：《苏霍姆林斯基选集（五卷本）》（第三卷），教育科学出版社 2001 年版，第 33–34 页。

③ 苏霍姆林斯基著，蔡汀等主编：《苏霍姆林斯基选集（五卷本）》（第二卷），教育科学出版社 2001 年版，第 692 页。

在《古今谭概》中讲了一则“翠鸟移巢”的寓言：“翠鸟先高作巢以避患。及生子，爱之，恐坠，稍下作巢。子长羽毛，复益爱之，又更下巢，而人遂得而取之矣。”意思是说：翠鸟为了避免灾祸，开始时往往把它的巢筑得很高。小鸟孵化出来以后，翠鸟非常喜爱它们，生怕它们不小心掉下来摔坏，就把鸟巢移低一些。等小鸟长出了羽毛，翠鸟更疼爱它们了，把鸟巢移得更低。这样，人们轻而易举地就把小翠鸟捉走了。

孩子就像一棵树，只有在其成长的过程中不断进行修剪，树木才能长得挺拔。这世界从来都是公平的，苦尽才有甘来。那些没有受苦便得到的甜，总有一天要还回去。父母给孩子打造出来一个“无菌”的环境，最后只会让孩子变成一个废物。

因此，家长绝不能娇纵溺爱孩子。家长爱自己的孩子，一定要把孩子作为一个有独立人格的人来对待，把孩子看成是未来的公民。绝不能把孩子当成是自己的私有财产和自己愿望的复制品。溺爱是一种家庭创伤，给孩子带来的是自私自利和幼稚病。家长只有理智地爱孩子，才能把孩子培养成真正的人。

二是专横的爱。利己主义加上蒙昧无知就是这些家庭中的父母进行专横的土壤。他们对待自己的子女就像对待自己的物品一样：我的桌子，我愿意放在哪里就放在哪里；我的女儿，我想让她干什么，她就得干什么。……专断强横把在正常家庭中使孩子产生善良、审慎、谦让这些感情的最重要的精神上的激励给驱散了。……在小时候不知道温存的人，到了少年和青年时期就会变成粗暴的人，冷酷的人。①

对于这种爱的危害，苏霍姆林斯基分析说：“在这种气氛里，小孩子也会变得冷酷。我认为，这是对少年心灵的一种可怕的打击……这种现象的原因就是不善于使用家长的权力。”②

苏霍姆林斯基曾经列举过一个专横要求女儿的父亲：“有一个父亲给在八

① 苏霍姆林斯基著，杜志英等译：《家长教育学》，中国妇女出版社1982年版，第141页。

② 苏霍姆林斯基著，蔡汀等主编：《苏霍姆林斯基选集（五卷本）》（第二卷），教育科学出版社2001年版，第694页。

年级学习的 15 岁的女儿买了一双时髦的便鞋和一件漂亮的衣服。他让女儿把鞋放在写作业的桌子旁边，衣服也挂在那里。他预先跟女儿说："如果第一学期各科成绩都在四分以上，你便可以穿上新鞋新衣，如果哪怕有一门功课得三分，就不准你动一动新买的这些东西。"[①] 他进一步分析说：在这种专断强横、无谓的吹毛求疵、无休止的责难的环境中，小孩子会逐渐变得凶恶起来，这是儿童和少年精神世界中最危险的东西。

近年来，在我们的社会上出现了一种"狼爸""虎妈"式的教育，就是家长专横之爱的一种表现形式。由于受"望子成龙"和"望女成凤"传统思想的影响，许多家长不顾孩子的自然成长规律，从孩子一出生就为他设计好了人生成长的路径，并实施孩子成长的"跨越式"成长计划："2 岁识字，3 岁阅读，7 岁读初中，10 岁上高中，13 岁考大学"等。为了实现每一步的成长目标，有的家长不惜投入大量的精力和财力，想方设法让孩子的学习"高人一筹"，并美其名曰"不要输在起跑线上"。当孩子刚刚进入幼儿园的时候，就开始为孩子物色各种特长班。本来孩子正处在玩的年龄，家长却让孩子天天背唐诗、练钢琴、跳舞蹈……恨不得马上把自己的孩子培养成为"神童"或"全才"，似乎只有这样，心里才感到踏实。

在教育方法上，这些家长强调"让孩子特别听话特别乖"，在这种理念的支配下，他们的教育都是以"不"字开头的教育，不准孩子做这，不准孩子做那，欲把孩子塑造成一个个任人摆布的木偶。以至于在自己的家里，对待自己的孩子，他们都不准孩子哭！暴君之下，焉有民主？暴君教育之下，焉能培养出有创新意识的孩子？

世界上的生物都有其自然成长规律，如果违背了其成长的规律，自然会受到不当成长带来的惩罚。"揠苗助长"的教训人人都懂。我们不否认确实有"神童"和"天才"存在，但那只是凤毛麟角。孩子是一个鲜活的生命体，他就应该有自己的成长轨迹，每一个孩子都是一粒不同的种子，我们对孩子的教育不是限制，而是要帮他们拓展，不是强迫他们走楼梯，而是在他们要爬楼的时候给他们搬梯子……我们要对他们引导，要修枝剪叉，但却不要过早地掐掉他们发展的"顶"……"狼爸""虎妈"下的教育方式，绝不可能走

---

① 苏霍姆林斯基著，杜志英等译：《家长教育学》，中国妇女出版社 1982 年版，第 141 页。

出大师一级的人物。

“狼爸”“虎妈”们应当警醒！

三是赎买式的爱。有些父亲真诚地相信，如果他们保证了孩子们的全部物质需要，也就完成了做父母的义务。孩子有吃有穿，身体健康，他有各种教科书和参考书——你们还需要什么呢？这样的父亲认为，可以用满足孩子们在物质上的需求来衡量父母的爱，起码可以用此来赎免父母应尽的责任……[①]

赎买式的爱，也是我们家庭里经常出现的一种“变态的爱”。家长无限度地满足孩子的购买欲望，以为满足孩子的金钱欲望就达到了对孩子教育的目的，我们社会上的某些“富二代”“啃老族”等都是在这种教育方式下成长起来的新一代，他们难以承担起社会的责任和义务，网络上也经常出现他们的负面新闻。

家长对孩子无条件地给予物质上的满足，这是父母与子女的相互关系中最可怕的一件事，其结果可以从下面这个真实的故事中看出来：

一位母亲生了一个儿子，她对儿子钟爱极了，生怕有一粒灰尘掉到他身上，唯恐有人欺负他。每当小儿子来告诉他说有人欺负他时，母亲总是袒护儿子，责怪其他孩子。于是这个孩子的意识中深深地埋下了一个想法：他永远是对的，他做的一切都是好的。

要像害怕火一样害怕这样一种想法：“大家都对不起我。”这种想法包含着精神麻木的祸根。如果你开始认为，大家都对不起你，而你没有对不起任何人，那就糟了。认为你所做的一切都是好的，你永远是正确的，这种想法会用自私自利的毒药毒死你，会毁灭你的生命……[②]

苏霍姆林斯基曾指出：“父母与子女间相互关系中最可怕的东西，就是父母那种轻率的满足物质快乐的‘供养’与孩子精神上、心灵上、生活上的

① 苏霍姆林斯基著，杜志英等译：《家长教育学》，中国妇女出版社 1982 年版，第 143 页。

② ［苏］鲍里斯・塔尔塔科夫斯基著，唐其慈等译：《苏霍姆林斯基的一生》，教育科学出版社 1986 年版，第 84 页。

空虚和贫乏。这就是说不善于爱。”[1]要防止出现这种现象，必须“教会他们把自己的精神力量同成年人的精神力量连接起来”。[2]他认为非常重要的是，要防止孩子精神上的寄生生活。孩子应该明白，夺去别人的欢乐是可耻的；把自己的欢乐建筑在别人的痛苦之上是背叛行为。有一项非常微妙的教育任务，就是培养孩子去蔑视乍看起来不易察觉的背叛行为，并对此进行本能的、毫不妥协的斗争。[3]

苏霍姆林斯基在分析了这3种变态畸形的家庭之爱后，分别指出了父亲和母亲各自在教育观念上存在的问题及造成的危害：

个别的父亲“他们得了一种不治之症——道德情感上的冷酷症。……在道德情感上冷酷无情，对自己的孩子不热情，不温和——这并不是完全由于父亲文化水平低的缘故，这是由于他把对孩子的教育，当作一种完全孤立的、同社会义务感分开的东西这样一种错误的观点造成的。”[4]而如果母亲存在着教育问题，“孩子就会感觉处于精神空虚和思想贫乏的气氛之中。孩子们生活在人们中间，却对人们不了解——对这些家庭来说，这才是最可怕的。因为孩子的心对人的细腻的感情，例如温存、怜悯、同情、仁慈是完全陌生和难于理解的。那么他们长大之后就会成为情感粗野的人”[5]。

因此，在家庭教育中，我们要倡导睿智的爱，家长首先要树立一种科学正确的家庭教育观。首先要约束孩子的行为，对孩子要严格要求，不可放纵孩子的欲望。要培养孩子的感恩之心。“然而父辈的这条根，父辈的功劳、父辈的荣誉不应成为儿女赖以生活的资本和坐享清福的特权。”[6]教育孩子一切

---

① 苏霍姆林斯基著，蔡汀等主编：《苏霍姆林斯基选集（五卷本）》（第二卷），教育科学出版社2001年版，第261–262页。

② 苏霍姆林斯基著，蔡汀等主编：《苏霍姆林斯基选集（五卷本）》（第二卷），教育科学出版社2001年版，第263页。

③ 苏霍姆林斯基著，蔡汀等主编：《苏霍姆林斯基选集（五卷本）》（第二卷），教育科学出版社2001年版，第263页。

④ 苏霍姆林斯基著，杜志英等译：《家长教育学》，中国妇女出版社1982年版，第143页。

⑤ 苏霍姆林斯基著，杜志英等译：《家长教育学》，中国妇女出版社1982年版，第144页。

⑥ 苏霍姆林斯基著，蔡汀等主编：《苏霍姆林斯基选集（五卷本）》（第五卷），教育科学出版社2001年版，第728页。

都要通过自己的劳动获得，不劳而获是可耻的。家长要从小培养孩子的自理能力和劳动能力，培养孩子的独立性，多让孩子尝试做自己的事情。

在我们有些家庭中，父母在教育孩子时，还会经常遇到意见不统一的现象。夫妻之间由于经历、价值观和知识水平不同，对孩子成长的理解也不同，会产生教育方法和教育观念的分歧，甚至会发生冲突。夫妻之间的这种分歧和冲突，往往是导致家庭教育失败的重要原因。

父母教育意见不统一会造成以下危害性：一是家庭教育影响力相互抵消。要有效地教育孩子，父母必须同心协力，形成合力。若父母意见相左，谁也说服不了谁，其结果必然是彼此削弱对孩子的影响力。二是父母的威信降低。父母间的争吵，尤其是彼此否定对方，不仅会使孩子对父母感到失望，还会破坏父母在孩子心目中的形象，降低父母的威信。三是让孩子无所适从。孩子常常在无意识中把父母作为模仿的对象，将父母的行为纳入自己的行为模式中。父母意见不一、行为各异甚至存在严重的分歧和激烈的冲突，这势必会使孩子无所适从。当父母双方在教育孩子的意见存在分歧时，切莫让情绪泛滥，给孩子造成恐惧和混乱，父母要站在有利于孩子健康成长的角度取得统一意见，形成教育共识，然后采取恰当的教育方式，才能让孩子收获成长的快乐。

在儿童的成长过程中，良好协调的家庭教育，特别是父母一致的、正面的教育方式，对儿童的成长作用十分重要，会给孩子营造一个安全舒适的心理环境，有助于孩子渐渐形成健康、统一的人格。在现实生活中，父母教育意见的不一致，最容易使孩子在不知所措中形成“看父母脸色行事”的毛病。教育目标的不一致会导致孩子失去应有的道德判断能力，致使孩子形成爱做表面文章等不良性格，甚至严重影响孩子正确的人生观和价值观的形成。

针对这种现象，苏霍姆林斯基特别强调作为教育者的父母必须做到“行动统一”。“我们应使父母对自己与学校一起进行教育子女有统一的看法，并进而使父母的要求统一，其中首先是父母对本人要求的统一。要做到作为教育者的父母行动统一，就要教给明智的母爱和父爱，使善和严、柔和刚达到和谐。”[①] 否则，父母意见不统一，会对孩子的教育和影响产生不利作用：“家长教育不明智，母爱和父爱就会使儿童畸形发展……会给儿童带来多么巨大的危害。”[②]

因此，在教育孩子过程中，只有父母双方的教育意见在配合学校的情况下取得完全一致，才能收到良好的教育效果。

第二节　最为幽香的一朵花：从小培养儿童的道德情感

儿童的心灵如同一张白纸，需要我们的家长和教育者在其上面描绘出人生的精彩画卷。在学校和家庭对孩子的教育中，苏霍姆林斯基非常注重从小培养孩子们具有健康高尚的道德情感。他们通过各种方式，比如栽种亲情树、父母玫瑰园等活动，培养孩子尊敬父母、孝敬老人的情感。为使孩子尽快成熟起来，要让孩子看到生活的全貌，让他知道人生不仅有欢乐，还有悲伤、痛苦和死亡。

当儿童成为少年之后，要注重对他进行义务感等公民道德素质的培养。要让孩子从小事和细节做起，注意分担父母的忧愁，共享父母的欢乐。要通过双手劳动的锻炼，培养他们的道德成熟性，让孩子一步步成长为“真正的人”。

学会奉献：情感教育要从小开始

很多教育家都非常重视对儿童的情感与精神的教育。意大利著名儿童教育家玛丽亚·蒙台梭利把儿童比作“精神的胚胎”。她说过：

正在实体化的儿童是一个精神的胚胎，他需要自己特殊的环境。正如一个肉体的胚胎需要母亲的子宫并在那里得以发育一样，精神的胚胎也需要外界环境的保护；这种环境充满着爱的温暖，有着丰富的营养，在这种环境中

① 苏霍姆林斯基著，蔡汀等主编：《苏霍姆林斯基选集（五卷本）》（第二卷），教育科学出版社 2001 年版，第 692 页。

② 苏霍姆林斯基著，蔡汀等主编：《苏霍姆林斯基选集（五卷本）》（第二卷），教育科学出版社 2001 年版，第 692 页。

所有的东西都倾向于欢迎它，而不会对它有害。[①]

苏霍姆林斯基非常重视对儿童进行情感教育。什么是情感教育？他曾说过："教孩子用心灵进行观察、理解、感觉周围人们——这看来是花园中最为幽香的一朵花，它的名字就叫作情感教育。"[②] 情感教育是苏霍姆林斯基德育工作的基础。"我坚信，在儿童的心灵中培养人的高尚道德情操，应这样来着手：使他对别人的态度人道化，使这种态度充满一种纯洁、高尚、尊重人，首先是尊重父母的情感。"[③]

苏霍姆林斯基指出，有些教育工作者和家长的失误就在于，他们离开人与人之间的关系，离开人对人的责任来培养儿童的高尚公德。这样做的结果，最多只能培养出口唱高调的伪君子。他认为，一个对父母、同学、朋友以及任何路遇同胞的处境都漠不关心的孩子，一个根本不善于从别人眼神中察觉出其心境的孩子，是不会成长为一个真正心地善良的人的。

教育者要善于对孩子进行情感教育，教会孩子在日常生活中体察他人的痛苦与忧愁，并由衷地给人以帮助。这就是为什么在苏霍姆林斯基的学校里，从儿童入学伊始，甚至在预备班里，就引导孩子参加各种关心人的活动：关心附近的孤独老人，关心战争中牺牲了丈夫和儿女的母亲，帮助同学家中患病的亲人，帮助学习上有困难的同学，等等。苏霍姆林斯基坚信，只有这样，才能使儿童把同情和关心他人变为自己内心的需要。[④]

苏霍姆林斯基坚持这样一个观点：对儿童的情感教育要从小进行。"有时有些人说：真正的思想教育要从孩子戴上红领巾的那个时候开始，这就大错特错了，思想教育要从孩子能喊'妈妈'的那个时候就应开始。"[⑤] 童年阶段在人的一生成长中的作用十分重要：一粒播撒在童年时代早期心灵中的小

---

① 玛丽亚·蒙台梭利著，马荣根译：《童年的秘密》，人民教育出版社 2015 年版，第 48 页。

② 苏霍姆林斯基著，蔡汀等主编：《苏霍姆林斯基选集（五卷本）》（第二卷），教育科学出版社 2001 年版，第 696 页。

③ 苏霍姆林斯基著，蔡汀等主编：《苏霍姆林斯基选集（五卷本）》（第二卷），教育科学出版社 2001 年版，第 696 页。

④ 苏霍姆林斯基著，毕淑芝译：《育人三部曲》，人民教育出版社 1998 年版，译者的话第 9–10 页。

⑤ 苏霍姆林斯基著，蔡汀等主编：《苏霍姆林斯基选集（五卷本）》（第二卷），教育科学出版社 2001 年版，第 476 页。

种子，在成年时会成为一棵大树。一切都取决于播下的是什么种子和播在什么土壤之中。如果童年时代的教育错过了，将永远无法弥补："情感，形象地讲，这是高尚行为的肥沃土壤。……心灵的易感性和同情心都在童年形成，如果童年蹉跎，那么所荒废的就永远无法弥补。"[①] 因此，抓住童年的有利时机，加强对孩子的情感教育，这是一个非常重要的教育任务。

苏霍姆林斯基在教育实践中发现，在培养孩子高尚情感的教育活动中，美育具有特殊重要的作用："我们和家长一起，努力使儿童在学生时代，特别是在低年级学习时期，受到热忱待人的训练。这种训练中最有价值的课程，是创造美和关心人所享受的美。一切能使儿童得到美感快乐的东西，都具有神奇的教育力量。儿童为家庭、为父母和其他人创造着美。"[②] 在教育过程中，他力戒对学生进行空洞的说教，善于抓住校园内外各种不被人重视的教育细节，通过引导孩子在创造美的劳动中，对学生实施潜移默化的情感道德教育和伦理教育，他的很多做法至今仍值得我们认真学习。

在阅读苏霍姆林斯基教育著作的过程中，读者常常会被其书中经常描述的一个情感教育的细节所感动：

> 在教育实践中，我们学校的教育集体努力使学生从一年级开始，就要学会把自己心灵的一部分奉献给亲人。还是在学校生活的第一个秋天，每个一年级学生都要在宅旁园地里栽种给父母、爷爷、奶奶的苹果树，教师一连几年都得为此操心劳神。……苹果树开始结果。小小年纪的人怀着心儿突突跳的喜悦，等待着从树上摘下第一批果实的日子到来。他们把苹果敬献给最亲爱的人——母亲。这一时刻比千百次教育谈话和教导更有价值！[③]

从帕夫雷什中学创立之初，苏霍姆林斯基就要求孩子们在校园里、在家中的房前屋后、在道路两旁等地方，为自己的亲人们和失去亲人的孤寡老人

---

① 苏霍姆林斯基著，蔡汀等主编：《苏霍姆林斯基选集（五卷本）》（第三卷），教育科学出版社 2001 年版，第 116 页。

② 苏霍姆林斯基著，蔡汀等主编：《苏霍姆林斯基选集（五卷本）》（第二卷），教育科学出版社 2001 年版，第 697 页。

③ 苏霍姆林斯基著，蔡汀等主编：《苏霍姆林斯基选集（五卷本）》（第五卷），教育科学出版社 2001 年版，第 419 页。

栽下亲情树，种上亲情葡萄苗，并指导学生们耐心细致地进行照料，直到苹果树和葡萄苗发芽、抽枝、开花、结果，特别要求在秋季来临、果实成熟之际，孩子们采下第一批果实，首先把它献给爷爷、奶奶、父母和孤寡老人，以此来对孩子们进行情感教育。当看到儿童摘下一朵玫瑰花献给母亲的一瞬间眼里闪耀着光芒时，苏霍姆林斯基感到这是再幸福不过的事。“这是培养情感所最需要和最重要的功课之一。儿童体会到为别人创造美所带来的初步欢乐，对美产生了新的想象。他把鲜花盛开的苹果枝条、成熟了的一串串葡萄、凝神沉思的菊花，看作是劳动、关切、焦急的体现。他的手不会随便去折断枝条，掐掉花朵。”①

在帕夫雷什中学里，苏霍姆林斯基将栽种亲情树、把第一批果实献给父母的做法，作为学校的传统一年年地发扬下去，收到了多方面的教育效果。

这样做首先培养了孩子们良好的道德情感。栽下亲情苹果树，种上亲情葡萄，让孩子们在细心地照料这些树木生长的过程中，培育他们关爱和照顾生物生长的美好品德。苏霍姆林斯基主张“环境是无声的教科书”，倡导孩子们自己动手，栽种花草树木美化校园，让孩子们在管理好校园一花一草一木的过程中，体验到美好道德情感的形成。

这样做培养了孩子们的劳动能力和劳动习惯。苏霍姆林斯基非常重视对孩子们进行劳动教育，他认为，劳动教育是培育全面发展人才的重要部分，要从小培养孩子们参加劳动和热爱教育的习惯与意识。于是他们努力创造各种条件，让孩子们在学校里、家庭中和社会上，时刻不脱离劳动。栽种树木，管理花草，这是学校里最基本的劳动任务。孩子们看到自己栽种的树木在发芽，在生长，在开花结果，无不表现出自豪感和幸福感，因而对树上结下的劳动果实也倍加珍惜，自己舍不得吃，先把首批果实献给自己最尊敬的人。“如果孩子能意识到他身边有别人，意识到他的行动能给他们带来愉快，那么他从幼年起就能学着使自己的愿望符合人们的利益。而这对培养善良和人道，是非常重要的。”② 这些做法，非常有效地培养了孩子们热爱劳动的

---

① 苏霍姆林斯基著，蔡汀等主编：《苏霍姆林斯基选集（五卷本）》（第二卷），教育科学出版社 2001 年版，第 698 页。

② 苏霍姆林斯基著，蔡汀等主编：《苏霍姆林斯基选集（五卷本）》（第三卷），教育科学出版社 2001 年版，第 116 页。

习惯。

这样做美化了校园环境和家庭环境。帕夫雷什中学是一所面积不大、非常普通的乡村学校，但它的环境非常优美，校园内大树参天，郁郁葱葱，处处是茂盛的花草和植被，校园内还有大片的果树林和葡萄园，这都是多年来苏霍姆林斯基带领师生们自己动手栽种和培植的结果。孩子们在这些充满绿色与氧气的环境中学习，心情自然非常舒畅；师生们在这样的环境里生活，自然能使自己的身心得到健康的发展。苏霍姆林斯基也经常倡导孩子们在自己的家庭的院子里栽花种树，美化家庭环境，创造一个舒适美丽的家园。

在培养儿童的各种情感中，发挥父母的教育作用十分重要。“我们都很清楚，人的认识活动始于家庭，始于母亲柔声轻唱催眠曲时孩子第一次向妈妈发出微笑的那个时刻。让对于世上一切善意的、亲切的和最美好的事物的最初信念——对人爱人的信念，能在亲身感受中产生，使父母成为孩子最亲爱的人，这是多么重要。”[①] 在这种情感教育中，一定要渗透人道主义内容，只有当儿童集体能在精神上提高到使每个人都确立自尊感并能自重的时候，它才能成为一种教育力量。真正的父母之爱的核心精神，也就是让儿女由于感受到自尊而确立做正派人的志气。

在教育工作中，苏霍姆林斯基还要求家长们要注意培养儿童敏感的心灵。苏霍姆林斯基把每个孩子的心灵比喻成是一块土地，如果大人不流汗水，不去播种，就会长出杂草来。他认为，孩子在童年、少年时期，就需要以善驱恶，扶正压邪。教师和家长要培养孩子信奉善良，对善良美好事物的信念，为他人谋福利，防止心灵空虚；还要培养孩子的良好情感，学会同情别人，爱惜别人，用自己的心灵去体察别人的举止言行，防止对人冷酷无情。

从下面的一个小故事中，我们可以看出家长是如何培养孩子诚实和善良之心的：

玛丽依卡在隆重举行入团仪式之前告诉我说：“我不记得什么时候才开始干活的，但记得一直在干活。记得很早很早以前，那时我大约七岁，父亲告诉我说：‘把这三株葡萄秧栽上。’那时这种活我已能干得很好了。先掘坑，

① 苏霍姆林斯基著，蔡汀等主编：《苏霍姆林斯基选集（五卷本）》（第三卷），教育科学出版社 2001 年版，第 125 页。

浇上水，再栽上。但是没有把根部在泥浆里浸一浸。记得当时倒是想起来，要用土把根部埋起来，但不知道根部应该浸在泥浆里。当时栽好了，还浇了水。晚上，父亲问：根部是否在泥浆里浸过？在生活中，在此之前和之后，我都没撒过谎，可是在这件事情上没说实话。当然父亲一下子就发现是谎话。他一句话也没有说，只是使劲地看着我的眼睛，他有点心情沉重地叹了口气，就好像谁往他肩上放上了重担。他把我栽的葡萄秧又掘了出来，浸在盛有泥浆的水桶里……我站着，看着……于是我的脸羞红了。父亲干完活以后说："可以蒙骗别人，但自己的良心是欺骗不了的。"①

苏霍姆林斯基要求，人在童年早期，就应该通过这个细致的、热情的、人们相互关系的大学校（这种关系就是家庭的最主要的道德财富），以便培养儿童敏感的心灵。"假若用几句话来表达家长教育学的全部精华，那就是：要使我们的孩子成为坚定的人，能严格要求自己。我在这里似乎有点夸张地说，若请他参加婚礼，即使那里所有的客人都喝成醉鬼，但母亲相信自己的儿子会清醒地回家……孩子对自己的严格要求，内心里的道德原则，正直、诚实的良心，这些对父母来说，都是最高的期望和理想。"②

此外，苏霍姆林斯基还时时处处注意培养孩子们关心同胞和保护弱小的品质。他教育孩子们要善于关心同胞的心境："如果孩子对他的同学、朋友、母亲、父亲以及他所遇到的任何一个同胞的心境怎样都毫不关心，如果孩子不善于从别人的眼神中观察出他的心情怎样，那么，他永远也不会成为一个真正的人。我竭力要把我的学生的心灵磨炼得那样敏锐，致使他们从人们的眼神中能察觉人们的情绪、烦恼与悲欢，不论这些人是朝暮共处还是'邂逅'。"③

在苏霍姆林斯基的学校里，老师们一直要求孩子们用自己的行动来关爱弱小的动物。他们建立了"小鸟医院""动物医院"，让孩子们自觉地来照顾受伤的小鸟和年幼的动物。"我们尽量使每一个孩子都能关心花草树木和鸟

① 苏霍姆林斯基著，杜志英等译：《家长教育学》，中国妇女出版社1982年版，第35页。

② 苏霍姆林斯基著，杜志英等译：《家长教育学》，中国妇女出版社1982年版，第34-35页。

③ 苏霍姆林斯基著，蔡汀等主编：《苏霍姆林斯基选集（五卷本）》（第三卷），教育科学出版社2001年版，第120页。

兽，关心鱼缸中的鱼儿。这种关心能磨炼孩子们真挚的同情心，激发他们做好事的愿望。我们激励孩子们去关心人，首先是关心母亲、祖母、父亲和祖父。”[①] 苏霍姆林斯基和老师们竭力使每个学生从幼年起就能以精心爱护和细心关怀的态度对待每棵树、每丛玫瑰、每株花草和每只小鸟等一切有生命的和美好的事物。非常重要的是，要让这种关怀爱护之心变为习惯。

从培养孩子们善待一棵树、一棵草、一株花开始，在劳动体验中自觉培养良好的道德情感，这正如苏霍姆林斯基经常引用的一句诗所说的：“手捧鲜花的人不会做坏事。”[②] 苏霍姆林斯基从小培养孩子美好道德情感的经验和做法，非常值得今天我们的老师和家长认真学习和借鉴。

做父母的好孩子：培养孩子尊敬父母的情感

在我们的现实生活中，由于家庭教育方法的不当等原因，许多孩子从小养成了自私自利和不关心他人的不良性格，他们对父母只有索取，稍不满足就大哭大闹，而对父母的日夜辛劳却漠不关心，在学校里不能适应集体环境，不会主动帮助弱小同学，这对他们的健康成长是极为不利的。因此，加强他们高尚人格的培养，特别是加强他们尊敬父母的情感培养，是一项需要学校和家庭来共同关注的教育任务。

中国传统文化和传统儒家思想历来都倡导孝，尊敬父母、孝敬老人是中华民族的优良传统，是我国家庭伦理的核心要求，是社会道德的基本价值取向，也是国家文明进步的标志。苏霍姆林斯基培养孩子尊敬父母的情感，同我们倡导尊敬父母的孝文化的要求是一致的。

在苏霍姆林斯基的德育活动中，一直把热爱父母的教育作为重要内容。他教育自己的学生们：“你们要做自己父母的好孩子。”[③] 并引用乌克兰一句民谚说：“人有三个不幸：‘死亡、衰老和子女不好。’”并进一步解释说：死亡是不可避免的，衰老是不可抗拒的。“可是家庭可以避免孩子不好，如同防

① 苏霍姆林斯基著，蔡汀等主编：《苏霍姆林斯基选集（五卷本）》（第四卷），教育科学出版社 2001 年版，第 248 页。

② 苏霍姆林斯基著，罗亦超译：《睿智的父母之爱》，长江文艺出版社 2014 年版，第 212 页。

③ 苏霍姆林斯基著，蔡汀等主编：《苏霍姆林斯基选集（五卷本）》（第二卷），教育科学出版社 2001 年版，第 287 页。

火那样。这不仅取决于你们的父母，而且也取决于你们本身。”①

他一再告诫自己的学生们：“父母给了你生命，而且为了你的幸福而活着。你要珍惜他们的健康和安宁，不要给他们带来痛苦和烦恼。父母给予你的一切，都是用他们的劳动、血汗和劳累换来的。你要善于尊重父母的劳动。”②他还特别提醒自己的学生们：“如果你对自己的父母漠不关心，冷酷无情，那么你的子女也必然这样对待你。在道德关系方面，一切都会‘重演’。”③

苏霍姆林斯基认为，热爱和尊重母亲必须要做到崇拜自己的母亲。他说过：“要在孩子的精神生活中树立对母亲的崇拜。在崇拜中，尊重渗透着深刻理解，理解又激发着尊重、爱戴、敬慕。这要求我们教育者要巧妙地、聪明地、高尚地同孩子去谈母亲那崇高的使命。……我认为重要的教育使命，就在于使儿子善于怜悯、保护母亲的心，因为这颗心饱含着自己无穷无尽而又无限的爱。”④

苏霍姆林斯基要求，学校首要的教育任务，是要使儿童的早期劳动充满着对母亲的关怀。儿童栽一棵果树献给母亲，把第一批果实送给母亲的同时，也就是学习着对人生最神圣、最宝贵的东西表示自己的忠诚。对母亲的爱、对母亲的忠诚，即温柔和严格的爱、诚挚和忧虑的爱——这是集体主义的第一所学校。

对于父亲的爱戴与崇敬也是如此：“父亲是个公民、劳动者，也是你母亲最亲爱的朋友。你的父亲为祖国服务，忠实于社会主义祖国，忠实于共产主义理想，这是你的骄傲。善于帮自己父亲的继承人，就要去珍惜他已经奉献的和正在奉献的那些东西，珍惜他以自己的心灵、自己的智慧为祖国的物质

---

① 苏霍姆林斯基著，蔡汀等主编：《苏霍姆林斯基选集（五卷本）》（第二卷），教育科学出版社 2001 年版，第 287 页。

② 苏霍姆林斯基著，蔡汀等主编：《苏霍姆林斯基选集（五卷本）》（第二卷），教育科学出版社 2001 年版，第 276 页。

③ 苏霍姆林斯基著，世敏等译：《爱情的教育》，教育科学出版社 2001 年版，第 180 页。

④ 苏霍姆林斯基著，蔡汀等主编：《苏霍姆林斯基选集（五卷本）》（第二卷），教育科学出版社 2001 年版，第 278 页。

和精神财富而留下的那些东西。”①

苏霍姆林斯基教育孩子们，报答父母是子女的责任：你在父母面前永远是孩子，即使你到了50岁、60岁，可你父母已经70岁、80岁、90岁了，你还是他们的孩子。你的每一步，你的每一举动，无论是好是坏，都在父母的心目中引起欢乐或烦恼、幸福或难受的反应。要记住，你就是你父母生活的意义、生活的目的、生活的酸甜苦辣。……你要懂得，作为子女的责任，就是报答父母，报答他们对你的关怀，报答他们对你的无限的爱和忠诚；而且你应当用同样的关怀、爱、忠诚去报答。

他再三提醒学生的家长们，家长要教孩子随时播下对父母爱的种子：“您在爱自己孩子的同时，要教他们学会去爱您；您不教会这点的话，等您到了晚年，会痛哭流涕的。依我看，这是你做父母的一条最重要的哲理。只有在这一哲理成为需要的那个地方，形象地说，儿童意识上的土壤，才会去耕耘准备播下对父母的爱的种子。②

在现实生活中，我们会经常遇到下面例子中的情况，而如何去教育像小丹卡这样的孩子，则是在考量着我们老师和家长的教育智慧：

小丹卡与母亲的关系有点儿异常。他的母亲在远处的田间宿营地干了3天的活之后回到了家里，小丹卡听到了这个消息竟无动于衷，他的这种冷漠态度使我感到不安。而这位母亲也不善于在儿子心灵中唤起激动、不安和关切的感情。他们家里的感情关系（这一点使我感到特别不安）非常粗俗。怎样才能使他们的感情关系变得高尚而丰富呢？怎样才能使这个男孩不至于成为一个冷酷无情的人？怎样使他长大以后具有一个小伙子爱慕姑娘的感情呢？于是我就进行了长期的、耐心细致的工作。这项工作可以说是非常细致地去触动母亲和儿子的心灵。终于出现了这样的情况：儿子用自己的精神力量使母亲感到快慰。夏天，他在集体农庄劳动，我向他建议说：“用你第一次的劳动所得给母亲买一份礼物。”小伙子高高兴兴地买了一条丝头巾送给

---

① 苏霍姆林斯基著，蔡汀等主编：《苏霍姆林斯基选集（五卷本）》（第二卷），教育科学出版社2001年版，第284页。

② 苏霍姆林斯基著，蔡汀等主编：《苏霍姆林斯基选集（五卷本）》（第二卷），教育科学出版社2001年版，第262页。

了母亲。几个星期之后，他母亲的生日到了，我又对他说："你不但要在母亲生日那天送给她礼物，还要代她工作——让她休息几天，你到畜牧场去代替她劳动。"善良是一种伟大的力量，它会在人们的心中激发起纯洁而高尚的感情。丹卡与母亲的关系中的那种曾经使我感到不安的冷漠态度，通过互相体贴而逐渐变成一种温柔的感情。①

苏霍姆林斯基认为，在复杂的少年期，使孩子在自己的母亲身上发现和体验到爱、人的尊严、正直以及疾恶如仇的精神，这些都具有很重要的意义。当他看到小丹卡对母亲的辛勤操劳无动于衷时，意识到了问题的严重性。教师没有对小丹卡进行理论教育和道德谈话，而是教他做了感恩母亲的两件小事：一是用第一次劳动所得为母亲买了一条丝头巾，二是在母亲生日那天到畜牧场替她劳动。看似平凡的小事，却触动了母子的心灵，在他们的心中激发起了纯洁而高尚的感情。只有在儿童期和少年期就具有高度的人道主义精神——学会做一个忠诚于父母的儿子或女儿，这样的人才能成为一个真正的公民，成为为崇高的理想而奋斗的坚强战士。忠诚并不是俯首帖耳，而是在家庭里建立起高尚的相互关系，为母亲和父亲带来欢乐。

在尊敬父母的教育活动中，苏霍姆林斯基并不只停留在倡导和口号上，而是让孩子身体力行地落实在行动中。

孩子要善于感受到父母内心世界最细微的活动。他们病了，就是你的痛苦；他们工作上不顺利，就是你的不幸。他们的耻辱，不仅是你的耻辱，而且是你的不幸。只有去克服它，才能避免它。如果家里有了痛苦、不幸和不愉快的事，你对家里的安宁就要百分之百地尽到自己的责任。只有顽强地劳动，你才能减轻自己父母的劳动。子女要善于体谅父母的难处，积极地替父母分担忧愁和痛苦。这才是一个子女对父母应尽的职责。

孩子要保护父母的健康，即爱护父母的身体。父母过早地衰老，与其说是劳累带来的结果，不如说是由于内心的不安、痛苦、烦恼和受气所致。儿女的忘恩负义，儿女在劳动、生活、行为方面对自己父母的身体表现出一种

① 苏霍姆林斯基著，蔡汀等主编：《苏霍姆林斯基选集（五卷本）》（第三卷），教育科学出版社 2001 年版，第 437-438 页。

冷漠的态度，这是最伤父母之心的事情。因此，“听从父母的心意，则是公民教育、培养你良心的第一所学校”①。

苏霍姆林斯基还教育孩子们要十分珍惜父亲留下的道德财富。在帕夫雷什中学建校之初，有很多孩子的父亲为了伟大的卫国战争而献出了宝贵的生命。为了教育好这些战争的孤儿，苏霍姆林斯基教育孩子们要像珍藏爱物那样保存着父亲遗留下来的某些东西，“如小红星、钢笔、荷包、小手帕、皮带、旅行包等等。这些都是活生生的人民历史的篇章——是无价的道德财富。没有这笔财富，想进行教育是不可能的。我们极力使每个孩子看到、发现自己父亲身上的那些细线条，正是由于这些细线条才创造出那些非一时的财富——荣誉、自豪和家庭的自尊感等等。要认识自己父亲身上的那些道德财富，这是任何东西都无法替代的荣誉课”。②

苏霍姆林斯基还有一个著名的教育观点：许多高尚的信念都是从崇敬母亲开始的，特别是爱国主义情感也始于对母亲的热爱。“情愿为自己的信仰、自己的信念而牺牲的公民、战士、英勇不屈的人，都是从对母亲的忠诚、无私而慷慨的爱开始的。”③“爱国主义思想是从孩子还是在摇篮里时开始培养的。谁要是不能成为父母亲的真正的儿子，也就不可能成为自己祖国的真正的儿子。”④“爱国主义的形成始于对人的热爱。一颗对生母冷酷的心，断然是谈不上任何美德的。在杂芜的飞廉草丛中不会有玫瑰花盛放。我的青少年朋友们，请理解教育学中一条最简单的真理：人应当爱自己身边的人，和他们休戚与共。就从对母亲的态度做起吧。”⑤

苏霍姆林斯基把热爱社会主义祖国列为公民教育的重要内容。他撰写

---

① 苏霍姆林斯基著，蔡汀等主编：《苏霍姆林斯基选集（五卷本）》（第二卷），教育科学出版社 2001 年版，第 277 页。

② 苏霍姆林斯基著，蔡汀等主编：《苏霍姆林斯基选集（五卷本）》（第二卷），教育科学出版社 2001 年版，第 285 页。

③ 苏霍姆林斯基著，蔡汀等主编：《苏霍姆林斯基选集（五卷本）》（第二卷），教育科学出版社 2001 年版，第 278 页。

④ 苏霍姆林斯基著，杜志英等译：《家长教育学》，中国妇女出版社 1982 年版，第 177 页。

⑤ 苏霍姆林斯基著，蔡汀等主编：《苏霍姆林斯基选集（五卷本）》（第五卷），教育科学出版社 2001 年版，第 460 页。

的《胸怀祖国》一书，全面深入地阐发了这方面的教育理论与实践问题。其中最有启发意义的是，他教育学生热爱社会主义祖国，也如教育学生树立共产主义理想一样，不是凭教条灌输，而是由近及远，由浅入深，做潜移默化的工作。他们先从教育学生热爱自己的母亲开始。热爱母亲从何入手？那就是，让孩子了解和体贴母亲的忧伤和难处；力所能及地分担母亲的家务琐事；在宅旁园地栽植“母亲树”，第一批果实献给母亲品尝；以优秀的在校表现让母亲满意、高兴、自豪；等等。由此扩而广之，学生会为爷爷、奶奶、父亲、兄弟、姐妹献出爱心，付出行动；再扩而广之，为学校、为家乡献出爱心，付出辛劳，做出贡献，如栽种花草树木，打扫庭院，美化周围环境；在此基础上，继续扩而广之，为家乡父老乡亲，尤其是孤老病残乡亲，献出爱心，施以善行。苏霍姆林斯基就是这样，从热爱父母亲人、热爱家乡的一草一木做起，引导学生达到热爱社会主义祖国这一最高目标。

人的第二次诞生：培养高度的义务感

当儿童进入少年期之后，身体和心灵会发生许多变化，苏霍姆林斯基把少年作为人的第二次诞生。“第一次诞生的是一个活的生物，第二次诞生的则是一个公民，一个不仅看到周围世界，而且也看到自己本身的积极的、有思想的、正在起作用的人。”[①] 也有人把这个时期称为“心理断乳期”。苏霍姆林斯基从公民诞生的角度来认识这个时期少年的特征，因为这是人的世界观、价值观开始形成的时期，是人既关注外部的物质世界，又关注人与人的社会交往，也关注自己内心世界的时期。

当儿童成为少年之后，苏霍姆林斯基特别注意对他们进行各种与公民素质相关的道德品质的培养，尤其注重对孩子义务感的培养。什么是义务感？“人的内在本质，他那决定一切和一切由之生发的主根，是义务，是每个人在社会主义祖国面前，在人民的意识和道德财富面前，在他人的命运、欢乐、幸福、生活、生死面前觉悟和感受到的自身责任。义务——是道德的焦点、精神的核心，决定着我们期待于学生的一切：对共产主义理想的公民

① 苏霍姆林斯基著，蔡汀等主编：《苏霍姆林斯基选集（五卷本）》（第三卷），教育科学出版社 2001 年版，第 479-480 页。

忠诚，善于使个人利益服从于公共利益，在服务社会中把个人的生活变成美的生活，对敌人毫不妥协，为了祖国的名誉、庄严、光荣准备献出自己的生命，情愿和善于为他人做好事。”因此，义务感的培养是学校德育工作的目标，也是孩子们所达到的一定的精神高度。“义务感的培养是共产主义教育的基础和核心。学校教育的目的就是培养具有高度义务感的人。”① 我们的座右铭是：“人并不是自己的情感和冲动的奴隶，而是它们的主人。”②

苏霍姆林斯基要求，教育学生怎样做父母的第一所“学校”，就是在儿童、少年和青年早期对他们进行完满的道德教育。教师如果关心使自己的每一个学生都成为一个好的父亲或母亲，他就会看到：树立一种极其重要的道德特征——积极的义务感，是一项具有重大教育意义的任务。因此，道德教育的决定性条件之一，就是要努力做到使每一个学生早在童年和少年早期就懂得自己对别人的生活、健康、精神安宁和幸福负有劳动的责任和道德的义务，认识到逃避劳动、不负责任是一种可鄙的品质。③

孩子义务感的培养既有学校和教师的责任，更有父母和家庭的责任。苏霍姆林斯基曾举过两个条件相似的家庭却培养出迥然不同的孩子的例子：

在第聂伯河畔的一个村庄里，塔季扬娜和纳塔利娅比邻而居。两人同一日子出嫁，同一星期分娩。塔季扬娜生的儿子取名尤拉，纳塔利娅生的儿子取名维克托。1941 年 6 月，她俩送丈夫上前线，成了军属，两个儿子都已 14 岁，身材高大，体格健全。德国鬼子来到第聂伯河岸，开始把青年人押往德国服苦役。尤拉和维克托为了躲避苦役，藏在了第聂伯河河滩中一个小岛上。年轻人在这洞穴里住了一年多，苏军解放故乡后才回到家里。塔季扬娜和纳塔利娅同一星期收到了阵亡通知——丈夫在斯大林格勒附近牺牲了。

11 月里一个晚上，尤拉离开了家，留给母亲一张字条：“亲爱的妈妈，

① 苏霍姆林斯基著，蔡汀等主编：《苏霍姆林斯基选集（五卷本）》（第五卷），教育科学出版社 2001 年版，第 693 页。

② 苏霍姆林斯基著，蔡汀等主编：《苏霍姆林斯基选集（五卷本）》（第一卷），教育科学出版社 2001 年版，第 113 页。

③ 苏霍姆林斯基著，蔡汀等主编：《苏霍姆林斯基选集（五卷本）》（第一卷），教育科学出版社 2001 年版，第 112–113 页。

我不能待在家里，投奔红军去了。我要为父亲报仇。”塔季扬娜恸哭了一些时日，开始等待儿子的书信。

而维克托在征召入伍之前，却像石沉大海，无影无踪了。纳塔利娅向邻居和区军事委员会的工作人员说：他大概是自动跟着路过的部队走了。后来塔季扬娜又收到了儿子的阵亡通知：尤拉英勇地战死在喀尔巴阡山。随在阵亡通知之后寄来的，是儿子的军功章——4 枚奖章和 1 枚红星勋章。母亲悲痛欲绝。

就在 1945 年 4 月胜利前夕，纳塔利娅来到村苏维埃报告说，她的儿子逃避入伍，躲在荒岛上的一个岩洞里。“我哭着劝过他，一点用处也没有，”纳塔利娅说，“我如今活在世上简直是受罪。”人们找到了维克托，审判了他。但母亲不知道判决，她自杀了。维克托被释放出狱，在工兵营服役 3 年后回到了家。

后来维克托结了婚，成了一名拖拉机手。他在第聂伯河畔的一个村庄里干活，他的两个女儿出嫁，一个儿子也参加了工作。但村民们议论纷纷：维克托是个冷酷无情、麻木不仁的家伙，女儿出嫁后，他从不登门做客，也不请她们回家（这在村里被认为是严重的道德缺陷）。他的同事们还说：要求维克托完成定额的工作任务，他都能照办，但有时叫他帮帮同事，或为公共事业干点活，他就像农机队长形容的那样：“像堵石墙，纹丝不动。”[①]

苏霍姆林斯基对这两个孩子的不同命运进行了深刻的深思：尤拉和维克托，出生在相同背景的家庭里，曾在同一所学校上学，一起参加少先队，一起长大。但为什么他们的命运如此不同呢？造成这个区别的根本原因在于他们从小所受到的不同的家庭教育。

是的，乍看起来，维克托和尤拉似乎过着同样的生活，受着同样的教育。但大始于小，主根在童年之初往往只有头发丝那么细微。在一次交谈中，村里的哲人尼古拉爷爷帮助我看到了这根细微的头发丝。他说：“维克托的心眼儿关闭得严严的……眼睛看得见，但心眼儿是瞎的……自己一个人单

① 苏霍姆林斯基著，蔡汀等主编：《苏霍姆林斯基选集（五卷本）》（第五卷），教育科学出版社 2001 年版，第 689-691 页。所引内容进行了缩写。

独活着。而尤拉自幼心胸坦荡，他的心在童年时就对别人知痛知痒——这是人之美的所在啊……”

有一次，维克托的母亲病了。可儿子得去参加少先队野营。家人向孩子瞒了母亲的病。纳塔利娅自己也说：“何必叫孩子不安心呢？别让孩子的心灵蒙上某种阴影吧……”而尤拉的童年生活则完全是另一个样子。他向人的种种感受一律敞开心扉。外公外婆住在邻庄，距本村有 10 千米之遥。孩子给他们送去新酿成的春蜜、新成熟的苹果、新采下的核桃。尤拉童年的生活充满欢乐、忧虑、激动、操劳。我更清楚了：什么是体贴入微、易受感动的心灵，而冷漠的胸怀会导致怎样的后果。①

因此，父母从小培养孩子的义务感，要从小事和细节做起，让孩子分担父母的忧愁，共享父母的欢乐。“我深信，一个人个性的基础，即公民的忘我精神和对共产主义理想忠诚的核心，就是义务感。”“生活越来越使我信服，一个人如果在童年和少年时代对生他养他，教他立身做人的人，没有感恩戴德的感情，他就会变成一个冷酷、残忍的家伙。”②

当孩子成长到一定年龄后，必然要面临着道德是否成熟的问题：“一个人的成熟不是突然到来的。如果家长在某一天突然证实了自己的孩子已经变成了成年人，而不得不采取紧急的措施，那么社会就接受了一批 20 岁的小孩子，他们只是在生儿育女方面成熟了，而在道德上却并未成熟。”③ 培养孩子道德的成熟性，这是全面发展教育的一个重要问题。

苏霍姆林斯基认为：“学校是一个幸福的童年时代的世界，但是照耀这个世界的思想，应当是想到儿童在明天将要变为成年人。成年人应有的思想、道德和观念——这一切都应当逐渐地进入无忧无虑的童年时代的世界。培养道德成熟性是一个复杂的过程，它涉及正在形成的个性对自然和社会环境的

---

① 苏霍姆林斯基著，蔡汀等主编：《苏霍姆林斯基选集（五卷本）》（第五卷），教育科学出版社 2001 年版，第 694-695 页。

② 苏霍姆林斯基著，蔡汀等主编：《苏霍姆林斯基选集（五卷本）》（第五卷），教育科学出版社 2001 年版，第 697 页。

③ 苏霍姆林斯基著，蔡汀等主编：《苏霍姆林斯基选集（五卷本）》（第一卷），教育科学出版社 2001 年版，第 114 页。

态度的一切领域，从家庭中的相互关系直到履行公民义务。”[①] 孩子的道德成熟性不会自然而然地到来，其培养过程也是一个长期而复杂的过程，需要学校和家长做出长期共同的努力。劳动教育在青少年成长过程中具有特别重要的意义，苏霍姆林斯基主要通过培养青少年对待劳动的态度，来积极培养他们的道德成熟性。

与道德成熟性相关联，苏霍姆林斯基还提出了一个重视少年和青年的社会成熟性的问题。他认为：“少年和青年社会成熟性的最主要标志，是对家庭开支的劳动贡献。我们认为，让男女青年在学校毕业前往往只当一名物质财富的消费者，是完全不应该的。这是部分青年幼稚病的基本原因。我们和家长一道关心中、高年级学生的社会成熟性，力求使每个男女青年都参加社会生产、认真从事劳动，这不是为了学校通常提出的教育的目的，而是为了物质目的——为了创造物质财富。……在劳动中学校教育的感觉越少，确切些说，学究式教育的感觉越少，劳动的真正教育意义就越深刻。由于学校和家庭的理想一致，对少年和青年的劳动生活要求一致，我们形成了一个传统。”[②] 这个传统就是让孩子从 12 岁就开始，让少年通过自己的劳动挣得费用来购买自己全年的衣服和教科书、教辅材料。苏霍姆林斯基认为：“如果少年和男女青年的劳动不是一种十分认真的大人事情，我们甚至就不可能同家长来谈论他们子女思维的成熟性、做功课的独立性、公民的责任心、男女青年建立自己家庭的精神准备等问题。”[③]

由此可见，苏霍姆林斯基对青少年道德情感的培养是多么全面、丰富、深刻，这也是一座需要我们认真挖掘和研究的教育宝藏。

---

① 苏霍姆林斯基著，蔡汀等主编：《苏霍姆林斯基选集（五卷本）》（第一卷），教育科学出版社 2001 年版，第 114 页。

② 苏霍姆林斯基著，蔡汀等主编：《苏霍姆林斯基选集（五卷本）》（第二卷），教育科学出版社 2001 年版，第 704-705 页。

③ 苏霍姆林斯基著，蔡汀等主编：《苏霍姆林斯基选集（五卷本）》（第二卷），教育科学出版社 2001 年版，第 705 页。

第四章

Chapter 4

教育孩子是每个公民最重要的义务

苏霍姆林斯基非常明确地指出家长在教育孩子方面的责任："教育人，教育自己的子女——这是一个公民的最重要的、第一位的社会工作，是他作为公民的义务。"[①]在进行认真调查研究的基础上，他和同事们对家长进行各种形式的家庭教育指导与培训活动，他们的家庭教育的内容十分丰富，包括孩子成长的各个方面，而最主要的还是对孩子进行劳动指导和智力开发等。劳动对孩子智力的开发具有十分重要的意义，"儿童的智慧在他的手指尖上"[②]。要从小培养孩子热爱劳动和参与劳动的良好习惯，劳动在对培养孩子全面发展中具有特殊的意义。

学习是儿童和青少年的主要任务，学校和家庭要尊重孩子们的成长规律，努力为他们的学习创造良好的条件。苏霍姆林斯基通过举办家长学校等形式，培养家长在促进孩子智力发展方面形成基本的素养与能力。家长要注意督促和帮助孩子复习和预习好功课，养成良好的学习习惯，为孩子创造一个良好的家庭学习环境。

在此基础上，学校还要指导青少年学生及早学习家庭教育知识，做好当父母的准备，为将来做一个合格的家长掌握一些必备的知识。

---

① 苏霍姆林斯基著，杜志英等译：《家长教育学》，中国妇女出版社 1982 年版，第 138 页。

② 苏霍姆林斯基著，杜殿坤编译：《给教师的建议》，教育科学出版社 1984 年版，第 77 页。

第一节 认识世界从劳动开始：儿童的智慧在他的手指尖上

苏霍姆林斯基非常重视儿童的劳动教育，他是从促进人的个性和谐全面发展的高度来看待劳动教育的，他认为劳动教育是德育、智育、体育、美育的基础。在他的教育理论体系中，劳动教育是其整个教育体系的一个重要组成部分。他把劳动比喻为儿童成长“强大的教育力量”①。并且一再强调：“儿童的智慧在他的手指尖上。”②他还十分明确地说明过“劳动”概念的基本含义，远比我们所理解的“劳动”一词含义广泛得多，它包含着劳动观点和劳动态度、劳动技能和劳动技巧、劳动思想和劳动作用等方面的内容。因此，苏霍姆林斯基认为：

幸福不是美味的烤鸡，一伸手就可抓到。这是一座实实在在的建筑物，必须一砖一石地去建造。我所设想的儿童劳动，是一个涉及多方面内容的非常广泛的概念。这里既有苦其心志、劳其筋骨的努力，也有意志和精神的紧张，并在此过程中张扬个性，确立自我，决定自己的抑恶扬善斗争中的立场。③

苏霍姆林斯基非常重视劳动锻炼在家庭教育中的作用。苏霍姆林斯基说：“我确信，儿童的认识世界，首先应当是认识劳动。家庭教育最重要的一环，是孩子的劳动锻炼。”④他特别强调，对孩子的劳动锻炼，一定要从小开始：“孩子的劳动，应当从学会拿小勺开始，从学着从餐盘往嘴里送食时开

---

① 苏霍姆林斯基著，蔡汀等主编：《苏霍姆林斯基选集（五卷本）》（第五卷），教育科学出版社 2001 年版，第 646 页。

② 苏霍姆林斯基著，杜殿坤编译：《给教师的建议》，教育科学出版社 1984 年版，第 77 页。

③ 苏霍姆林斯基著，蔡汀等主编：《苏霍姆林斯基选集（五卷本）》（第五卷），教育科学出版社 2001 年版，第 647 页。“苦其心志、劳其筋骨”原书写作“劳其心智、乏其肌肤”。

④ 苏霍姆林斯基著，蔡汀等主编：《苏霍姆林斯基选集（五卷本）》（第五卷），教育科学出版社 2001 年版，第 500 页。

始。学生在家庭里的劳动，是人际关系文明的基础。”①

苏霍姆林斯基教育孩子首先要认识父母的劳动。苏霍姆林斯基说：“我总是努力使儿童注视父母亲的劳动，使之产生上述这种惊奇和激动的感情，确立起从事劳动的愿望”②。其目的是使之通过劳动感受到无与伦比的欢乐和自豪。父母的劳动，在孩子们面前揭示了这样的真理：父母亲生活中的劳动——这是他们对许多人尽的义务，只是由于尽了这种义务，一个人才能获得自己的社会地位，他才会受到人们的尊重、敬仰和珍视。孩子借此学会尊重劳动，进而热爱劳动。

苏霍姆林斯基十分注意让孩子参加力所能及的家务劳动，鼓励孩子们主动为亲人做好事。家务劳动是家庭中“人们相互关系修养的基础”③。孩子在家庭中也应分担其力所能及的劳动，使孩子在家务劳动中学会关心、体贴亲人。“孩子的劳动锻炼是家庭教育的最为重要的组成部分。人民教育学最根本的原则应是培养人们树立劳动的思想。孩子，从学会拿小勺由盘子里取食物往嘴里送的时候起，他们就应当受到劳动的教育。家务劳动，在我们学生家里是人们相互关系修养的基础。人的劳动思想，像一条红线贯穿着他的成功与幸福。”④

苏霍姆林斯基还将劳动比喻为“最用心和最可靠的监护人”。他告诫孩子的家长们，要让孩子享受到自己劳动的过程和劳动成果：

亲爱的父母亲们，不要害怕儿童参加劳动，不要让自己的小不点儿回避劳动！当您看到孩子提着小水桶一桶又一桶地浇灌花木和葡萄，累得热汗淋淋时，您用不着惊慌。这种劳动对他说来是一种欢乐，一种世界上其他欢乐都不能与之相比的欢乐。在这种劳动中，他不仅在了解周围世界，而且在了解自我。而童年的自我教育，正是始于对自我的认识。这种认识是充满欢乐的：一个5岁的男孩栽培一丛玫瑰，他惊讶地看到的是自己亲手创造的成

① 苏霍姆林斯基著，蔡汀等主编：《苏霍姆林斯基选集（五卷本）》（第五卷），教育科学出版社2001年版，第500—501页。

② 苏霍姆林斯基著，杜志英等译：《家长教育学》，中国妇女出版社1982年版，第196页。

③ 苏霍姆林斯基著，杜志英等译：《家长教育学》，中国妇女出版社1982年版，第52页。

④ 苏霍姆林斯基著，杜志英等译：《家长教育学》，中国妇女出版社1982年版，第52页。

果——奇美的花朵，同时他也在观察自己："难道这真是我干出来的？"孩子在感受这无与伦比的幸福时，也在认识自己，而且会成为父母在教育中志同道合的朋友和助手。[①]

在春天来临时，苏霍姆林斯基要求孩子们在父母的宅旁园地栽种几丛玫瑰，创造一种美的环境，好让父亲、母亲、祖父、祖母看了高兴。从这种劳动中，孩子既感受到为人们创造美和做好事的喜悦，又得到了对美的幻想，学会了珍惜劳动成果，"他看到，开花的苹果树，熟了的葡萄串，仿佛沉思着的五颜六色的菊花，都体现着人们的心思和劳力。他不能下手去折断树枝，或是将花揪下，原因很简单，因为'良心不允许'"[②]。"假若这位小孩，即在世上生活了 11 至 12 年的孩子，在他回忆自己的童年时，若看不见自己劳动生活的成果，那他就不能怀着满意的心情向自己说：这些为人们乘凉的小绿树林是我栽的——为大家！那么这种教育就是片面的。"[③]

劳动还是增强孩子体质的重要手段。苏霍姆林斯基认为："体力劳动在完美体魄的培养中所起的作用，同运动一样重要。人不经受正常的极大疲劳，就不可能充分领略休息的愉快。"[④] 苏霍姆林斯基和家长们一起，定期组织孩子们参加一些必要的体力劳动："我校学生从进校的最初日子起就从事体力劳动。"他还对各年龄段孩子的劳动量做了必要的规定：一是 7 岁的幼儿，可以照管果树和葡萄，培育秧苗，收集种子和进行选种等；二是学龄中期和晚期孩子的户外劳动，每天达两三个小时；三是少先队员暑期在自建夏令营中度过两三周；四是高年级学生夏天至少在野外生活劳动两三周，冬季在天气不太冷的时节，在户外劳动 10-12 天。通过坚持参加劳动，孩子们的体质增强了，伤风感冒很少见了。"让一个人在童年时就健壮起来，使他不致在身体虚弱、精神萎靡的状况下进入青年期——这意味着赋予他充分完满的所有生

① 苏霍姆林斯基著，蔡汀等主编：《苏霍姆林斯基选集（五卷本）》（第五卷），教育科学出版社 2001 年版，第 648-649 页。

② 苏霍姆林斯基著，杜志英等译：《家长教育学》，中国妇女出版社 1982 年版，第 146 页。

③ 苏霍姆林斯基著，杜志英等译：《家长教育学》，中国妇女出版社 1982 年版，第 52 页。

④ 苏霍姆林斯基著，赵玮等译：《帕夫雷什中学》，教育科学出版社 1983 年版，第 173 页。

活乐趣。”[①]

苏霍姆林斯基还十分注意，要使孩子从小小年纪开始的劳动最大限度地人道主义化，它包括两层含义：一是用造福他人、社会和祖国的强烈意愿使之充满崇高精神；二是要使劳动成为人的一种常态和一种习惯。“只有当劳动成为人际关系的纽带时，它才会成为幸福的警觉卫士和取之不尽的源泉。童年时通过劳动表现出来的待人态度，会成为成年时公民义务感的基础。”[②]苏霍姆林斯基还特别注意将家庭中的劳动与学校中的劳动紧密结合起来，为培养孩子健全的人格打下坚实基础。

请看下面的一则教育案例，看看苏霍姆林斯基是怎样通过学校的教育来改变家庭教育不良影响的：

米佳到我们学校来念书时已经是个8岁的孩子了，上学前他整整病了一年。米佳心灵手巧，大大超过许多与他同年岁的孩子。开学一个星期后，我们到森林里去游玩，让孩子们采集树叶和花种。米佳仔细地把树叶分成几种，可是他不中意我做的纸袋，决定自己动手重做。看着他做的纸袋又精巧又好看，我发愣了。

“你从哪儿学会这样做纸袋的呢？”我问道。

原来这个孩子大约从5岁就开始劳动了。在秋天和冬天晚上很长的时候，他帮助母亲把花种装进一个个纸袋。他们家的院子里种了许多花，并且专门留着两大畦花做种。“妈妈在市场上卖花种，”最后米佳骄傲地对我说，“我们家用赚来的钱买了一头奶牛和三头肥猪。我也帮妈妈卖花种。我也会数票子，能数到一百卢布哩。”

他一边说着话，一边手不停地裁纸，做纸袋。这种不是一般孩子所能有的灵巧使我十分吃惊，他那熟练的动作已经达到机械的程度，这是他曾经做过成千上万只纸袋的结果。这些纸袋他毫不费劲就做得十分精美，可是这种美却是一种枯燥而又单调的美。

跟米佳的家庭接触以后，我才了解到他的父母，特别是爷爷和奶奶，

① 苏霍姆林斯基著，赵玮等译：《帕夫雷什中学》，教育科学出版社1983年版，第175–176页。

② 苏霍姆林斯基著，蔡汀等主编：《苏霍姆林斯基选集（五卷本）》（第五卷），教育科学出版社2001年版，第651页。

是在发家致富的气氛中教育这个孩子的。每逢米佳在观察蜜蜂用吸管吸取花蜜的时候，他的脑中便涌现出许许多多的问题：为什么一些花到了秋天就凋谢，而另一些花又开始吐蕊呢？可是母亲却阻止了孩子的这种求知欲，严厉地教训道："蜜蜂都知道它该在哪里飞，你也去做你自己的事好啦！从熟透了的花中去选种吧，把种子包进纸袋里……要当心，一粒花种都不能丢，每一粒都是钱呐。别去折树枝，树上的每一朵花就是一只果子，果子不仅可以晒干，而且可以制成果子酱，还可以卖钱哩。"

米佳只好去干活，在他眼里出现的求知的思想火花熄灭了。这种活既单调又累人，手都麻木了。活干完了，母亲给孩子吃香喷喷的蜂蜜，慷慨地犒赏自己的儿子，并且说："这就是你劳动赚来的。"

每逢秋天来临，父亲就叫米佳到葡萄园去帮他剪枝。"把这些棍棍剪下来干吗？"米佳问道。

"这不是棍棍，这是树条。到春天咱们插到土里，就能长出葡萄苗来。每一株葡萄苗在市场上要卖一个卢布哩。"

米佳默默地数了数，足有几百株，这要卖多少钱呀！米佳问父亲："要是我种出五百株葡萄苗，咱们能赚到多少钱呢？"

"呃，你自己去算算吧，你已经是个小学生啦。"

用什么才能抵挡父亲灌输进米佳心灵中的那种赚钱的欲望呢？我找到了唯一的办法，那就是要使他爱上某一件事情，在他身上唤起没有私心的欢乐，这种欢乐在他沉浸在心爱的劳动之中的时候能占据他的心，这就是那种不计较劳动报酬却能使人激动的欢乐。

那年秋天，学校开始在夏天建成的小温室里进行有趣的实验。学生们运来肥沃的土壤，用它来培植果树。米佳也经常参加这些劳动。他想自己动手嫁接幼苗，培育出一棵柠檬树来。大自然给他的天赋帮助他很快就掌握了陌生的工作。他嫁接的幼苗很快就成活了，并且长出了生命力旺盛的幼芽。米佳十分欣赏他嫁接的植物。父母亲利用每一畦葡萄和每一株苹果树发家致富的欲望再也不能进入他的心田了。

栽种在阳光实验室里的葡萄有一丛在冬天结果了。这对于孩子们来说是个多么大的喜讯！这对于我来说尤其兴奋，因为这畦葡萄是由米佳照管的。

春天，米佳的父亲点了点葡萄苗的数目，准备从自家苗圃里挖出来到市场上去出售。这些苗足有五百多株，米佳不得不给父亲去帮忙。可是在赶市的前一天下起雨来，父母只好延期赶市。于是是米佳给了同学们每人几株。村子里立刻就传扬开了，说米佳在赠送葡萄苗。成年人也到米佳家的地里来要葡萄苗，米佳为能给人们做好事而感到非常自豪。傍晚时分，米佳的父母回来了，剩下的葡萄苗只不过三十来株，其余的都被米佳散发出去了。

父亲发呆了，他无法明白儿子为什么要把一大宗收入白白送给别人，他认为儿子的这一举动是愚蠢的，是不可思议的浪费钱财。集体农庄庄员们一个个来到他们家，感谢他家的礼物，夸了米佳一番，使得父亲、母亲、爷爷不好意思开口责骂孩子。庄员们的夸奖比起父亲的不满来更加深入孩子的心田。

他们修建了两座苗圃。得知孩子们这一创举以后，庄员们都来帮忙。苗圃用的插枝，米佳不仅从学校地里取来，而且也从自家的地里取来。父亲对儿子的这一举动只是挥手叹气，毫无办法。

学校的苗圃渐渐变成了公共的苗圃。我看到，孩子们同大人在一起劳动是多么高兴啊。这种劳动对于他们来说好像是过节一般。①

在这个案例中，米佳从小就受到爷爷奶奶和父母“一切为了金钱”这一私有观念的教育，父母长期的影响扼杀了孩子求知的欲望和善良的性格。经过仔细思考，苏霍姆林斯基和老师们找到了一个解决的办法，那就是“要使他爱上某一件事情，在他身上唤起没有私心的欢乐，这种欢乐在他沉浸在心爱的劳动之中的时候能占据他的心，这就是那种不计较劳动报酬却能使人激动的欢乐”。于是米佳在教师的引导下，积极参加了学校的阳光实验室（小温室）嫁接果树苗的实验，在实验过程中品尝到了创造性劳动的乐趣。而到后来，他自觉地把父母培育的葡萄苗无偿地赠送给同学和庄员们，更是他善良人格的唤醒。至此，我们可以说，米佳自己“人的初稿”中一切优秀的品质都表现出来，并达到了完美的程度。

为了培养孩子养成热爱劳动的习惯，苏霍姆林斯基注意跟家长联合在一

① 苏霍姆林斯基著，尹曙初译：《关于人的思考》，湖南教育出版社 1983 年版，第 19–26 页。所引内容进行了缩写。

起，让孩子体验到劳动的欢乐。在帕夫雷什中学，教育者力求让儿童从小就量力而行地为家庭中年长的成员创造物质的和精神的福利，并且在这种创造中找到欢乐。“几年以前，我们跟家长们商量好：在每一个家庭里，都让儿童在指定的隆重的一天栽一棵树，献给母亲、祖母、祖父、父亲，然后由儿童照料这些树。当果树结果的时候，儿童把第一批水果奉献给长辈。这已经成为一条传统。它能帮助树立对劳动的崇拜，对于儿童的德育、美育和体育都有重大的意义。”①

在家长学校的各个组里，老师们都告诉家长，要给子女灌输这样的信念：劳动不仅是一种神圣的义务，而且也是一种欢乐。“我们对家长们说：如果你们想让子女成长为关心体贴别人的人，让他们把父母当成世界上最亲爱的人，那就必须使他们把全部生活建立在劳动的基础上，而且最主要的是，要用高尚的思想和动机去激励这种劳动。”② 否则，“如果儿童只顾享受别人创造的福利，那么他长大了就会蛮横地对待别人——首先是对待父母，而他自己也会沦落为不幸的人”。③

还有很重要的一点，苏霍姆林斯基强调：“要把儿童、少年、青年的劳动纳入家庭经济物质生活。使它成为其中不可缺少的有机组成部分，使母亲和父亲把它看作是子女的神圣义务，这一点具有极其重大的意义。……劳动只有成为经济上的需要时，才具有教育力量。如果是这样，那么，其他一切就会如常言所说，迎刃而解了：学习也是劳动，父亲患病不能工作这件事，也会引起少年像成年人那样认真思考。”④

把孩子的劳动纳入经济物质生活，苏霍姆林斯基还要求孩子们多参加集体生产劳动。苏霍姆林斯基举例说：年龄较小的七八岁的儿童可以跟母亲和姐姐、哥哥一起在养蚕小组劳动。九岁十岁的儿童除了养蚕小组的劳动外，还可以挑选玉米棒子留种，采集菜籽，捡拾农家肥并施到菜地里去。十一二

---

① 苏霍姆林斯基著，杜殿坤编译：《给教师的建议》，教育科学出版社 1984 年版，第 532 页。

② 苏霍姆林斯基著，杜殿坤编译：《给教师的建议》，教育科学出版社 1984 年版，第 532 页。

③ 苏霍姆林斯基著，杜殿坤编译：《给教师的建议》，教育科学出版社 1984 年版，第 531 页。

④ 苏霍姆林斯基著，蔡汀等主编：《苏霍姆林斯基选集（五卷本）》（第二卷），教育科学出版社 2001 年版，第 706 页。

岁的儿童，可以晾晒干草，收摘蔬菜和水果，放牧牛羊。通过组织这些有意义的劳动，才能真正发挥劳动在培养个性全面发展人才中的作用："我们深信，只有通过有汗水、有老茧和有疲乏的劳动，人的心灵才会变得敏感、温柔。通过劳动，人才具有用心灵去认识周围世界的能力。"①

在我们目前的家庭中，随着生活条件的提高和家长劳动观念的转变，孩子们正与劳动越来越远。不少孩子从小过着"饭来张口、衣来伸手"的生活，连基本的生活自理能力都不具备，何谈参加家庭劳动呢？家里的一切家务劳动都由家长代替。有的孩子到了六七岁上小学的年龄，在家中还不会叠被子、系鞋带、穿衣服，下午放学后或到了周末时间，不是做作业，就是参加培训班和补习班，孩子越大越不喜欢劳动。在学校里，原来中小学的劳动课也大多被取消，孩子们在学校内也根本没有参加劳动的机会，更不用说参加社会生产劳动了，这对孩子的健康成长与全面发展是极为不利的。我们应当转变教育观念，让孩子多参与家庭劳动和学校劳动，培养孩子们的劳动观念，养成热爱劳动的习惯，这才能够适应培育新时代祖国建设者的根本要求。

第二节　教给孩子思考：关注孩子的智力发展

苏霍姆林斯基指出：学生的主要任务是学习。在同家长们进行座谈时，苏霍姆林斯基首先要求他们："要教给孩子思考。"②

家长要在孩子的智力教育方面承担起重要责任。苏霍姆林斯基倡导要在唱摇篮曲的同时就参与孩子的学习。苏霍姆林斯基认为，3 岁之前是孩子奠定智能的重要阶段。在这个阶段，家庭对孩子的智育显得特别重要。"智慧训练开始得离儿童出生的时间越远，这个孩子就越难教育。"③ 关于这一点，可能有些教师忘记了，而有些家长则根本就不懂。直到现在，在家长们中间还流行着一种错误看法：在入学以前还是让儿童的头脑像干净的白板一样保留

---

① 苏霍姆林斯基著，蔡汀等主编：《苏霍姆林斯基选集（五卷本）》（第二卷），教育科学出版社 2001 年版，第 707 页。

② 苏霍姆林斯基著，杜志英等译：《家长教育学》，中国妇女出版社 1982 年版，第 44 页。

③ 苏霍姆林斯基著，杜殿坤编译：《给教师的建议》，教育科学出版社 1984 年版，第 323 页。

着吧，不要教孩子认识一个字母，不要教孩子读书，这样到入学后才能学得更好。在学龄初期所反映出来的学前教育的一个特别危险的毛病，就是儿童所处的周围环境没有促进他的认识欲望的发展。没有认识的欲望实质上就没有智育。

苏霍姆林斯基曾留心考察过每个孩子从出生一直到入学的家庭环境情况："开始发现一些有意义的规律，如果在学龄前期，孩子无人照管，如果成人不为孩子提供人的正常环境所不可缺少的大量信息，那么孩子的大脑就处于消极状态：好奇心和求知欲就会消失，会出现漠不关心的状态。"①

他曾经举过一个童年家中无人照管而对成长造成影响的佩特里克的故事：

佩特里克小时候无人照管。妈妈和爷爷一早就上班，孩子一个人留在家里。他被安置在棚檐下或围着栅栏的草坪上。不时由女邻居来探视一下，看孩子是否安然无恙。佩特里克从 2 岁到 5 岁，受的就是这样的"教养"。这是一种"毫无精神活动"的教养。孩子的吃穿都很好，就是缺少最主要的东西——周围没有人照管。佩特里克从 5 岁起就同孩子们，主要是同同年龄的儿童，在街上嬉耍。他入学的时候，连最简单的俄语单词的含义都不知道。他那掠过周围各种物件的冷漠目光，使我觉得好像是一个小老头儿的目光。这就是说，孩子生气勃勃的思维体——大脑半球皮层细胞——处于消极状态，因为神经系统形成的最重要的阶段——大脑的幼年时期——孩子缺乏来自周围世界源源不绝的信息流。②

在童年成长的关键阶段，小佩特里克因家中无人照管，而错过了他智力开发的黄金时期，导致他在入学时不但连最简单的俄语单词的含义都不知道，甚至观看周围事物用的也是冷漠的目光。如果对他进行智力教育，让他达到一般孩子的水平，就可能要花费更多的时间和精力。因此，在儿童成长

① 苏霍姆林斯基著，蔡汀等主编：《苏霍姆林斯基选集（五卷本）》（第三卷），教育科学出版社 2001 年版，第 188 页。

② 苏霍姆林斯基著，蔡汀等主编：《苏霍姆林斯基选集（五卷本）》（第三卷），教育科学出版社 2001 年版，第 188-189 页。

的关键阶段，家庭与父母对其智力的开发是多么重要。

为了有效地指导好家长对学龄前儿童智力的培养与开发，苏霍姆林斯基特别重视对这些家长的教育："我为学前儿童的家长们编写了一些建议材料，说明怎样逐月地、逐年地在儿童面前揭示自然界、劳动、艺术、人的相互关系等构成的这个多方面的世界，逐步地激发儿童的认识愿望。我在两年时间里向学前儿童的家长们讲述，怎样通过让儿童认识各种现象来培养敏锐的观察力、注意力和求知欲。同时，要特别注意在其相互联系中发展思维和言语。有几讲是专门谈'怎样教给儿童看见世界'这个课题的。我谈到，在使儿童了解自然界的时候，怎样教给儿童看见那些乍一看来所看不见的东西即隐蔽的东西，怎样向儿童指出事物的因果联系。"[①] 通过这种具体而详细的指导，不仅提高了家长的教育能力，也更有效地促进了儿童的智力发展。

在我们目前的教育现状下，家长适时、适度地关注孩子的学习，是对学校教育的完善和补充。在现实的家校工作中，家长对孩子的德育关注度比较高，对智育（特别是语言训练与发展）方面的关注度比较低。苏霍姆林斯基一再强调，改变学生的前提是，家长和教师都要拥有乐观的心态，始终相信学生一定能有所长进，要求家长在智力教育方面担负起一定的责任："为了保持这种乐观主义的火花，很重要的一点就是要使母亲和父亲也能守护儿童的知识的摇篮，直接参与对儿童的教学，跟儿童一起为他们的进步而高兴，关心他们的成功和忧愁。'母亲教育学'这不仅是家长对儿童进行教育，而且包括进行教学。"[②] 苏霍姆林斯基倡导家长直接参与孩子的学习活动，与孩子共同成长，不仅仅局限于查缺补漏，提高孩子的考试成绩，更重要的是学会换位思考，感受孩子在学习中的艰辛和不易，进而学会尊重和理解孩子。例如，家长埋怨孩子学习成绩差，作文写得不好，是因为他们没有亲身参与进来。要调动家长参与的积极性，提高家长的习作指导能力，从而实现"一对一"的学习指导，的确是值得每位教师研究的课题。

让孩子们体验到脑力劳动的人道化，以激发其愿意好好学习的愿望与动力。"我坚信，儿童脑力劳动的人道化，使这种劳动由于想要给亲爱的妈妈

① 苏霍姆林斯基著，杜殿坤编译：《给教师的建议》，教育科学出版社 1984 年版，第 527 页。

② 苏霍姆林斯基著，杜殿坤编译：《给教师的建议》，教育科学出版社 1984 年版，第 116-117 页。

和爸爸带来快乐而高尚起来。这是推动儿童自觉而勤奋地从事脑力劳动最有力和最强大的刺激力量。对人热忱和富有同情心的儿童，会在乍看起来并无不良行为的地方也觉得有表现不好之感。四年级学生科利亚有一天对我说：‘我应该好好学习，妈妈有心脏病。’这孩子感到，假如他的成绩单上出现了不及格的分数，母亲的心是会难过的。他想要让母亲放心。他知道，用自己的劳动可以使母亲放心，不让她不安。”[①] 对于孩子的父母来说，如果你想使孩子愿意好好学习，并力图以此给家庭带来快乐，那就要珍惜、爱护和发展他作为劳动者的自豪感。也就是说，让孩子看到自己取得的学习成绩，体验到自己学习上的进步，不可让儿童由于落后或有什么不行而感受到无穷的痛苦。

需要特别指出的是，苏霍姆林斯基还坚持让父母直接参与到跟孩子一起学习的活动中："为了保住这个乐观主义的星星之火，非常重要的是，要让母亲和父亲，形象地说，站在儿童知识的摇篮旁，直接参与他的学习，同他一道为他的成绩而高兴，对他的成功和不快表现出由衷的关切。母亲教育学，不仅仅是教育，而且是教学。在学校教育开始前两年，我们学校就开始和家长一道进行有目的的和计划周密的共同工作，以使儿童学到读写和算术的初步知识。"[②]

家长要具备一定的指导孩子学习的基本知识和基本能力，能够对孩子的学习进行指导："在家长学校上课时，我们给母亲和父亲、祖父和祖母讲怎样教儿童识字和算算术，并制定出一些家庭母亲教学的有趣方法。这种方法的基础是：培养儿童对知识和书本的热烈兴趣，使游戏和有目的的脑力劳动相结合，家长同儿童经常进行思想交往。高年级学生为识字和算术的教学还制作专用的直观教具。我们的儿童刚上一年级就会读和会算，这在很大程度上减轻了下一步的学习，使脑力劳动变得有趣，但是，问题还不仅如此。为上学做准备可以使儿童和家长在思想上接近起来。母亲和父亲由衷地关注儿

---

① 苏霍姆林斯基著，蔡汀等主编：《苏霍姆林斯基选集（五卷本）》（第二卷），教育科学出版社 2001 年版，第 701 页。

② 苏霍姆林斯基著，蔡汀等主编：《苏霍姆林斯基选集（五卷本）》（第二卷），教育科学出版社 2001 年版，第 701 页。

童的成功和失误，进而理解了一门细致的学问，即尊重孩子做一个好儿童的愿望。”[①]

在帕夫雷什中学里，学校还让家长掌握一定的能够指导孩子学习的知识和技能，以满足孩子因好奇心向家长提出的种种问题。苏霍姆林斯基不仅制作了1000个问题的答案，还对家长们如何去回答这个问题而做了精心指导，可见他在这方面的良苦用心：“我们极力使家长具备一定的知识和技能。在家长学校的教学中，特别注意了如何教孩子思索、用什么方法发展他的智力这个问题。在多年工作经验的基础上，我们提出了1000道关于周围世界的问题，这是孩子们最爱向家长们提出的问题，我们向他们说明，当孩子提问的时候，应当如何回答，应当如何发展孩子的求知欲和好奇心。”[②]

苏霍姆林斯基和他的同事们还跟家长们在一起拟订了一个带领学龄前儿童到大自然中去散步的提纲，预先确定出应当成为观察对象的事物，应当如何引导孩子进行观察和思考。他们特别注意使每一个有学龄前儿童的家庭里都要有重视书籍的浓厚氛围。

学校要坚决消除来自家庭和教师的追求好分数的狂热性：“我经常以极其惶恐的心情想到追求好分数的狂热性——这种狂热性来自家庭，又蔓延至教师，成为学生幼小心灵上沉重的负担，摧残他们的心灵。孩子暂时还不能学得很好，可是家长却非要他得5分，至少也要得4分，不幸的学生得了3分，他几乎觉得自己是一个有罪的人。”[③]从一些优秀教师的身上，苏霍姆林斯基发现了极其细致的教育艺术的特征：“善于在孩子的内心和头脑里激起获得知识的快乐感。这些教师的学生每逢取得一些或是极其微小的成绩，也总是由于发现了真理，进行了调查，理解了事物而尝到心情激奋的欢乐。”[④]

---

① 苏霍姆林斯基著，蔡汀等主编：《苏霍姆林斯基选集（五卷本）》（第二卷），教育科学出版社2001年版，第701页。

② 苏霍姆林斯基著，蔡汀等主编：《苏霍姆林斯基选集（五卷本）》（第三卷），教育科学出版社2001年版，第202页。

③ 苏霍姆林斯基著，蔡汀等主编：《苏霍姆林斯基选集（五卷本）》（第三卷），教育科学出版社2001年版，第163页。

④ 苏霍姆林斯基著，蔡汀等主编：《苏霍姆林斯基选集（五卷本）》（第三卷），教育科学出版社2001年版，第163页。

这里虽然说的是教师的一些做法，对于家长指导孩子的学习来说，也同样适用。苏霍姆林斯基还特别强调指出，切莫以分数来评论孩子的学习成败，家长的责任是细致耐心地帮助孩子在学习上不断进步，使孩子热爱学习，对学习充满信心，从学习中得到无穷的乐趣。

此外，家长要帮助孩子复习和预习功课，完成家庭作业。督促和帮助孩子复习和预习功课，帮助孩子养成良好的学习习惯，为孩子创造一个良好的家庭学习环境，这是每一位家长必须要做到的任务。家庭中还要建立合理的作息制度，以保证孩子进行合理的学习和休息。苏霍姆林斯基经过多年的实践探索，建立了一整套作息制度。这个制度对每个学生的家庭也同样适用。他规定孩子们的紧张的脑力劳动要在早晨时间进行，因为这个时间学生的思考最活跃也最集中，学习效果也最好；在下午时间主要组织学生们开展各项有意义的活动。

苏霍姆林斯基还要求，家长要督促管理好学生，学生坐在课桌上连续学习时间不能太长，要正确引导孩子们进行休息。他认为，学生的休息可以分为积极休息和消极休息两种。消极休息是指单纯的休息，不进行任何的活动。苏霍姆林斯基主张孩子们要进行积极休息，即调换活动方式，促进身体各部位活动方式的变换而得到休息。正确引导孩子们进行积极休息，对促进他们的身体健康和全面发展具有重要意义。苏霍姆林斯基说："学生应当把休息看作不仅是增进健康和体力，而且也是促进精神力量的一种手段。从童年就培养积极休息的习惯，是我们教育方针的重要原则之一。我们认为，各类活动的恰当交替是休息；能满足审美需求的劳动是休息；带有创作性质的积极地欣赏大自然的美也是休息。在这种做法下，孩子日常总有休息的机会，这对他们身心的正常发展具有很大的意义。"①

直到今天，苏霍姆林斯基的这些教育主张，对我们的教师和家长如何促进孩子们的智力发展仍具有很重要的借鉴意义。

---

① 苏霍姆林斯基著，蔡汀等主编：《苏霍姆林斯基选集（五卷本）》（第二卷），教育科学出版社 2001 年版，第 178 页。

第三节　爱是责任和付出：培养健康高尚的爱情观

爱情是婚姻和家庭的基础。苏霍姆林斯基非常关注青少年道德情操的培养，就不能不涉及爱情和爱情的教育，他在青少年爱情教育方面也建立了丰富的教育理论。苏霍姆林斯基认为，作为一名人民教师，造就人是最崇高的幸福。而爱情教育就是让一个人成为真正意义上的人的教育，是关于做人的教育。当苏霍姆林斯基看到生活中因忽视爱情教育而使一些人陷入痛苦之中，并且也给别人带来灾难时，强烈的责任感使他无法无动于衷。他收到过上千封关于爱情问题的来信，“有的是一个人的真正哭诉”，“有的信中发出了绝望的心声”，这些信“就像一片片炽热的、燃烧的铁片一样”[①]灼烤着他的心，促使他开始了对爱情教育问题的长期观察、思考和研究。

苏霍姆林斯基认为，在人的各种情感中，爱情是个人内心世界最神圣的道德情感。他说过：“在人的各种情感中，首先是爱情对人的道德面貌的形成和继续进步、对新人的高尚品德的培养起着非常重要的作用。这种情感的成熟和纯洁程度，不仅决定着男女关系的美满，一个人对另一个人的道德面貌做出客观评价，而且决定着一个人的包括个人幸福观在内的主观状态。爱情的道义力量能使人变得高尚，养成最高贵的品质，如人道主义、同情心、敏感，对损害人的尊严的行为持不调和态度，以及为建立共同幸福（我的幸福和我心爱的人的幸福）而贡献出自己的精神力量的决心。”[②]

苏霍姆林斯基十分重视对青年男女进行正确爱情观念的教育，这是教育他们建立美满家庭，进而当好父母的前提条件。教育者要在少男少女谈情说爱之前就教会他们怎样去爱——苏霍姆林斯基的这个观点即使放到今天，可能也是惊世骇俗的。他说：“我们年纪较长的一代应当学会跟儿童们、少年们谈论这种伟大、美好的人类感情——爱情、结婚、生孩子、至死不渝的忠诚之情；在我们未学会谈论、思考这些问题之前，我们是不会培养孩子具有高

① 苏霍姆林斯基著，世敏等译：《爱情的教育》，教育科学出版社 2001 年版，第 168-169 页。

② 苏霍姆林斯基著，世敏等译：《爱情的教育》，教育科学出版社 2001 年版，第 2 页。

尚、纯洁的心灵和情感的。”①

学校和家长要为青年男女们建立和谐美满的家庭，进而培养好自己的孩子做好充分准备。为了使爱情成为人的行为，人在精神方面必须达到这样的高度：有明确、崇高的生活目标，斗志昂扬地克服困难，实现既定的目标。当为实现崇高理想的斗争变成真正的激情时，热烈的性爱就不再是主要目的，爱人也就成了并肩战斗的朋友。正因为如此，人才能够凌驾于强烈的情欲之上而变得高尚。对个人幸福和全人类幸福的这种理解丝毫不会伤害人；恰恰相反，它大大提高了人的尊严，因为它激励人用高尚的精神需求丰富自己的生活。苏霍姆林斯基曾这样评价过青年男女的结合：“命运一旦使两名战士相逢，那就只有战斗中的阵亡才会分离他们。”“爱情——这是要成为一个真正的人的一种最纯洁、最珍贵和最强烈的动机。”②

爱情教育有利于下一代的健康成长与社会的发展与稳固。爱情与社会的巩固和后代的教育直接相关，因为爱情会导致建立家庭和传宗接代。苏霍姆林斯基认为：“要让年轻人认识到恋爱是做母亲和父亲的前奏阶段。”“父母之间的情深意笃的爱情，这种爱情显示的榜样作用，以及他们在日常生活中相互关系的全部总和，都是巨大无比的教育力量。”父母之间保持纯真高尚的爱情，是使孩子们享有充满活力、健康情趣的生活的保证。“在一个家庭里，忠贞不渝的爱情气氛是促使儿童形成心灵美概念的重要因素。”父母之间“互相尊重，彼此信任，相互关心，以诚相见，共享欢乐，同分忧伤，在任何情况下——幸福时刻或遭受苦难，形影相伴或孑然一身，都忠于爱情，信守不渝，这一切是任何东西也不能取代的道德力量。在这种力量影响下，年轻一代能养成极端敏感的心灵。他们相信正义，痛恨邪恶，憧憬光明，生气勃勃，他们热爱幸福欢乐的生活”。③在这种家庭氛围下培养出的孩子才具有健康的心灵。

在引导青少年学生树立良好爱情观念的教育活动中，学校起着重要作用。

① 苏霍姆林斯基著，杜志英等译：《家长教育学》，中国妇女出版社 1982 年版，第 3 页。

②［苏］鲍里斯·塔尔塔科夫斯基著，唐其慈等译：《苏霍姆林斯基的一生》，教育科学出版社 1986 年版，第 318 页。

③ 苏霍姆林斯基著，世敏等译：《爱情的教育》，教育科学出版社 2001 年版，第 184–185 页。

“我们的任务在于，要在少年的性本能觉醒之前就使他们的理智对那些跟成长为男人或女人有关的大量精神活动做准备。一个人从他刚刚感觉到对于异性的爱慕时起，他就应具有一个人负起责任的独立力量。”[①] 为此，他在学校里设计了一系列关于爱情的谈话，主要是引导男女青年树立高尚的恋爱与爱情观念。

培养青少年树立健康高尚的爱情观，家庭的教育与影响也十分重要。在父母之间缺乏真正爱情的家庭里成长的孩子，“情感会变得很粗野，对人会产生不信任心理”。[②] 在给女儿的信中，苏霍姆林斯基讲述了一个6岁男孩柯利亚的故事：从小柯利亚的生活中就只有妈妈，当他得知自己还有爸爸时，就去找他，希望得到父爱，然而他得到的却是冷漠。从此，这个小孩子对谁都不相信了，对他来说，世界上没有什么神圣的东西。苏霍姆林斯基感慨万分：“孩子心中的痛恨，对社会是多么大的灾难！教育这样的小孩是多么的艰难。……如果我们社会上有这样一些不幸的儿女，我们的社会也不是幸福的。世上有些东西是什么也代替不了、什么也阻挡不了的。”[③]

当男人与女人结合之后，两人在家庭中应当确立怎样的关系与地位？苏霍姆林斯基认为，夫妻两人在结婚之后，在智力上应当平等。特别对于女性来说，要主动学习和成长，在智力上不要停留在原先的水平上。请看下面的一则案例，就集中体现了苏霍姆林斯基的这个观点：

我知道一个聪明、坚强的妇女，她只有小学文化程度，同一位受过高等教育的农学家结婚了。她由于意志顽强，在智力上不仅未落后于丈夫，反而在家庭中牢固地取得了领先地位。

从结婚初期起，她就潜心阅读她丈夫喜好的各种书籍。她不仅读农业技术、土壤学和化学等科普读物，也注意欣赏文艺作品。

妻子在甜菜小队劳动，还担负着日益繁重的家务。她把余暇时间都用在读书上。她的知识眼界越来越宽，阅读范围也越来越广，除了与农业有关

---

① 苏霍姆林斯基著，蔡汀等主编：《苏霍姆林斯基选集（五卷本）》（第一卷），教育科学出版社2001年版，第254-255页。

② 苏霍姆林斯基著，世敏等译：《爱情的教育》，教育科学出版社2001年版，第7页。

③ 苏霍姆林斯基著，世敏等译：《爱情的教育》，教育科学出版社2001年版，176页。

的书籍外，还大量阅读了其他知识领域的书籍。两个孩子相继上学了。孩子在低年级学习的时候，母亲尚能轻松地帮助他们学习，可是孩子开始学习代数、化学和几何后，她便感到难以继续帮助他们和检查他们的学习了。她意识到这种情况可能削弱母亲对孩子的影响，因为孩子们已经养成了习惯，且认为自己母亲无所不知，无所不能。她决心一步也不落后于孩子们。她做得如此之好，致使孩子们更加相信，不是母亲向他们学习，而是他们向母亲学习。

她掌握了中学的全部课程。丈夫和孩子向她请教各种问题，如果她不清楚，就去查阅参考书和辞典，一定给出回答。

她为此付出了艰苦劳动。学习外语对她来说可不是那么轻而易举的事。她学不会正确发音，又不想打扰学校教师，于是买了一套练习发音的唱片。孩子们此时没有发现母亲和他们同样在学习。其实，她学习起来比他们困难得多。

在她的同龄人中也有没受过完全中等教育的人，她们得知自己的女友如此勤奋好学，更增加了对她的尊重。她做了小队长，两年后担任了防治农作物害虫技术员，此时她更积极地参加了社会生活。①

如果妻子善于利用自己的长处树立自己在家庭中的道德威信，那么她的女性美会不断增长，在丈夫的眼中，她就会有特别大的魅力，她那双美丽的眼睛和面容任何时候也不会失去动人的力量和内在的精神美。妻子应当把自己的智慧、自己的精神发展作为影响丈夫和儿女的一个重要手段。

我们如果明白个人情感和人类幸福的一致性，就可以预防一些小的纠纷和争吵演变为生活的悲剧。苏霍姆林斯基曾感叹过：在生活中，这种伤害尊严、使人懊悔的悲剧该有多少啊！一些年轻夫妇之所以有那么多解决不了的矛盾和走不出来的绝境，就是因为他们把自己的爱情变成了一个狭小的天地。在这样的爱情巢穴里，显然每走一步都会碰壁。精神生活中除了爱情什么也没有的夫妇，一点微不足道的小事也会伤害他们的虚荣心，觉得受到莫大的侮辱，因而一连几个星期互不理睬。他们用一些琐碎的事情来互相折磨，甚至还有意往细小的伤口上撒盐，使矛盾激化。于是，所有这些小的悲

① 苏霍姆林斯基著，世敏等译：《爱情的教育》，教育科学出版社 2001 年版，第 135–136 页。

剧都会上升为原则问题——观点分歧呀，性格不合呀，等等。这些人没有做好在精神和心理上相互沟通的准备，不知道应该怎样谋求个人的幸福，他们本来就不该步入婚姻的殿堂。苏霍姆林斯基曾举过这样一个事例：

就在几个星期前，我们的区检察长给我说起过一件离婚案。一对新人共同生活才两个星期，幸福的蜜月就蒙上厚厚的乌云。至于争吵的起因，说出来实在让人好笑：在电视机应该摆在什么地方这件小事上小两口有了分歧——顺便说一句，电视机是父母送给他们的新婚礼物。争吵越来越厉害，俩人终于得出结论：性格相差太远，婚姻无法维持。妻子的母亲首先采取行动，收回了自己的礼物；丈夫的父亲也不甘示弱，把送给夫妇的沙发和橱柜搬回了家。两周前还在热烈祝贺爱情的嘴唇，现在喷出的是一串串侮辱人的粗话。在法庭上，人民陪审员——一位聪明的妇女，就像人们常说的那样帮助他们解疙瘩。夫妇俩十分艰难地回忆着争吵是怎样一步步升级的，说着说着，他们自己也感到羞愧难当。如果硬要把一点小事膨胀成“世界大事”，如果在思维的视野里没有任何崇高的目的，人就会粗俗到这种地步。①

有时苏霍姆林斯基在报纸末栏看到登着一些声明，他真想在每条上都加上一圈志哀的黑框。因为这都是表明家庭破裂的声明。他看着登在上面的姓名，便觉得报纸是在证实人们的相互关系中还有某些荒诞的东西。他认为，离婚——这首先是愚昧、没有教养和某种情感病态的产物。这是怎么回事？原来有爱情，过后又没有了？苏霍姆林斯基认为：“爱情是永恒的，如同一切美好事物一样永恒。”他常常向高年级学生提到高尔基的话：凡是美好的，即使衰落了也美好。说得多好啊！可是报纸刊登这些离婚声明，而且不给它们加上黑框。

“看来，问题在于学校在情感培养上做得还不够。尽管一个青年人对待妇女的态度只处在直立人猿的水平，只要他能纯熟地背诵普希金笔下的塔吉娅娜的情书，学校就给他打五分……学校根本没有教育他们如何去做人，如何去珍惜自己的幸福和家庭。”②

① 苏霍姆林斯基著，罗亦超译：《睿智的父母之爱》，长江文艺出版社 2014 年版，第 235-236 页。

② ［苏］鲍里斯·塔尔塔科夫斯基著，唐其慈等译：《苏霍姆林斯基的一生》，教育科学出版社 1986 年版，第 239 页。

苏霍姆林斯基认为："为了防止家庭教育中出现麻烦和错误，必须在学校里就对男女青年进行做夫妻、做父母的教育。男女青年结婚了，但在许多情况下，他们并不懂得婚后生活对夫妻双方所要求的那种高度的内心修养。必须使他们深刻地理解和认识到：结为夫妻，已经不像婚前度过幸福的约会时刻那样，他们要每天生活在一起，住在一个屋子里，要过一辈子。这就不只是快乐和幸福，还有巨大的操劳——精神上的操劳和紧张，同时也要有丰富多彩的精神生活。为此，需要进行大量的关于如何明智地对待生活的教育。"[①] 苏霍姆林斯基关于爱情教育的观念，对于我们现在青年人的爱情教育，也同样具有重要的借鉴意义。

第四节　适应生活的需要：让孩子学会做父母

直到今天，当我们谈到家庭教育时，人们往往首先想到的是学校和老师如何教给父母教育孩子的好方法，而且希望这些好方法大多都是关于如何培养孩子成为优秀人才的，而忽视了"教育孩子怎样做父母"这样一个最根本的问题。一般人都会认为，"教孩子怎样做父母"这个课题有点早吧，还是先教孩子成为一个优秀人才吧，等到孩子谈恋爱结婚时再教他怎样做父母也不迟。可是在现实生活中，等孩子长大成为真正的父母之后，很多人连做人的基本素养都没有，却糊里糊涂地成了孩子的"第一任老师"，这不能不引起我们的高度重视。

在当年的帕夫雷什中学，苏霍姆林斯基曾遇到过这样一个痛苦的母亲：

"我在学院学过两年，学习成绩很好。但命中注定出现了另一种情况：我出嫁了，丈夫因工作关系，需要搬家，我于是辍学。与丈夫同居了半年就离婚了。当我向别人谈到这件事时，别人总以沉默表示同情，或是试图用什么顺情的言辞来安慰我。什么同情、什么安慰，我都不需要。我现在只是非常埋怨那些在我少年时代负责教养我的人。"

① 苏霍姆林斯基著，蔡汀等主编：《苏霍姆林斯基选集（五卷本）》（第四卷），教育科学出版社 2001 年版，第 716 页。

之后，这位年轻妇女叹了口气并沉默不语了。我认为，那些使她波动不安的原因也正是多年来使我不能平静的理由。

于是我便问她："你有哪些伤心事？"

"没有学会生活。本来，我和丈夫的离异，并不是由于谁对谁失望了，也不是由于像习惯上所说的'性格的不合'。我们只是由于不会生活，不会做丈夫和妻子，不管是他或是我都不会。我们不善于相亲相爱；是的，人的爱情是极需要善于培植的。我们简直想象不到丈夫和妻子的爱是怎么样的，没有人（甚至连想都没想过）向我讲一讲。我们不会互相尊敬，不会体贴自己身旁的人，不会相互忍让，不会使感情服从理智，不会珍惜生活。啊，善于珍惜生活，这是多么重要的事呀？"①

这位母亲在还没有学会怎样生活和怎样做妻子的时候就当上了母亲，结果导致了婚姻的破裂，孩子的教育也受到了影响。为此，苏霍姆林斯基也作了深刻的反思，认识到学校教育在这方面的重大责任："的确如此，在我们学校里，最重要的东西却没有讲授过，没有教给学生如何生活。是的，应当教导所有人，让受教育者知道许许多多有益的和必需的有关历史、科学等知识（有时并不是非常需要）……可是一个人应如何为家庭生活做准备，却连一点什么常识都不知道。生活就意味着要做妻子和丈夫，要当自己孩子的爸爸和妈妈。无论是教师，还是父母，都没有思考过这个每一公民都会碰上的重要的生活学问——人们的相互关系。……在孩子的童年时代，就要教导他们要为其他人去发现幸福的源泉；可是，到目前为止在学校教育中还没有开设这样的科目。"②

于是，拥有真诚人道主义情怀的教育家苏霍姆林斯基开始了对家庭教育的思考与实践。他首先把离异家庭的孩子作为自己研究家庭教育的起点，苏霍姆林斯基还进行过如下的统计和研究："近 10 年里，我分析了 200 个年轻家庭离异的原因。189 个家庭的离异，就是因为年轻夫妇不善于彼此理解。年轻人结婚时，有关家庭生活要求复杂和微妙相互关系的素养，甚至连一个

① 苏霍姆林斯基著，杜志英等译：《家长教育学》，中国妇女出版社 1982 年版，第 1-2 页。

② 苏霍姆林斯基著，杜志英等译：《家长教育学》，中国妇女出版社 1982 年版，第 2 页。

起码的概念也没有。没有人向他们讲，他们也就不知道。”[①] 因此，这些青年男女对于互相之间应该善于培植复杂、微妙的感情一事一无所知，而这恰恰是婚后生活所必需的。但是，这些年轻人在婚前却没有受过这方面的任何教育，于是，不幸的家庭便糊里糊涂地诞生了，然后是生孩子，然后是离婚……父母和孩子的不幸由此产生，家庭教育的不幸也由此产生。

所以，在《家长教育学》里，苏霍姆林斯基首先告诉教育者——家长和教师："应该从孩子小时起就培养他做父母的义务感。”[②] 换句话说，家庭教育绝不仅仅教父母如何做父母——这当然也是非常重要的，而且应当首先包括教孩子怎样做未来的父母！

为了做好这项工作，苏霍姆林斯基真诚地向我们的学校建议："生活提出了需要，希望在中学高级班增添有关讲述家庭相互关系、结婚、生育子女的文化修养课程。讲课人必须是位感情丰富、精力充沛、道德高尚的人。要用令人折服的事实，在未来的父母面前打开这一真理的实质之门，阐明婚后生活即意味着每时每刻都关联着一个人的思想、心灵以及对人的爱情，开始是对丈夫或妻子，之后是对子女。”[③]

面对残酷的生活现实，根据现实生活的要求，苏霍姆林斯基在中学高年级给男女青年开设一门“家庭关系修养”的课程，也叫作“家庭、结婚、爱情、孩子”：教导他们如何从道德上做好将来结婚、过家庭生活的准备。“我们教育男女青年，如何做好结婚的准备，如何处理好家庭生活，什么是家庭关系中的高度文明，以及如何教育子女。”[④] 教师们无论如何，也应当克服困难把这一门课讲授好。“因为这一门科目的重要程度并不次于数学、物理、化学，甚至是最重要的。你想想看，不是所有的人都要做物理学家、数学家，可是所有的人都要做父母、丈夫或妻子。”[⑤]

---

① 苏霍姆林斯基著，蔡汀等主编：《苏霍姆林斯基选集（五卷本）》（第五卷），教育科学出版社 2001 年版，第 553 页。

② 苏霍姆林斯基著，杜志英等译：《家长教育学》，中国妇女出版社 1982 年版，第 1 页。

③ 苏霍姆林斯基著，杜志英等译：《家长教育学》，中国妇女出版社 1982 年版，第 4 页。

④ 苏霍姆林斯基著，蔡汀等主编：《苏霍姆林斯基选集（五卷本）》（第四卷），教育科学出版社 2001 年版，第 717 页。

⑤ 苏霍姆林斯基著，罗亦超译：《睿智的父母之爱》，长江文艺出版社 2014 年版，第 7 页。

这是对青年学生进行家庭教育和生活教育的一门课程。特别教育孩子们从准备结婚开始，就要学会处理好家庭生活，并学会如何教育好自己的孩子。苏霍姆林斯基要求，在道德上做好当父母的准备，就是人的精神成熟的重要条件之一。他们努力使学生对做父母想得美好一些，高尚一些。使爱的感情高尚起来，这需要做大量的工作、要使人在少年时代就深刻理解：爱情就是自己对别人承担道德上的责任。

苏霍姆林斯基再三告诫我们：家庭和学校的一项重要任务，就是形成学生对于做父亲和做母亲的道德准备。没有这种准备，人的全面发展就是不可设想的。对于当父亲和当母亲这一崇高使命的准备，是社会主义社会人们的公民素养的最重要的方面之一。“多年的经验使我们深信，要善于把儿童、少年、男女青年看作是未来的父亲和母亲，要善于从这样的立场来看待教育现象，这就是再过 20 年，我们的小学生就会领着自己的儿子来上学，就会跟我们一起来思考怎样更好地教育他，——这一点对于我们的社会来说，是跟物质财富和精神财富生产者的高度劳动技巧同样需要的。教育学生怎样做父母的第一所‘学校’，就是在儿童、少年和青年早期对他们进行完满的道德教育。”①

在我们中国有句古话说：“至要莫如教子。”在教育自己孩子的时候，我们不仅要注意培养孩子做一个好人，在学习上取得优秀的成绩，形成健全的人格，更要培养孩子正确对待爱情和家庭，学会做未来的父母。一个人事业上取得多大的成功，都无法弥补子女教育失败的缺憾。在孩子小的时候，家长们一般没有这种比较，当我们年纪越长，越能够感受到子女教育成与败的感受。尤其是到了晚年特别明显，很多人都是到了退休以后，才开始反思子女教育的失败。如果子女教育失败，自己子女的爱情和家庭失败了，做父母的整个后半生其实就不会有快乐。对子女的教育，有的时候我们常常忽略了它的重要，等到问题出现了，才开始关注它，一切都将悔之晚矣。

在谈到教育的使命时，我们往往说得比较多的是培养合格的公民、合格的人才、合格的建设者和接班人；而苏霍姆林斯基则告诉我们，我们的教育

---

① 苏霍姆林斯基著，蔡汀等主编：《苏霍姆林斯基选集（五卷本）》（第一卷），教育科学出版社 2001 年版，第 112 页。

还应该为未来造就一代又一代“合格的家长”。苏霍姆林斯基在他的家庭教育理论中，不仅仅关注今天的父母如何做父母，而且更关注明天的父母如何做父母；同时，他又把良好的道德作为父母素质的核心。我认为，这是家庭教育的根本。“什么是做父亲和母亲的道德准备呢？人的本质在人的天职中揭示得最清楚：人要对别人负责。”①

通过多年来坚持不懈地努力工作，苏霍姆林斯基对学生怎样做父母的教育工作取得了很大的成绩，他在总结这项工作时说过：“几十年来我们一直向家长普及家庭教育的基本知识。今天的家长是我们昔日的学生，当他们还做学生时，我们就对他们进行家长天职的教育。……我们在进行青少年教育中仍把至少一半的精力放在培养他们将来做好父亲、母亲上。”②他还强调：“我们主要的、正在进行的工作——这就是从学校课桌的后面着手培养未来的家庭和教育者。”③

因此，苏霍姆林斯基一再强调：“应当在中学时代就给未来的父亲和母亲以教育学的知识。教育学应当成为对一切人都有用的学科。下面的话可能对某些人来说好像是夸大其词：我认为，没有研究过教育学基本知识的青年公民不应当有成立家庭的权利。”④可见让青年一代掌握家庭教育知识是何等重要！

让孩子学习怎样做父母，让孩子懂得怎样做好合格的父母——这既是为了今天的孩子，也是为了明天的父母，最终也是为了明天的孩子：这正是我们加强家庭教育的根本目的。很少有人会想到，应该在一个人的少年时代便让他具备将来做父母的义务感和素质，这是一般人家庭教育观念中的盲点。苏霍姆林斯基却鲜明地将它提了出来，他由此抓住了家庭教育的源头，他的家庭教育思想富有远见的英明之处也正在这里。

---

① 苏霍姆林斯基著，杜志英等译：《家长教育学》，中国妇女出版社 1982 年版，第 6 页。

② 苏霍姆林斯基著，蔡汀等主编：《苏霍姆林斯基选集（五卷本）》（第五卷），教育科学出版社 2001 年版，第 833 页。

③ 苏霍姆林斯基著，肖勇译：《教育的艺术》，湖南教育出版社 1983 年版，第 63 页。

④ 苏霍姆林斯基著，杜志英等译：《家长教育学》，中国妇女出版社 1982 年版，第 72 页。

第五章

Chapter 5

教育人要首先教心

如何教育自己的孩子，体现着家长的教育素养和教育智慧。苏霍姆林斯基强调教育孩子必须讲究方式方法。作为合格的家长，应当对孩子满怀一颗爱心，要公平公正地对待孩子，学会正面管教孩子，加强跟孩子的沟通。在孩子遇到问题时，注重跟孩子进行道德谈话。

家长还要积极与学校配合，消除孩子身上存在的各种恶习，绝不能让恶习的种子落入儿童的心田。要采用恰当的方法对孩子进行惩戒教育，他认为正确的教育是与惩罚无缘的，反对对孩子进行体罚和恶声斥责。“教育人要首先教心。”① 一切正确的方式方法都必须从维护孩子的自尊心出发，让亲热和爱抚发挥神奇的教育力量，这样有利于促进孩子进行自我教育。

① 苏霍姆林斯基著，杜志英等译：《家长教育学》，中国妇女出版社 1982 年版，第 89 页。

第一节　学会正面管教：家长要公平对待孩子

当孩子出生之后，每个家庭会面临着如何教育孩子的问题。采取什么样的方式方法来教育孩子，需要家长具备各方面的教育素质和教育能力。苏霍姆林斯基强调，爱是家庭教育的基础。家长必须对孩子满怀爱心，同孩子交知心朋友，才能赢得孩子的信任，家庭教育才会取得真正的效果。无论孩子在成长中出现什么失误或问题，都要正确对待，都要以正面鼓励为主。苏霍姆林斯基认为，家长要对孩子多说“应当”，少说“不可以”。在孩子基本明白了是非标准之后，再让他学会自我评价和自我教育。

家长要尊重孩子，公平公正地对待孩子。苏霍姆林斯基的要求是：家长要尊重孩子，孩子才能自尊自重。当孩子遇到问题时，家长要与孩子平等协商。当孩子进入青年期之后，家长更应当对孩子平等相待。特别是家长要耐心听完孩子的话，即使是错的，也要听完。家长对孩子说话要注意分寸，可以让他觉得自己错了，感到不好意思，但不能伤他的自尊心和自信心。大人与孩子意见产生分歧时，要平等地交换意见，如果不是重大原则问题，大人有时也可以作适当的让步，与孩子商量着办。即使孩子明显地错了，也不能坚决反对说一些会引起孩子极大苦恼的话。大人也可想方设法，让孩子自己从亲身的经历和错误的结局中得出正确的结论。总之，家长要经常换位思考，体验孩子的内心活动，要细心、理智地对待孩子的想法，不要粗暴地干预。

为了说明这个问题，苏霍姆林斯基曾举过以下的例子：

我们介绍一下在某个家庭里过去发生的一件有趣的事情。12 岁的小儿子格里沙和其他孩子不同的地方就是性格有些孤僻。他有件保密的事，没告诉哥哥和姐姐。

某天，父亲和母亲发现格里沙与自己的伙伴到荒地里一个破旧无用的棚子里去了。“他们在那里干什么？”父母觉得很有趣，但没有详细询问格里沙；父母知道如果发生什么严重的事情的话，孩子自己就会找他们的。他们真没有猜错，一天，父亲正要去田间干活，格里沙去找父亲问：

“请允许我今夜到棚子里去住一夜吧……”

“为什么？”父亲惊奇地问。

小儿子叙述说，他要和伙伴们玩“游击队”的游戏，在破棚子里成立了“游击队司令部”。今天夜里所有“指挥官”们都要集合。父亲是不太高兴这个举动的，但他看到儿子是以何等的兴奋心情来对待这个游戏呀，对待自己“值日官”的义务是怀着何等的责任感呀！父亲认为，绝对禁止就会破坏孩子的情感，这样做是个很大的错误。格里沙并没任性、放肆，而是央求父亲，他真诚、坦率地打开自己的秘密；这一切说明了儿子对父亲的深信和尊重。这些也是决不可疏忽的。当时，父亲考虑、权衡，认为一个不眠之夜是不会毁坏孩子的健康的，就让他跟伙伴们一起去认识他们自己在游戏里玩耍得太过分的行动吧。于是父亲允许了。一切就像他父亲所预料的。在夜间游戏中，孩子们碰到许多意想不到的不愉快。他们不习惯于夜间不睡觉，所以很快就散伙回家了。他觉得特别疲劳，想快点上床睡觉。此后，孩子们的游戏活动便进入了正常轨道，而格里沙也更加依赖父亲了。①

针对这个案例，苏霍姆林斯基进一步分析说：这件事说明了什么呢？说明施用父母的权力时要特别谨慎，要善于体察和关心孩子的内心世界。每个做父母的施用权力要掌握好分寸，应当知道自己的权力的边缘终止在什么地方；孩子的隐秘世界可以从何处开始，对于这个秘密世界，孩子特别关心的是成年人不要干预它。每个男孩女孩都有自己的不大的私事，主要是有关玩耍、伙伴、友谊方面的事。成年人越是少用明显的方式探听孩子内心的、隐秘的事，那么孩子的“秘密”也越少，越能跟成年人坦率相处。

因此，苏霍姆林斯基告诫我们的家长，同孩子进行交流时，一定要注意孩子的性格特点，切忌采用粗暴的态度：“教育者往往觉察不到一个真正的人诞生的时刻，这是教育工作的一个很大的缺陷。善于思考的教育家会在少年的举止中发现一种转折：对成年人说的话抱警惕和批判的态度，心情急躁，态度生硬，有时还容易激动发怒和粗暴无礼。”② 这是苏霍姆林斯基对教育

① 苏霍姆林斯基著，杜志英等译：《家长教育学》，中国妇女出版社 1982 年版，第 67-68 页。

② 苏霍姆林斯基著，蔡汀等主编：《苏霍姆林斯基选集（五卷本）》（第三卷），教育科学出版社 2001 年版，第 484 页。

者的要求，对于家长也同样如此。每个孩子都有自己的需要和兴趣爱好，他们内心深处都希望得到父母的尊重。孩子从小受到父母的尊重，才会产生自尊心，长大之后才会尊重别人。因此，家庭中父母要努力营造民主和谐的气氛，父母要求孩子帮助做事应该用请求或商量的语气，不可强迫命令。孩子做完事后，家长要对孩子有礼貌地说“谢谢”。

在苏霍姆林斯基的著作中，还有一个他认为是最完美家庭的例子：

每当我思索天伦之乐这个内涵丰富的概念时，总是会联想起阿列克谢的家庭。他是我们这里备受尊敬的农庄庄员。他和妻子玛丽亚都曾是我们学校的学生，现在，他们的3个孩子也在我校上学。

令我们这些教师感动的是，在这个家庭里父母和子女之间息息相通，肝胆相照，开诚布公。这一点也应当引起每位想揭示家庭教育秘密的人的特别重视，家庭教育的秘诀就在于营造一个互相关怀、坦诚相待、共同进取的温馨氛围。玛丽卡放学回家刚迈进门槛，当母亲的就能根据她的眼神觉察出，女儿在学校里有些不顺心的事。“女儿，告诉我，你怎么啦？”女儿就一五一十地叙述了事情的原委：今天代数课上有个小测验，题很难，她大概把题解错了……奶奶玛丽亚面色不好，默默地坐在窗前，心中不安的孩子们一个接一个地走来询问：“奶奶，您哪儿难受？您需要我们拿什么东西吗？”奥列霞、彼得里克和玛丽卡放学后稍微休息一会儿，就坐到桌前做家庭作业——自力更生，是家里的一条主要规矩。

有一次学校召开家长会，那时奥列霞才4岁，阿列克谢家里上学的是她的姐姐和哥哥，会议的内容是谈为儿童的精神发展精心营造温馨的家庭氛围，即如何激发儿童的荣誉感，使他们做到自力更生的问题。班主任对母亲说：“尊敬的玛丽亚，请您谈谈，向全体家长讲讲您的体会，您是怎样教育自己孩子的？您是如何磨炼出他们这种宝贵品质的？可惜许多家庭对此还不甚了了。”

母亲微微一笑说：

“其实我和丈夫没有时间教育孩子。我们天天在忙工作：丈夫在畜牧场，我在田里、打谷场和果园干活。哪里活紧了，我就赶哪里去，不消说夏天活计很多，就是冬季我还得到畜牧场帮丈夫的忙。家里就剩下孩子和他们的奶奶。可我们家有个规矩，只要孩子力所能及，就让他干活。不仅是为自己干，还要为别人干。要用一双无愧为人的眼睛关注别人……这是一条死规矩。至于对他们施教，我们无暇顾及。还是让那些赋闲在家、整天辅导孩子，还要因‘2 分’跟孩子干架的家长谈一谈家教问题吧，这种情况我屡屡听到过……”

至此，我们教师和家长明白了这位母亲在家庭教育中的无为而治和什么叫真正的教育。[①]

在苏霍姆林斯基的眼中，阿列克谢的家庭是当时最完美的家庭，因为在这个家庭中，“父母和子女之间息息相通，肝胆相照，开诚布公”。特别重要的是，在这个家庭中，父母在教育孩子的过程中，并没有讲什么大道理，或者对孩子进行什么专门的教育。阿列克谢的家庭教育成功之处，在于父母一直给孩子们做出榜样，而且对孩子平等真诚相待，让孩子学会并保持良好的道德品质。

同苏霍姆林斯基的教育观点一样，近年来在国际上流行着一种“正面管教”的家庭教育课程体系。它是基于体验式教学方法的家长教育课程。“正面管教”是既不惩罚、也不娇纵的养育孩子的方法。正面管教以个体心理学先驱阿尔弗雷德·阿德勒和鲁道夫·德雷克斯的思想为基础，由世界著名教育家、作家简·尼尔森和琳·洛特应用于儿童教育，通过既不惩罚又不娇纵的相互尊重的方式，结合和善与坚定的信念，通过家庭会议、鼓励、从错误中学习等多种方法，教孩子“自律”，帮助父母和儿童看护者教育好孩子，带给家庭更多的欢乐。这个体系不仅能改善家长养育孩子的方式，也可以改善夫妻关系和家庭氛围，以及提升个人的性格。这一观点和做法都记录在简·尼尔森和琳·洛特关于正面管教的一系列书籍中。

在家庭教育中，苏霍姆林斯基还特别注重道德谈话的方法，这也是家庭教育中一个不可忽视的方法。道德谈话是家庭中父母与孩子之间进行真诚地交流与沟通的方式。每当孩子遇到困难，或犯了错误之后，家长要调查了解

① 苏霍姆林斯基著，蔡汀等主编：《苏霍姆林斯基选集（五卷本）》（第五卷），教育科学出版社 2001 年版，第 637-639 页。

好孩子的基本情况，耐心而真诚地同他进行情感交流式的谈话，这会让孩子认识事物的本质，意识到自己的问题，并获得改正的勇气和前进的力量。苏霍姆林斯基主张："关于孩子不好的地方，要多利用个别交谈的方式循循善诱启发他改正，应当尽少地让人知道，甚至根本不让大家知道。这样做只有好处没有坏处。本来，我们要培养孩子的心灵。孩子的心田是最细腻、最敏锐的精神织品，对待它应当特别小心、谨慎、亲切、善良。"①

道德谈话不是家庭教育万能的工具，需要家长抓住谈话的时机，掌握谈话的艺术，才能取得谈话的效果。对孩子进行道德谈话应注意以下几点：

道德谈话要震动年轻公民的心。苏霍姆林斯基认为，在同年轻人进行心灵谈话时，不论是教师还是家长，都应当有热情、有激情、有感染力。要产生一种鼓舞劳动所必需的精神能量，只有在这样的时候，年轻人的心才会产生义务感。假如谈话是不热情、无号召力的，只是像传声筒一样，那就不会在年轻人的心灵里建立什么东西，不会使年轻人向往什么东西。

道德谈话应是循循善诱的，有启发性的，和温存的，亲切的。要用最亲切的、最善良的言语去触摸世界上最娇嫩、最敏锐的儿童的心灵，要维护人的尊严，树立人的自尊心。苏霍姆林斯基说："想使孩子知道害羞时，必须善于找到适当的言语以致不会伤害孩子，这是培育孩子最重要的戒律之一。这样的言语是教育学教科书中没有见过的，是教授的讲义中没有写进的，它产生于教师的心田里并染有情感的色彩。只有当教师真心诚意地跟孩子讲话时，学生才能真心地听教师的话。"② 这虽然是对教师提出的要求，对于家长也是如此。

苏霍姆林斯基本人非常注重与学生谈话的艺术。在《把整个心灵献给孩子》一书中，作者记述了这样一个教育学生的实例：

少先队员们在校园内一个僻静的角落里栽培了菊花，当秋天菊花盛开的时候，有一群孩子却把一朵朵鲜花摘下来拿在自己手里，当有人出面制止时，孩子们却无动于衷。苏霍姆林斯基看到后，叫住了摘花的孩子们，先问

① 苏霍姆林斯基著，杜志英等译：《家长教育学》，中国妇女出版社 1982 年版，第 97 页。

② 苏霍姆林斯基著，杜志英等译：《家长教育学》，中国妇女出版社 1982 年版，第 98 页。

他们："孩子们，这地方美吗？你们掐了花，剩下的这些光杆好看吗？"

当孩子们默不作声，意识到犯了错误时，苏霍姆林斯基进一步启发他们说：

"这些花是少先队员们栽的。他们再来这里欣赏花的时候，看见的是什么呢？不要忘记，你们是人们中间生活的。谁都爱欣赏美。咱们学校里花虽多，可是如果每个同学都摘一朵，结果会怎么样？那就什么都剩不下了，大家都没有可欣赏的了。应该创造美，而不是去破坏它、毁坏它。到秋天，天气凉了，我们把这些菊花移到暖房里去，将来在那里欣赏它们的美。为了能摘一朵，要培养出10朵才行。"①

一番娓娓的谈话，收到了良好的教育效果。从此之后，孩子们不再摘花了，他们都在自觉保护花，一起来观赏花的美。

在跟孩子进行谈话时，家长要注意运用恰当的谈话方式。在针对某些特殊内容进行道德谈话时，父母可以采用讲故事的形式。如在向孩子们讲解他们出生的奥秘时，苏霍姆林斯基经常给孩子们讲鹳的故事，这是他专门为孩子们编写的一个关于人是怎么来的童话故事。他认为，这是处理这类问题最适合的方法。因为这是表现着人民的智慧与理想、表现着对我们生活中隐秘的东西的关切、表现着对待儿童敏感心灵的态度的艺术形象。他认为，在这种事情上，应当用诗意般的思想来表达——否则我们就太粗野了。让孩子从具有纯洁的浪漫主义色彩的童话故事中去满足自己的求知欲。他说："这样做，不但不会有任何危险性，相反，只有这样才可以培养孩子纯真的感情。"② 女孩子成年了，可能成为母亲，苏霍姆林斯基主张给她们讲谁是世界上手艺最高的能工巧匠这个乌克兰的神话故事；而在回答少男少女"什么叫爱情"的问题时，他也是用一个优美动人的神话故事来解释的。他认为，在这个故事中，青年一代可以认识到爱的神圣、爱的严肃性，认识到"爱情是一种伟大的力量和智慧，是一种无与伦比的艺术"，是"永恒的美和人类的

---

① 苏霍姆林斯基著，蔡汀等主编：《苏霍姆林斯基选集（五卷本）》（第三卷），教育科学出版社2001年版，第115-116页。

② 苏霍姆林斯基著，杜志英等译：《家长教育学》，中国妇女出版社1982年版，第170页。

永生”。[①]

此外，苏霍姆林斯基还经常为准备做父母的青年进行道德谈话：“在实现从道德上准备怎样做父母这一教育任务时，我们进行了一系列关于做父母的崇高使命的伦理性谈话。这是一系列关于爱情和友谊，关于婚姻、生育和教育子女的谈话。当然，全体教师和家长都应当关心，使每一个学生在学校和家庭里都能亲眼看到自觉的劳动和责任感的模样。”[②]这样的谈话非常重要，苏霍姆林斯基认为这是从道德上准备做父母的第一课。让青年男女掌握必备的家庭道德与伦理知识，对促进他们以后家庭的幸福和未来对自己孩子的教育，都会起到积极的作用。

由此可知，道德谈话并非可以信口开河，而是时时处处都需要父母的耐心、细心、聪明和智慧，父母要拿出自己的一部分精力、智慧和才能，才可以使谈话成为对年轻人的心灵施加影响的无以替代的有用工具，才可能成为明亮的火焰，照亮孩子前进的道路。

第二节　保护心灵纯洁：不让恶习落到儿童心田

在孩子的成长过程中，由于他们的认识水平低，思辨能力差，受家庭、社会和其他方面一些不利因素的影响，自然会染上一些恶习。苏霍姆林斯基归纳起来，孩子身上经常出现的恶习主要有以下 7 种：心灵空虚、对人冷酷无情、个人主义、漠不关心、说谎欺骗、懒惰和游手好闲、虚荣心[③]。在我们现实生活中，这些恶习在不少孩子的身上也不同程度地存在着。如何改掉这些恶习，也让我们的老师和家长十分头痛。

这些恶习的存在对儿童身心的健康成长是极为不利的，也与学校的教育要求和家长的期望背道而驰。苏霍姆林斯基认识到，要改掉孩子身上的恶习，一方面要从小进行，在他们身上的这些恶习还没有生根的时候就坚决改

① 苏霍姆林斯基著，世敏等译：《爱情的教育》，教育科学出版社 2001 年版，第 167 页。

② 苏霍姆林斯基著，蔡汀等主编：《苏霍姆林斯基选集（五卷本）》（第一卷），教育科学出版社 2001 年版，第 113 页。

③ 苏霍姆林斯基著，杜志英等译：《家长教育学》，中国妇女出版社 1982 年版，第 112–124 页。

掉，另一方面也需要家长的大力支持与配合。

因此，苏霍姆林斯基曾做过如下的深刻分析：

怎样防止孩子的心灵受危害呢？在肥沃的田地里如果不种植葡萄，不流汗水，即使无人特意去播种，也会长出飞廉来。人的心灵也是如此。在童年、少年时期，需要以善驱恶，扶正压邪。在孩提时期，即使无人教他学坏（只要不教他学好也就足够了），不爱护孩子心灵的纯洁，也会使他走向堕落。须知，坏种是不容易被发现的，它微小得很。当教师发现的时候，飞廉的种子已经扎根。我的教育体系有一个重要特点，就是要坚持这样一项原则：要时刻保护儿童心灵的纯洁，绝不让一粒恶种落到他们的心田里。①

下面我们以如何改掉孩子的懒惰恶习为例，来分析一下苏霍姆林斯基这方面的教育经验，以及对我们教育工作的借鉴和思考。

在我们日常生活中，经常会遇到一些生性懒惰的孩子，他们大多在父母的娇惯下，整日里游手好闲，无所事事。苏霍姆林斯基曾经对懒惰现象进行过深入分析："懒惰表明心灵处于冬眠状态。懒惰使那些无所事事的人日益蜕化变坏。懒汉有时也能按人们所要求那样去劳动，但对他来说，唯一的动因是强迫，是监督。懒惰有一种特殊表现形式是精神萎靡不振，有这种恶习的学生缺乏一种迫使自己去做更多的努力，把作业完成得更好的内因。对他们亲笔完成的作业的质量漠不关心，就是懒惰的明证。"②

懒惰习惯的形成也是跟家庭教育和影响密切相关的。苏霍姆林斯基认为："治好懒惰，不是一件轻而易举的事。预防懒惰并不容易，然而，把预防懒惰变为热爱劳动，要比治好懒惰后所产生的热爱劳动宝贵一千倍。"③

要想预防或治疗懒惰的问题，必须先了解和分析懒惰产生的根源。苏霍姆林斯基认为："懒惰是游手好闲、虚度光阴的产物。"④懒惰产生于家长对

① 苏霍姆林斯基著，杜志英等译：《家长教育学》，中国妇女出版社 1982 年版，第 112 页。

② 苏霍姆林斯基著，杜志英等译：《家长教育学》，中国妇女出版社 1982 年版，第 122 页。

③ 苏霍姆林斯基著，蔡汀等主编：《苏霍姆林斯基选集（五卷本）》（第二卷），教育科学出版社 2001 年版，第 839 页。

④ 苏霍姆林斯基著，蔡汀等主编：《苏霍姆林斯基选集（五卷本）》（第二卷），教育科学出版社 2001 年版，第 839 页。

孩子从小的娇惯：懒惰的人往往小时候在年长者的关怀下有求必应，自己作为孩子只是提要求和任性胡闹。在一切都唾手可得，不知道什么是困难的地方，就会产生懒汉。无忧无虑、一帆风顺的童年环境，使孩子产生童年会永远继续下去的想法。这种环境就是使一个好端端的孩子变成懒汉的最合适的土壤。在这种情况下，父母通常有一天会恍然大悟：这是怎么搞的，我们不知不觉，孩子已经长大成人了！昨天他还害怕天黑后出去，今天已经在追求姑娘，在外边游逛到半夜……懒惰，是无忧无虑的波浪泛起的泡沫。这是一种严重的精神现象，其根源就是无所用心，对什么事物都漠不关心的人，就会逐渐懒惰起来。

懒惰对孩子的成长来说具有很大的危害性：懒惰常常伴随着缺乏自尊心，不管别人对他怎么看，他都不在乎。游手好闲的人，一般说来，总是在浪费别人创造的财富。然而，一个人享受的东西多，形象地说，有条件当寄生虫，并不表明他有丰富的精神生活。懒汉在精神上是贫乏的、穷困的。懒惰的主要根子之一是精神生活空虚、兴趣贫乏。懒汉首先使人感到他可怜，而根治懒惰的办法之一，是使那些不幸变成懒汉的人能正视自己，看到自己的不幸，并从内心感到这是不幸。

“消除游手好闲和虚度时光的现象，是预防懒惰的极重要条件。”[①] 在一个人的精神生活中，不应有一事无成的阶段。有的成人专门为孩子制造游手好闲、无事可做的条件，并把这种游手好闲称为“儿童的夏季休息”，这是很荒唐的。苏霍姆林斯基建议：城里闷热时，可以把孩子们送到乡下去，让他们在那里，在田间和草地上从事一些力所能及的活动，锻炼自己的力量。

“节制欲望，是预防懒惰的有力手段。”[②] 要让孩子从小就通过亲身的体会懂得“不行”“应当”及“可以”这些概念的实质。教师要同家长一道努力，要从小培养孩子的自理能力，凡是他们自己能够完成的事情，大人一定不能包办代替。苏霍姆林斯基特别强调：“要使人从幼年就经受一些困难。花

① 苏霍姆林斯基著，蔡汀等主编：《苏霍姆林斯基选集（五卷本）》（第二卷），教育科学出版社 2001 年版，第 840 页。

② 苏霍姆林斯基著，蔡汀等主编：《苏霍姆林斯基选集（五卷本）》（第二卷），教育科学出版社 2001 年版，第 840 页。

费一定的体力和精神力量克服困难。体力与意志力结合在一起发挥，有助于培养热爱劳动、积极能干和意志坚强的人。”[①]这如同我们倡导的对孩子经常进行挫折教育的目的是一样的。实践证明，学校和家长有意识地让孩子在受教育的过程中遭受挫折，激发孩子的潜能，从而增强孩子的各种能力，形成健全的人格。

“使孩子有成年人一样的操心事，也是预防懒惰的有力手段。”[②]如果家长把孩子看成未来的成年人，把他想象为成年人，并考虑到，假如孩子把懒惰、懈怠、害怕困难这些毛病带到青年和成年时期，他将怎么生活，那么，懒惰就无法渗透到孩子的心灵里去。因此，要让孩子有成年人一样的操心事。如果一个人在进入青春早期之前，还未亲身体会到依靠自己的双手劳动来供给自己吃穿是人生最重要的因素，那就不可能真正培养出热爱劳动的品质。

“促使人努力求得知识，就是预防思想上的懒惰。”[③]懒惰，不仅是手脚懒，也是思想懒。当你让别人提供现成的思想，而且不经过任何努力就接受这些思想时，思想上的懒惰就会占据人的心灵。正如不假思索地消费别人用劳动所创造的物质财富，会使人手脚懒惰一样，生吞活剥地接受现成的思想，也会使人产生思想上的懒惰。促使人努力求得知识，就是预防思想上的懒惰。苏霍姆林斯基一直倡导教师和家长，不要只把知识的结论教给学生，而让他们自己去探索获取知识的过程，享受到获取知识的欢乐，即我们现在倡导的研究性学习的基本要求。

“丰富精神上的需要，是预防懒惰的途径。”[④]一个人在童年时代，特别是在青少年时代，就要养成乐于劳动、勤奋读书、善于和别人交往的良好习

---

① 苏霍姆林斯基著，蔡汀等主编：《苏霍姆林斯基选集（五卷本）》（第二卷），教育科学出版社 2001 年版，第 840 页。

② 苏霍姆林斯基著，蔡汀等主编：《苏霍姆林斯基选集（五卷本）》（第二卷），教育科学出版社 2001 年版，第 841 页。

③ 苏霍姆林斯基著，蔡汀等主编：《苏霍姆林斯基选集（五卷本）》（第二卷），教育科学出版社 2001 年版，第 841 页。

④ 苏霍姆林斯基著，蔡汀等主编：《苏霍姆林斯基选集（五卷本）》（第二卷），教育科学出版社 2001 年版，第 841 页。

惯，体验到从事创造性活动的精神需要。只有这样他才能获得预防懒惰的免疫力。积极地培养这些需要，把这些需要当作个人极其宝贵的精神财富，是教育学的理论与实践的一个非常有意义的问题。

此外，苏霍姆林斯基还要求家长们要让孩子体验到智力劳动的乐趣，体验到智力劳动中灵感的力量，以此来激发孩子们好学上进和积极参与智力劳动的信心。“我认为，我的最重要任务是让每个孩子在智力劳动中体验到灵感的力量。只有它才是进行独立的、兴致勃勃的智力劳动的巨大源泉，学习的巨大源泉，各种形式的智力劳动——无论孩子是在做单调乏味的语法作业，还是学习诗歌，解算术题，都需要灵感。……灵感也是在生产劳动中克服懒惰的强大力量。”[①] 孩子们通过参加智力劳动，体验到智力劳动中的快乐，激发起继续参加智力劳动的乐趣，他们的懒惰思想自然也就克服了。

怎样来改造生活中的懒汉？苏霍姆林斯基曾举过两个生活中的例子：

你可能会问：如果一个人已经变成懒汉了，那该怎么办呢？例如，五年级学生斯捷帕的妈妈来到学校，无可奈何地把手一摊说：“我对这孩子真是没法子。他回到家里就把书本一丢，吃完了饭就玩，一玩就玩到晚上。”

在这种情况下怎么办呢？

要挽救这个孩子。我们向他的妈妈建议说：“既然您培养了一个小懒汉，那就请您下决心把他改造过来吧！要强迫他坐下来做两个小时的功课。他会习惯起来的，完成作业会使他感到快乐。不要叱喝，也用不着惩罚，因为您是出于好意，而不是出于恶意。在孩子完成作业之后，可以让他干一两个小时的体力活儿。早晨5点钟就叫他起床，对他说：妈妈给全家做饭，妈妈在劳动；你去准备功课，也是劳动。在这样做时，不要喊叫，一点儿也不要说你的儿子是懒汉。从他开始在早晨5点钟起床，并一直学习到7点钟的第一天起，他就不再是懒汉了，就应该表扬他热爱劳动了。”用这种简单的办法改造不了人的例子是没有的。改造懒汉学生的唯一障碍，可能是家长的懒惰。[②]

---

① 苏霍姆林斯基著，杜志英等译：《家长教育学》，中国妇女出版社1982年版，第124页。

② 苏霍姆林斯基著，蔡汀等主编：《苏霍姆林斯基选集（五卷本）》（第二卷），教育科学出版社2001年版，第842页。

通过这个教育案例，苏霍姆林斯基教给了家长怎样改造生活中的懒汉的基本做法。家长要转变自己的教育观念，从正面督促孩子每天完成两个小时的功课之后，再干一两个小时的体力活，每天要按时督促，直到孩子养成习惯。苏霍姆林斯基的这些观念和做法，很值得我们学习和借鉴。

在我的教育生涯中，也曾遇到过生性懒惰的学生。参加工作的第 3 年，在我刚接到的七年级班里，就遇到了一个特别懒的学生叫李明，他的懒惰可是出了名：作业总是拖拖拉拉，偷工减料，从来没有完成过，也没有按时交过；每次劳动就想方设法偷懒，不愿动弹；甚至到了课间操时间，也是经常装病不参加。老师就是拿他没办法：谈话、批评等全都没用。后来我到他的家里进行家访，这才了解到：李明的懒惰主要是由于父母的教育不当造成的，从小父母就包揽了他的一切事务，只要孩子不愿意干，什么事都对他进行迁就。慢慢地，李明就习以为常了：什么事都不会干，什么事都不愿干。在老教师的指导下，我分别同李明和他父母进行谈话，分析了懒惰对人生成长的严重危害性。然后组织跟他相近的 5 个同学成立了爱心小组，制订了爱心帮扶计划，帮助李明在生活和学习上树立信心，让他逐步养成良好的学习习惯和生活习惯，争取一点一点地进步。后来在家长的配合下，经过一个学期的努力，李明终于成为一个正常的学生。

苏霍姆林斯基特别强调，对懒惰的学生进行改造，离不开家长的大力支持和辛勤工作。因为懒惰首先是在家庭中产生，必须要在家庭中得到根除。如果家庭中缺乏热爱劳动的气氛，只靠学校的努力那是不可能取得良好效果的。这也是他们在家长学校的各分部研究的一个重要问题。因此，预防懒惰，是需要学校和家庭共同努力解决的重要课题之一。

第三节　鞭挞不能培育心灵：爱抚有着神奇的力量

苏霍姆林斯基教育思想的核心是关爱每一个孩子，让每一个孩子的个性都得到全面和谐发展，而当孩子出现问题和发生错误之后，必然要涉及惩戒教育。不少家长受传统家庭教育思想的影响，认为孩子在犯了错误之后，对其进行惩戒、惩罚，甚至实施体罚是家长对孩子行使的基本权利，这种思想是严重错误的。

苏霍姆林斯基在成年之后，曾经回忆过童年时代使他感到非常震惊的一件事。多年之后，小朋友米科尔卡被父亲打的事，还在苏霍姆林斯基的内心深处留下了深深的阴影。因此，苏霍姆林斯基在从教之后，决心把全部的爱心献给孩子，潜心研究儿童的教育艺术，反对各种形式的体罚行为，促进儿童全面发展与健康成长：

一个丰收的秋天，树上挂满了成熟了的果实。小苏霍姆林斯基向学校跑去，忽然听见一个男孩在拼命号哭。苏霍姆林斯基转过身去，顿时由于困惑不解和难过而怔住了。老克拉夫琴科扒掉米科尔卡的裤子，用士兵的皮带在猛抽儿子。

“没有老子的同意，不准偷偷动那梨。”父亲一边抽，一边说。

“喔唷，爸爸呀，我再也不啦！……”米科尔卡被打得够呛。

这一顿抽打是在一棵果实累累的大梨树下进行的。

苏霍姆林斯基难以理解这一切，因为在他的记忆中，父亲从来没有揍过他，也从不由于恼恨而打他。母亲在某些情况下会拍上一巴掌，但从来不揍！虽然苏霍姆林斯基并不认为米科尔卡是一个圣人，但他眼下打算冲上去帮助他，并把小朋友从凶狠的父亲手中抢救出来。不过米科尔卡自己挣脱了，并在转瞬间翻过篱笆跑了……①

这个难忘的事件一直促使着苏霍姆林斯基思考孩子的教育问题。

体罚是指通过对人身体的责罚，特别是造成疼痛，来进行惩戒和教育的行为。变相体罚则包括罚抄写作业、罚钱、罚做值日、将学生逐出教室、辱骂学生、讽刺挖苦学生等。变相体罚同样会侮辱学生人格，伤害学生心灵。

苏霍姆林斯基曾分析过儿童成长中的这样一种现象：有的孩子小时候非常善良、温顺和听话，年龄大些之后，却变得粗暴、任性了，发生这种现象是家长“不善于使用家长的权力”的结果，其中最主要的就是暴力、强制甚

① [苏] 鲍里斯 · 塔尔塔科夫斯基著，唐其慈等译 :《苏霍姆林斯基的一生》，教育科学出版社 1986 年版，第 89–90 页。

至是体罚的结果。①

苏霍姆林斯基说，惩罚，尤其是体罚，会严重伤害孩子的自尊心。孩子认为我做了坏事，他打了我，账已经抵消了，就从自我责备中解脱出来了。而且越打越麻木，越没有自尊心，而没有自尊心就什么教育都谈不上了。因此，苏霍姆林斯基一针见血地指出："实际上，皮鞭只能破坏成年人和孩子的心灵联系。显然，它使教师和父母的一切教育努力都注定要失败。假若说小孩子由于受鞭挞可以做出善良的事，但那也只是做样子看的。因为鞭挞是不能培育心灵的。"②

苏霍姆林斯基曾认真分析过体罚给孩子的身心发展带来的严重危害：中小学生正处于身体发育时期，他们的心灵很脆弱，很容易受到伤害，而伤害一旦产生，极容易造成终生的影响。苏霍姆林斯基总是要让家长们相信，体罚不仅标志着家长的软弱无能和惊慌失措，也标志着他们的教育方法极端不文明。因此，苏霍姆林斯基一再告诫他的家长们："切不可对儿童采取体罚办法。没有什么比'强力'迫使手段更为有害和不祥了。用小皮带抽打后脑勺，而不用聪明温暖的良言善语，就等于是用了生锈的斧头而不是用雕塑家脆柔和锋利的雕刀。体罚不仅是对人的肉体的暴行，而且是对人的精神的摧残：皮带不仅会使脊背失去知觉，而且会使心灵和情感麻木不仁。……我知道有些儿童由于遭毒打而变得冷酷无情了，挨打的人，自己也想打人：童年就想打人的人，成年之后就想杀人——犯罪、杀人、残暴的根源产生于童年。"③苏霍姆林斯基曾形象地作了一个比喻，来形容体罚对孩子造成的危害："教师在学生手册里写上：'你们的儿子不想学习，请采取措施。'这实质上就是教师经常把一根鞭子放在学生的书包里，而父亲就用这根鞭子来抽打自己的儿子。试想一下这样的情景：一个复杂的外科手术正在进行之中，技术高超的外科医生正俯身在露出的伤口上动手术。突然，一个腰里别着斧头的

① 苏霍姆林斯基著，蔡汀等主编：《苏霍姆林斯基选集（五卷本）》（第二卷），教育科学出版社 2001 年版，第 694 页。

② 苏霍姆林斯基著，杜志英等译：《家长教育学》，中国妇女出版社 1982 年版，第 102–103 页。

③ 苏霍姆林斯基著，蔡汀等主编：《苏霍姆林斯基选集（五卷本）》（第二卷），教育科学出版社 2001 年版，第 690 页。

屠夫闯进了手术室，他拔出斧头就朝伤口砍去。那么，这把脏斧头，就等于是教育中的皮带和拳头。”①

在教育实践中，苏霍姆林斯基并不排除对学生进行惩戒教育，苏霍姆林斯基的惩戒教育方法一般有：道德谈话，自我教育，让犯错者采取补救措施，甚至进行批评与谴责等。但他无论在什么时候，一直是坚决反对对学生实施体罚行为的，更反对学校不负责任地把问题学生推出校门和推向社会。因此，他对违犯纪律或犯错误的学生实施教育惩戒时，往往是非常慎重的。

苏霍姆林斯基针对犯错误孩子的教育方式，主要强调教师和家长必须要走入孩子的心灵：“我们、教师和教养员同志们，自己都应承认，在学校教育中，还存在着许多许多对教育学无知，有时甚至是不学无术的现象。这首先表现在忘记了一条最普通和最英明的真理，即教育人要首先教心。在人类精神财富的和声中，最细腻、最柔和的旋律应属于心声。在情感教育中，教育学上的无知，按我的看法，这是最大的祸事之一，它常常导致悲惨的结局。”② 教育者只有走进孩子的心灵世界，让孩子知道你是真心在帮助他和教育他，几乎没有不转变成为好孩子的。

苏霍姆林斯基主张父母要用爱抚、亲热来培育孩子。“只有爱抚才是那种有着神奇作用的精神力量，只有它才能保护儿童的心灵不变得粗暴、凶狠、冷酷、淡漠，才能使儿童对触动心灵的细微事物，首先是对善良、爱抚、真诚的言语不会麻木不仁、无动于衷，这是我的教育理念的基础。”③ 苏霍姆林斯基经过上千次观察，认为：“孩子心中的恶狠，只能产生于成年人的粗暴和冷酷无情中，而不能产生于成年人的爱抚中。”当然，这里的“爱抚”不是不假思索地满足孩子的“稀奇古怪的要求”。“用爱抚、亲热来培育孩子，这会给孩子形成一种观点，即如何看待自己的被赋予的生命、尊严和光荣。”④

在苏霍姆林斯基的教育著作中，有很多教育和转变孩子的生动的教育案

① 苏霍姆林斯基著，蔡汀等主编：《苏霍姆林斯基选集（五卷本）》（第三卷），教育科学出版社 2001 年版，第 413 页。

② 苏霍姆林斯基著，杜志英等译：《家长教育学》，中国妇女出版社 1982 年版，第 89 页。

③ 苏霍姆林斯基著，杜志英等译：《家长教育学》，中国妇女出版社 1982 年版，第 95 页。

④ 苏霍姆林斯基著，杜志英等译：《家长教育学》，中国妇女出版社 1982 年版，第 96 页。

例。作为杰出的教育家，他一直针对孩子犯错误的不同性质而采取不同的教育方法，非常值得我们教师和家长们学习和借鉴。

对于自己没有意识到的过失错误行为，苏霍姆林斯基一般采取宽容和原谅的方法。如果是因为出于好心而犯下的过失行为，他还给予适当的鼓励和褒奖。有这样一则著名的教育故事，足以体现苏霍姆林斯基高超的教育艺术：

学校的温室里，是一片鲜花的王国。窗外是凛冽刺骨的严寒，而在这儿，就隔着一层玻璃，蔚蓝色的、玫瑰色的、淡蓝色的、艳红色的菊花竞相开放着。

一年级的小学生季娜一大早就来到了温室。温室里一个人也没有。花朵们都把自己的头转向快要露出地平线的太阳。当季娜开门的时候，花朵们都抖动了一下。她们喜欢安静，开门的响动吓了她们一跳。恢复平静之后，花儿们开始等待着第一缕冬日的、不很耀眼的阳光，但每一朵菊花都目不转睛地望着小姑娘：她干什么来了？

季娜进了温室，向快乐花——一朵淡蓝色的花走去。除了学校的温室，哪儿也没有这种花。季娜的奶奶病得很厉害，夜里感觉非常不好。季娜想给奶奶带去快乐，减轻她的痛苦。

季娜刚刚摘下一朵快乐花，门就响了。花朵们又都抖动了一下，可是，当她们看到是老师时，就都笑了。这是她们忠实的朋友，他每天都来看她们。

季娜认识这位老师，尽管没有教过她。他是一个善良而严厉的人。他喜欢花，也喜欢并尊重那些爱花的人。这位老师对懒惰、不负责任、浪费和无所事事深恶痛绝。冬天没有一个人在温室里采过一朵花，所有人都只是创造、珍惜这份美丽，到这儿来欣赏她们。

看到季娜手里拿着淡蓝色的菊花时，老师显得很惊讶。而季娜看着老师的眼睛，心里却想着奶奶。她的眼前出现了痛苦不堪的奶奶，于是她嚅动着嘴唇轻声说着被她弄痛了的快乐花的名字。季娜的眼睛在请求、哀求着老师。而老师也感觉到了这种哀求。他明白了，这不是在淘气。小女孩摘花绝不是为了随后把它扔掉，在她，小季娜的手里，好像握着要给另一个人带去的生命的希望。

老师走到季娜跟前，拥抱了她，对她说："季娜，你再摘三朵花吧。一朵留给自己，因为你有一颗善良的心。一朵给妈妈，一朵给爸爸，因为他们教育出了一个心地善良的孩子。"

春天的时候，季娜和奶奶来到了学校。奶奶为那朵快乐花向老师表示感谢，并把一株藕荷色的菊花送给了学校。[①]

小女孩私自摘花的行为，如果在平时让我们遇到，一起会引起师生们的惊讶。但苏霍姆林斯基没有一句批评指责的话，没有居高临下地讲"你该怎样，不该怎样"的大道理，而是以平等的姿态蹲下身子和孩子对话，详细了解了其中的情况后，再用三朵花奖励孩子。这不仅是教育艺术的最高境界，也是苏霍姆林斯基博大爱心的具体体现。

对于犯一般性错误的孩子，苏霍姆林斯基常常采取道德谈话的方式对孩子进行批评教育。他也记述了自己亲身经历的一个小故事：

8 岁的尤尔科带着弹弓来到学校。离上课还有不少时间，这名学生蹲在丁香丛下，开始盯着树枝上叽叽喳喳欢跃的麻雀。突然，所有的麻雀呼啦一声飞走了，只剩下一只。尤尔科瞄准了它，打算把它射死，可当这只麻雀掉下来时，他又害怕起来。就在这一瞬间，有人摸住他的肩膀。原来是教师。

教师拨开树枝，尤尔科这才看到，在一个大树墩旁的枯枝上，是一个麻雀窝，窝里有几只没长羽毛的可怜小雏，哀怨地叫个不停。"它们成了没有母亲的孤儿了，"教师沉思着说，"现在谁也救不了它们啦……"

尤尔科几乎彻夜未眠，眼前总是浮现出那几只伸出小嘴凄然鸣叫的小雏。

现在尤尔科已经 30 岁了。这是他几天前说的话："如果您当时惩罚了我，如果您把我父亲叫到学校……我就不会为这次弹弓射杀事件多年来自责内疚了。您迫使我当了自己的法官。我觉得，在我的射杀之后，世界上小鸟叽叽喳喳的叫声都变得寥落了……"[②]

---

① 苏霍姆林斯基著，苏霍姆林斯卡娅编，诸惠芳等译：《做人的故事》，人民教育出版社 1998 年版，第 347–348 页。

② 苏霍姆林斯基著，蔡汀等主编：《苏霍姆林斯基选集（五卷本）》（第五卷），教育科学出版社 2001 年版，第 717 页。

在处理这个事件中，苏霍姆林斯基对尤尔科的错误举动没有进行正面的严厉批评，而是从侧面让他认识到了自己的错误。通过简单几句心灵的谈话，让尤尔科产生了内疚感，这要比教师当场严厉批评一顿效果好得多，这种心灵的谴责也影响了孩子终生。而当孩子们欺侮这些弱小生命的时候，苏霍姆林斯基和他的同行们总是抓住机会，对孩子们进行道德情感教育，让孩子自己感到内疚而改正错误。

对于犯严重错误的甚至是非常调皮捣蛋的孩子，那就必须采取严格的惩戒措施。苏霍姆林斯基也举过他如何惩罚一个调皮捣蛋孩子的事例：

我曾经教过一个任性的、胡闹的、一点也管束不住自己的男孩子罗曼。他会无缘无故地一会儿打了这个同学，一会儿又把另一个女孩子的连衫裙故意弄脏。

有一天早晨上课前，小女孩廖霞哭着来找我，罗曼已经把她扎小辫子的丝带扯去了。我把罗曼找来，对他说："你听着，罗曼，你的自由是一种野蛮人的行为，它会使你在生活中跌跤的。要是成年人干出这种事，人们就会剥夺他们的自由，把他们关进监牢。我们对你将采取另一种办法。把你的右手伸出来……"

他伸出了右手。我从口袋里掏出一根绷带，把他的手掌和手腕缠住，然后把他的手牢牢地捆在衣袋里，使他不能使用这只右手。

"罗曼，我们今天就这样生活，不使用右手。为了不使你一个人觉得孤单，让同学们把我的右手用同样的办法扎起来。

孩子们照我给罗曼的做法一样，对我的右手做了同样的处置。罗曼惊奇地等待着，下面将会发生什么事。

我说："好吧，现在我们就准备这样生活……让我们试一试，这样生活是不是轻松……"

一整天，我都跟罗曼在一起，在校园里，在花园里走，在教室里上课，一起吃饭……这孩子能够体会了：如果有一天真的失去了自由，生活将是一种什么滋味。后来，我又不得不给他上了几课，只是比较轻一些，没有那一次的严厉。罗曼终于学会了约束自己。[①]

苏霍姆林斯基对罗曼调皮生事的事件的处理，非常高明地采取了束缚其右手来限制自由的惩戒措施。学生违犯纪律后，必然要受到一定的惩罚，苏霍姆林斯基没有像一般教师那样采取给右手打板子的做法，而是用一根绷带，把他的手掌和手腕牢牢地捆在衣袋里，让他自己体验一下右手被限制自由的滋味，而且校长跟他一样绑住右手，一起陪同他进行自我惩罚。这是一种“明智地限制自己的自由和愿望”的做法，这种惩戒办法非常人性化，既能让孩子容易接受，也会收到良好的教育效果。

结合苏霍姆林斯基的惩戒教育实践，家长对犯错的孩子实施教育措施时，切忌滥用体罚办法，以免对孩子心理健康造成不良影响。如果孩子犯了错，一定要针对事情发生的原因和过程，引导孩子自己认识到错误和问题，而不是只关注惩罚本身。在教育孩子的过程中，家长要走进学生心灵，设身处地地为孩子们的发展考虑，让孩子认识到家长是在真诚地帮助他，从而让孩子在自觉改正错误的过程中，进行深刻的自我教育。

① 苏霍姆林斯基著，杜殿坤编译：《给教师的建议》，教育科学出版社 1984 年版，第 357–358 页。

第六章

Chapter 6

让孩子在良好的环境中成长

良好的家庭教育环境是促进儿童身心健康发展的根本保障。心理学研究表明，在孩子身心发展过程中，家庭环境和教育起着决定作用。家庭教育能否顺利进行，教育效果是否满意，子女的身心能否得到充分发展，发展水平能有多高，朝什么方向发展，最终能否成才等，从一定意义上说，都是由家庭教育环境决定的。“无知识、无礼貌的环境，早晚会变成孩子的眼泪和愁苦。”[①]有什么样的家庭环境，就有什么样的家庭教育，孩子也就会有什么样的成长道路。

在教育实践中，苏霍姆林斯基特别重视自然环境对早期儿童智力发展的影响，他倡导家长要亲自带领孩子们来到大自然中，开设“蓝天下的学校”，引导孩子进行观察，启迪孩子进行思考，鼓励孩子进行创作，开发孩子的智力和潜能。家庭中要重视藏书和读书，要形成浓厚的读书氛围，家长要做孩子读书的榜样，跟孩子开展各种形式的读书交流活动，培养孩子养成良好的读书习惯。家长要关注孩子的身心健康，遵循孩子成长的自然规律，加强体育锻炼，努力营造有利于孩子成长的自然环境。

---

① 苏霍姆林斯基著，杜志英等译：《家长教育学》，中国妇女出版社 1982 年版，第 3 页。

第一节 到大自然中去：带领孩子到思维的发源地

春天来了，冰雪融化，大雁北归，万物复苏，大自然中充满了无限的生机和活力。每到周末或节假日，我们不少家长总喜欢带孩子走出家门，或旅游踏青，或散步赏春，呼吸新鲜的空气，欣赏大自然美丽的景色，给孩子带来了无限欢乐。但大多数的父母仅仅局限在带领孩子们进行散心和游玩上，并没有在大自然的课堂中对孩子们进行思维训练。如何开发和运用大自然的教育资源，加强孩子们的思维与创作训练？苏霍姆林斯基的经验值得我们学习和借鉴。

苏霍姆林斯基在多年的教育实践与研究中发现，儿童智力发育，在很大程度上要受到周围环境的影响。儿童周围的环境，既包括儿童身边那些复杂的、多方面的人际关系（社会环境），也包括儿童周围的自然环境。

他特别重视自然环境对儿童智力发展的影响，因此他倡导家长要经常带领孩子们来到大自然中，让孩子从学会观察开始，来认识五彩缤纷的世界："从孩子一开始有意识地生活起，父母就应注意周围世界各种事物和现象之间的因果联系，其目的是使孩子学会观察事物。能善于发现、善于观察那些一眼看不出有什么特点的事物，形象点说，因为在印象上生有思考的翅膀。智慧、思考、思维的来源存在于周围世界中，存在于人们所看见、所认识的现象中，这些现象引起了他的兴趣。"①

作为孩子的家长，如何引导孩子进入大自然中来开发智力？苏霍姆林斯基曾举过以下生动的教育例子：

从古代人类文化开始时期直到我们今天，周围世界，首先是大自然，就是思维的极为丰富和取之不尽的源泉。智慧产生于最早期的求知欲。你带着四岁的小儿子去散步。这里有树林，树林后面栽有小树：松树、柞树、桦树。小儿子自己没有看出在老树林与人工栽植的小树林之间有什么区别。应

① 苏霍姆林斯基著，杜志英等译：《家长教育学》，中国妇女出版社 1982 年版，第 47 页。

当培养求知欲，要教给孩子观察。你告诉儿子："看这些高树，再看看这些小树，怎么区别老树和小树？"小儿子没有马上区别出它们，但是，他用心仔细观察，就看出来了。此时在他眼睛中迸发出高兴的火花："在老树林里树行不整齐，而在幼树林中，树行多整齐呀！"

"为什么会这样？"你问。小儿子又开始思考。他想解释他不懂的事情，但他远不能做到他想做的。即便他没答出你的问题，是你给了答案，但求知欲的火花已经在孩子的意识中突然迸发出来；小儿子看见了他从未注意到的事物。假若你不激发起他的求知欲，那他就不会知道为什么幼树林中树行是整齐的，他就不知道人是用自己的手栽植了小树林。

当你进入老树林时，你面前的柞树和桦树的树干是那么粗。小孩子自己已经看到：在树干上有绿色的苔藓，为什么只在树干的一面长着——即背离太阳的一面。"为什么是这样的？"小儿子问。他还没有积累足够的知识来解释这些奇怪的现象，他为大自然所展示的又一秘密所困惑。当你进入树林深处时，小儿子大声喊道："爱琴海！"于是树林远处立刻响起回声，这回声在山谷中滚动并消失在远方。小儿子立刻问道："这是怎么回事？"

瞧，孩子认识世界的路程开始了。父亲利用每个空闲时间来帮助孩子在这个道路上一步步地前进。与孩子一起到田野间、到森林里、到池塘边。那最不起眼的、长满灌木丛的小沟壑也都藏有令人惊叹的东西，只要你善于发现它，并把它展示在孩子的眼前，那令人难忘的，使儿子迷惑、惊奇的时刻，也就是他求知欲的跃起。①

父亲带领小儿子来到树林里，细心观察各种树木的生长情况，启发孩子进行思考，然后父亲一步步点燃了孩子求知的火花。家长要抓住大自然中环境的变化，及时带领孩子们来到野外，启迪孩子们认真观察，积极思考，分析大自然中事物之间的联系，从而促进孩子的智力开发。如果我们每天把孩子关在家里，关在屋子里，无论如何是不能实现这种教育的。

在儿童到了 7 岁进入一年级学习之前，苏霍姆林斯基在学校里举办了"蓝天下的学校"，也叫"快乐学校"，这是孩子们进入小学之前的预备班，

① 苏霍姆林斯基著，杜志英等译：《家长教育学》，中国妇女出版社 1982 年版，第 48-49 页。

类似我们今天的幼儿园和学前班。他们的"幻想之角"是苏霍姆林斯基"蓝天下的学校"教育场所的一部分。"幻想之角"是一个树木丛生的峡谷山坡的洞口，洞内宽敞，四壁牢固干燥。这是苏霍姆林斯基带领孩子们来到蓝天下、到大自然中进行上课的理想场所，孩子们可以在这里尽情地欢叫、歌唱、互相呼唤、捉迷藏等。苏霍姆林斯基经常带领孩子们来到大自然中进行观察和思考，在一年的时间里，小孩子们有了巨大的收获：

> 我周密思考了那应当成为我的学生的思维源泉的东西，规定出孩子们在4年内应当按顺序去观察的东西，以及周围世界的哪些现象将成为他们的思维的源泉。这样就形成了300页的《自然界的书》。这就是说，进行300次观察，让300幅鲜明的画面深深印入儿童的意识里。我们每星期到自然界里去两次——去学习思考。这实质上是一种思维课。这不是热热闹闹的散步，而正是上课。[①]

通过家长带领孩子开展这样的活动，对促进儿童的健康发展和智力开发都会大有好处。

因此，苏霍姆林斯基向教师们和家长们建议：最初的思维课不应当在教室里面对着黑板上，而应当到大自然中去上。只要孩子领略到了语言的芳香，他的心就会激动。要到田野、公园去，要从源泉中汲取思想，这种溶有生命活力的水会使你的学生成为聪慧的探索者、好学好问的人，成为诗人。他曾经千百次地证实：缺少了诗意的、美感的涌流，孩子就不可能得到充分的智力发展。苏霍姆林斯基经常这样思考：为什么人在童年岁月能掌握这样多的本民族语言的词汇？这是因为周围世界的美正是在这个时期首次展现在他面前；这是因为他对每个词，不但领会了它的含意，而且也感受到它色彩的细微差别。通过对美的感受激发孩子们进行创作的灵感，增强孩子们的学习兴趣，这是苏霍姆林斯基通过多年努力探索得出的成功经验。

为了让孩子们尽快学会更多的词语，苏霍姆林斯基注意培养儿童对词的感情色彩的敏感性，让孩子们像对待音乐那样对待词的音响，让孩子们成为"词的音乐家"，珍视词的正确、纯洁和优美。他要求家长们要经常把孩子

---

① 苏霍姆林斯基著，杜殿坤编译：《给教师的建议》，教育科学出版社1984年版，第190页。

们带领到大自然中去，把各种花朵、声音、动作的极其细微的色调指给他们看，把人们的劳动作为一种创造活动展示在他们面前，并且让这一切都通过词、通过色彩细腻的言语反映出来。“我们上一些专门的课来教这些词，如朝霞，傍晚，草原，田野，河流，潺潺，闪烁，隆隆……我们就每一个词跟儿童一起编写作文。词深入到儿童的精神生活里去，他学习用词来表达最微妙的感情，用词来反映从周围世界得来的印象。这是学校里很不容易的，甚至可以说是最复杂的一门科学。”①

我们知道，图画练习对开发幼儿智力起着十分重要的作用。“小学里的图画安排得怎么样，教师在教学和教育过程中给予图画以怎样的地位，这个问题对于发展学生的智力有直接的关系。”②大自然是孩子们学习的最佳课堂，有孩子们取之不尽的教育资源，大自然也是培养孩子们绘画能力的重要场所。

苏霍姆林斯基曾以深情的笔法，描述了自己带领孩子们来到大自然中练习绘画、开发智力的场景：

我们又专门组织了几次旅行，到“思维的发源地”（自然界）去，以便使儿童对周围世界的感知充满鲜明的审美情感。我们在湖边上画朝霞和晚霞，在草地的牧场上画晚上的篝火，画候鸟飞向温暖的远方，画春汛的情景。我高兴地看到：儿童把那些使他们激动、赞叹和惊奇的东西描绘下来，这就是他们对周围世界的一种独特的审美评价。当儿童在画那些体现着美的事物时，对美的感受好像要求表现出来，激发着儿童的形象思维的觉醒。③

大自然不仅是孩子们进行观察和思考的课堂，还是孩子们进行创作的课堂。苏霍姆林斯基引导孩子们来到大自然中，并不仅仅是培养孩子们观察与学习的兴趣，丰富孩子们的课堂生活，而是以观察大自然为手段来引导孩子们进行创作活动。创作活动并不是高年级孩子们的学习行为，苏霍姆林斯基从孩子们一入学开始，就带领他们来到大自然进行创作活动训练。他认为：“创作是一种活动，每个学生似乎都在为这一活动倾注自己的一部分精力。

① 苏霍姆林斯基著，杜殿坤编译：《给教师的建议》，教育科学出版社 1984 年版，第 43 页。

② 苏霍姆林斯基著，杜殿坤编译：《给教师的建议》，教育科学出版社 1984 年版，第 103 页。

③ 苏霍姆林斯基著，杜殿坤编译：《给教师的建议》，教育科学出版社 1984 年版，第 104 页。

他倾注的精力越多，自己的精神生活也就越丰富。创作过程的特点是，创作者可以用自己本身的工作和成果对同自己一起工作的人施加巨大的影响。一个人的崇高精神和灵感可以引起其他人的共鸣。创作活动犹如一根根连结学生心灵的无形的细线。为了使学生对学生产生良好的影响，就得在集体和个人的精神生活中开展创作活动。”①

请看下面的一则教育故事：

有一次，我领着自己教的一年级小学生到野外去。这是一个恬静的秋天的早晨。天空上隐隐约约可以见到一群飞成“人”字形的候鸟，它们发出的低沉的叫声使草原显得十分凄凉。草原似乎也在竖耳倾听这声声的悲鸣。田间的全部耕作都已结束，四周空无一人。我对孩子们说：

“今天，你们每个人都要编出一篇关于秋天天空的小短文。你们可得注意，要仔细看一看，想一想：天空是怎样的？如何来描写天空？要选用美丽而准确的词。”

孩子们静了下来。他们边望着天空边思考。不一会儿，我听到了第一批小短文：

“我们头上的天空是蓝蓝的……”

“天空是蔚蓝色的……”

“天空，仿佛小河中的水，明净、清澈……”

“天空是非常晴朗的……”

“天空是秋天的……”

这就是第一批短文。其他的孩子开始重复同学们所用的词汇。除了蓝色的、蔚蓝色的、清澈的、晴朗的以外，他们再也找不到描写天空的另外的词了。

长着一对蓝眼睛的小瓦利亚站在一旁不作声。“你为什么不作声，瓦利亚？”

“我想用自己的词来描写天空……，但不知道可好……”

---

① 苏霍姆林斯基著，蔡汀等主编：《苏霍姆林斯基选集（五卷本）》（第一卷），教育科学出版社 2001 年版，第 660 页。

"那么你用什么词来描写天空呢？"

"天空是温暖的……"瓦利亚低声而腼腆地说。

"你的词用得很好，瓦利亚……那为什么天空是温暖的呢？"

"因为……很快就要下雪，严寒即将来临，而现在天气还暖和，太阳光有点暖人；在阳光下天空还是暖和的……所以说，天空是温暖的……"

孩子们静静地倾听着瓦利亚所讲的每一句话。他们再一次地环顾四周。他们感到在瓦利亚的话里闪烁着创作思想的火种，这火种燃起了每个孩子心灵中的创作火花。①

他们的创作活动是从训练学生准确使用词语开始的，他认为，创造新词在儿童生活中应占首要地位。由于要创造新词，儿童们对词汇和美这两个极其微妙的手段渐渐变得敏感起来。词汇贫乏就是思想贫乏，而思想贫乏就会造成精神上、智力上、情感上和美感上的"迟钝"。因此，儿童们进行创造新词训练对开发学生的智力具有十分重要的意义。

苏霍姆林斯基让孩子们与大自然进行零距离的接触，欣赏大自然美丽的景色。孩子们光着脚来到蓝天下，绿草地上，大梨树下，葡萄园里，牧草上，尽情享受大自然新鲜的空气和美丽的景色。苏霍姆林斯基一直主张大自然优美的环境对孩子的健康成长具有重要作用。孩子们在这里欣赏了美丽的景色，同老师们和家长们一起唱歌、跳舞、画画等，这样的教育效果一定胜过坐在教室里或家里的空洞学习。

对比我们学校和家庭中孩子们的成长环境，他们从一入学开始，就承受着繁重的学习任务，每天都是上不完的课和完不成的作业，甚至连周末和节假日还要去参加名目繁多的课程辅导班和特长培训班，孩子们的生活正与大自然越来越远。越来越多的孩子不认识天空中的星星，不认识大自然中的生物，不懂得月圆月缺的原因，不懂得欣赏鸟鸣虫吟这大自然的音乐。他们在童年缺少了到大自然中培训这一门课程，终生都难以弥补。愿我们能够从苏霍姆林斯基的教育案例中得到启发，尽可能多地抽时间带领孩子们走进大

① 苏霍姆林斯基著，蔡汀等主编：《苏霍姆林斯基选集（五卷本）》（第一卷），教育科学出版社 2001 年版，第 661–662 页。

自然中，观察自然现象，培育思维活动，进行集体创作，开发学生智力与潜能，只有这样，才能促进孩子们的全面发展与健康成长。

第二节 尊重和热爱书籍：家庭要有浓郁的读书氛围

众所周知，读书在人生成长过程中具有不可替代的作用。古今中外的无数学者都谈过读书的重要性，英国文学家莎士比亚说："生活里没有书籍，就好像没有阳光；智慧里没有书籍，就好像鸟儿没有翅膀。"英国著名小说家毛姆说："养成阅读的习惯等于为你自己筑起一个避难所，几乎可以躲避生命中所有的灾难。"当代教育越来越深刻地认识到，开展家庭读书的意义十分重大，儿童从小养成良好的读书习惯，会促进儿童早期的智力开发，对他的终身学习产生巨大影响。俗话说："一个家庭没有书籍，等于一间房子没有窗户。"可以说，良好的阅读兴趣和习惯是父母送给孩子的最好的礼物，也是家庭教育最成功的一种标志。

阿根廷作家博尔赫斯在《关于天赐的诗》中说："我心里一直在暗暗地设想，天堂应该是图书馆的模样。"引导孩子们把图书馆想象成一个异常美丽的世界，把图书描绘成最为珍贵的礼物。抓住童年阅读的黄金时期，让读书成为孩子童年最美好的记忆。让优秀的图书成为孩子们最为珍贵的玩具和礼品。不让孩子们在童年因缺失阅读而有终生的遗憾，应当是我们教育工作者和家长的共同责任。

美国诗人史斯克兰・吉利兰在一首题目为"阅读的妈妈"的诗中，有这样几句诗，读来让人无比感慨："你或许拥有无限的财富，一箱箱的珠宝与一柜柜的黄金，但你永远不会比我富有，因为我有一位读书给我听的妈妈。"

这段话曾被美国著名儿童阅读研究专家吉姆・崔利斯在其阅读名著《朗读手册》中用作该书绪论的引语。从这首温馨的诗里，我们可以了解到扮演一位为孩子读书的母亲，是一件多么重要而有意义的天职；而孩子又因拥有为他阅读故事的母亲而感到多么骄傲。孩子仿佛是一棵稚嫩的幼苗，凭借父母富有感情的阅读，来满足他们的听觉与视觉，滋养孩子的心灵，经由身心的灌溉，日渐茁壮成长，就能在日后长成一株参天大树。

苏霍姆林斯基在引领学校师生读书的同时，也高度重视家庭的读书活动，并且在这方面进行了一系列的研究与实践，取得了显著的成果。

苏霍姆林斯基十分重视家庭中藏书和读书的重要意义。他认为，孩子的智慧取决于书籍在家庭精神生活中的地位："家庭的智力气氛对于儿童的发展具有重大的意义。儿童的一般发展、记忆，在很大的程度上取决于：家庭里的智力兴趣如何，成年人读些什么、想些什么，以及他们给儿童的思想留下了哪些影响。请你这样告诉学生的家长：'你们的孩子的智慧，取决于你们的智力兴趣，取决于书籍在家庭精神生活中占着怎样的地位。'"[①] 儿童的智力发展水平取决于家庭的文化修养，家庭中应该充满尊重科学、文化、书籍的精神。如果没有家庭的教育，教师们是很难教会儿童阅读的。因此，必须使学生家庭笼罩着崇尚书籍和读书的氛围。"我认为一个非常重要的教育任务，就在于使读书成为每个孩子最强烈的、精神上不可压抑的欲望，使人终生都入迷地想同书中的思想、美、人的伟大精神、取之不尽的知识源泉打交道。这是一条最基本的教育规律。"[②] 读书在丰富儿童精神世界方面的作用十分巨大："只有读书，才能引发满足好奇之心后的惊喜；只有读书，才能为人打开丰富的精神世界。"[③]

在苏霍姆林斯基做学生家长工作和家长学校活动中，都是将强调读书和推荐阅读书目作为重要内容，重视家庭读书对孩子的成长与教育意义十分重大：

我们在学校对家长的全部工作中，贯彻了一系列教育思想。我们认为，儿童的家庭精神生活和学校教学应该统一的思想具有特别重大的意义。教师集体力图使父母相信，家庭中应该充满尊重科学、文化、书籍的精神。我们和家庭一道举办图书日，它的用意就在于让父母为家庭图书室购买文艺书籍。我们在家长教育学校的各部讲课时，在进行个别谈话时，都要谈家庭图

① 苏霍姆林斯基著，杜殿坤编译：《给教师的建议》，教育科学出版社 1984 年版，第 90 页。

② 苏霍姆林斯基著，蔡汀等主编：《苏霍姆林斯基选集（五卷本）》（第二卷），教育科学出版社 2001 年版，第 312 页。

③ 苏霍姆林斯基著，蔡汀等主编：《苏霍姆林斯基选集（五卷本）》（第五卷），教育科学出版社 2001 年版，第 739 页。

书和家庭集体的精神生活问题，我们力求培养儿童具有多方面的精神兴趣和需要，其中对书的需要应当是首要的。我们已经使不少家庭把傍晚前一小时作为读书的时间，儿童和少年这时阅读自己家庭图书室的书或学校图书馆借来的书。

与此相联系，我们也非常重视另一个十分重要的教育思想，即儿童、少年、男女青年的自我教育。这种教育离开家庭和图书，是不可想象的。我们努力使正在成长的人学会利用业余时间，珍惜它，深思熟虑地用发展精神需要的活动来充实它。①

建立和丰富图书角是每个家庭的一项重要的任务。为了让孩子养成读书的良好习惯，家庭的阅读环境是不能缺少的。这种阅读环境首先包括家庭的藏书。苏霍姆林斯基指出："一个家庭没有书，没有图书角，在最好的情况下也不会对学校教育产生任何影响，而在最坏的情况下，这样的家庭环境却会使孩子变蠢，并限制他的智力发展，这样学校就不得不花费很多精力，采取某种措施来弥补家庭精神兴趣的局限性"。②

因此，苏霍姆林斯基要求每个孩子的家长都要为孩子建立一个藏书室，家庭里要划出一定数目的资金定期为孩子购买图书。这不仅是为了让学生有书可读，而且是为了让家长也要阅读这些书。家长的智力兴趣跟孩子自己阅读是同样重要的。老师和家庭一道举办图书日，让每个家庭里都过"书籍节"。让父母为家庭图书室购买文艺书籍，在家庭中形成尊重科学文化、热爱和尊重书籍的气氛。

苏霍姆林斯基还要求做到家庭的藏书量要每月逐步增加："我尽力使每个孩子逐步补充自己的图书，使阅读成为孩子最大的精神上的需求。在孩子们上小学的头两年我就已做到使每一个家庭都有了藏书。在一些家庭里，藏书超过了500册，在另一些家庭里，要少一些，但每家的藏书都逐月增加。如果一个月之中家庭藏书连一本也没有增加的话，那我就认为这是一个令人不

① 苏霍姆林斯基著，蔡汀等主编：《苏霍姆林斯基选集（五卷本）》（第二卷），教育科学出版社2001年版，第702-703页。

② 苏霍姆林斯基著，肖勇译：《教育的艺术》，湖南教育出版社1983年版，第61页。

安的现象。”[①] 他还组织孩子们开展比赛，用自己劳动挣来的钱购书：“让孩子们互相比赛，看谁的私人藏书室里书多。儿童在二三年级时，就想夏天到集体农庄去劳动，用挣来的钱为自己的藏书室购置图书，让收藏书籍成为儿童们最主要的愿望和爱好。”[②]

在配备家庭读书和指导家庭阅读方面，教师发挥着十分重要的示范引领作用。苏霍姆林斯基还专门介绍了学校里一位女教师的做法：

> 这位女教师跟来年即将上学的孩子们的父母进行谈话，她建议家长要丰富家庭的精神生活，开阔儿童的眼界，扩充儿童的表象、概念和兴趣的范围。家长们接受了女教师的建议，购置了书籍作为家庭藏书，并让学前儿童阅读儿童读物。在儿童入学前的几个月，女教师定期地把她未来的学生集合到学校里来，带他们到田野里，到河边。这是一项很有意义的创造性工作，其意义在于扩大儿童的眼界，丰富他们的积极词汇，发展他们的思维能力。她总结了这项科研工作，写成论文发表在共和国的杂志上。[③]

要从小培养孩子热爱读书的习惯。家庭要营造良好的读书氛围。家长的读书对于孩子的影响是深刻的。家里的藏书，不是摆设，父母应该在读书方面为孩子树立榜样：“我们希望父母在把这些著作反复阅读之后，再转交到儿子和女儿的手里。”苏霍姆林斯基的结论是：“凡是道德修养好的，有自觉精神的劳动者，都是在对书籍抱着深刻尊重态度的家庭里长大的。”[④] 从做一个合格的劳动者和未来父母的要求重视孩子们的读书，而且苏霍姆林斯基还规定了孩子们的大体阅读量：“如果一个人到了十四五岁的年纪，还没有积累下自己的精神财富——带着激动的心情、像发现神秘的启示一样，通宵达旦地

---

① 苏霍姆林斯基著，蔡汀等主编：《苏霍姆林斯基选集（五卷本）》（第三卷），教育科学出版社 2001 年版，第 274 页。

② 苏霍姆林斯基著，蔡汀等主编：《苏霍姆林斯基选集（五卷本）》（第一卷），教育科学出版社 2001 年版，第 720 页。

③ 苏霍姆林斯基著，蔡汀等主编：《苏霍姆林斯基选集（五卷本）》（第四卷），教育科学出版社 2001 年版，第 674 页。

④ 苏霍姆林斯基著，蔡汀等主编：《苏霍姆林斯基选集（五卷本）》（第四卷），教育科学出版社 2001 年版，第 674 页。

读过一二本书（有时候也可以让年轻人度过一些不眠之夜），那么他就算不上是一个有着英勇顽强精神的好汉和劳动者、未来的丈夫和父亲。对未来的女劳动者和母亲也是一样。”[①]

苏霍姆林斯基还十分重视家长亲子阅读的作用。为发挥好家长在家庭亲子阅读的示范作用，在帕夫雷什中学的家长学校里，苏霍姆林斯基亲自为家长们编写了一本《人的世界》的文选，占主要篇幅的是童话和儿童读物里的故事。他向家长们说明，应当结合儿童的年龄特点，给他们讲哪些童话故事，应该怎样讲怎样解释。要让孩子们多读一些有关花卉、果树、观赏树和动物的书，读一些关于大气层奇异现象和关于地层深处的科普书籍，读一些关于祖国的书。他反复强调："有道德修养的人，有觉悟的劳动者都是在那些充满深深尊崇书籍的气氛的家庭中成长起来的。"为了帮助和指导孩子们的阅读，为了满足和发展孩子们的求知欲，父母应当多读一些好书，多思考一些孩子成长中的问题。他说："如果家长热爱和尊重书籍，儿童就会热爱它们。"他们还编写《家庭教育读本》，向家长介绍家庭教育知识。为学前儿童的家长们编写了一些建议材料，说明怎样在儿童面前揭示多方面的世界，逐步地激发儿童的认识愿望。

此外，他还要求教师们要教母亲和祖母给孩子讲民间故事，通过民间故事中的鲜明形象激起孩子们强烈的情感。家长要和孩子一起读书，一开始可以由父母先进行朗读，为孩子树立读书榜样；等孩子稍大了，再由孩子自己朗读，逐渐培养孩子养成阅读的习惯。

反之，如果家庭中不重视营造读书气氛，家庭和孩子不追求丰富的精神生活，儿童在成长过程中就会精神空虚，甚至走上违法犯罪的道路：

我研究了460个出了违法少年和犯罪少年的家庭，发现这样的情况：罪行越重，犯罪手段越是惨无人道、残忍无情、动作笨拙的，犯罪者的家庭也是最缺乏智力上、美学上和道德上的追求。在犯罪少年或违法少年的家庭中，没有一个家庭中有家庭藏书的，即使是少量的藏书也没有。我上面讲过

---

① 苏霍姆林斯基著，蔡汀等主编：《苏霍姆林斯基选集（五卷本）》（第一卷），教育科学出版社2001年版，第234页。

的那个犯罪少年的家里，除了教科书之外，别的书一本也没有，而且那几本教科书也是又脏又烂。在这460个家庭里，我总共才找到786本书（学校的教科书不算在内），其中包括学龄前儿童读的小人书。在犯罪或违法者中间，没有人能说出一部交响乐、歌剧乐曲或室内乐的名称，没有一个人能举出一位古典作曲家或现代作曲家的名字。[①]

苏霍姆林斯基还认为，在儿童的爱好中，除去读书之外，“儿童的心灵容纳不下过多的爱好”。特别是在当今社会中，“书籍正面临着跟其他的信息来源进行竞争的局面。因此，即使在那些有好书供学生阅读的地方，书籍也会经常摆在书架上，成为‘沉睡的巨人’。我们认为，教育者的一项重要任务，就是在这场竞争中，要使书籍始终成为胜利者。只有在书籍成为学龄初期儿童的最有吸引力的精神需要的地方，才会有学习的愿望，这种愿望才能确立起来。学生在读些什么，是怎样读的，读后在他们的精神生活中留下什么痕迹？这是一个十分重要的问题”。[②]苏霍姆林斯基的这个观点，应当引起我们广大教育者和学生家长的高度重视。特别是目前针对儿童中电视迷、游戏迷、网络迷越来越多的现状，引导孩子热爱读书，培养孩子们的读书兴趣，养成良好的读书习惯，家庭的作用责无旁贷。

因此，充分认识家庭读书的重要作用，营造良好的家庭读书氛围，重视家庭读书活动，对促进孩子的健康成长与全面发展，意义十分重大，我们无论怎样强调和重视都不会过分。

第三节　赤脚走过童年：家长要关心孩子的健康

苏霍姆林斯基非常关注孩子们的健康状况，并采取了一系列的措施来研究和加强孩子们的健康教育。在《把整个心灵献给孩子》一书中，他提出了

① 苏霍姆林斯基著，蔡汀等主编：《苏霍姆林斯基选集（五卷本）》（第三卷），教育科学出版社2001年版，第404页。

② 苏霍姆林斯基著，杜殿坤编译：《给教师的建议》，教育科学出版社1984年版，第166页。

一个口号："健康、健康，第三个还是健康！"[①] 他说过："我不怕一再重复：对健康的关注——这是教育工作者首要的工作。"[②] 而体育与健康教育，也是苏霍姆林斯基个性全面和谐发展教育理论的重要组成部分。

帕夫雷什中学在建校之初，当时苏联刚刚经历过艰苦的卫国战争的洗礼。大多数的家庭生活条件很差，而且还有许多单亲孩子甚至孤儿，这些家庭都不注意孩子的健康状况和身体锻炼。因此在帕夫雷什中学，苏霍姆林斯基和老师们采取了各种措施去提高学生的健康水平，其中包括创造有益于健康的环境，建立有益于健康的作息制度，增加户外活动时间，大力开展普及性体育运动等，为促进孩子们的全面发展和健康成长奠定了坚实的身体基础。

每当新一届学生在入学之前，苏霍姆林斯基和同事们都对每一个孩子的家庭情况进行调查了解，他们尤其关注孩子们的身体健康状况。他们每年两次把7岁儿童——未来的学生召集到学校来，给他们做健康检查，向家长提出有关饮食制度、体育锻炼等方面的建议。他们把这样的定期检查叫作"健康日"。在对孩子进行定期医学检查时，对他们的视力、心血管系统和呼吸器官等方面的状况予以特别的重视。"家长学校学前组要达到的最重要的目标之一，就是要儿童入学时身体健壮，开始学习以后不致生病。在对6岁儿童进行体检时，要决定夏季应把哪些儿童送到专门为体弱者而设的疗养地去疗养。"[③] 苏霍姆林斯基在同家长们进行的谈话中，特别是孩子入学后的头两年中，谈的主要是孩子的健康状况。他们还经常对一些学业成绩落后的学生进行调查了解和科学考察，他们得出如下结论："这些学生中之所以有85%的人学业落后，知识贫乏，课堂作业和家庭作业不合格以及留级，主要原因就是健康状况不佳，身体患有某种疾病或者有什么毛病，而且往往是医生所无

---

① 苏霍姆林斯基著，蔡汀等主编：《苏霍姆林斯基选集（五卷本）》（第三卷），教育科学出版社2001年版，第138页。

② 苏霍姆林斯基著，蔡汀等主编：《苏霍姆林斯基选集（五卷本）》（第三卷），教育科学出版社2001年版，第138页。

③ 苏霍姆林斯基著，杜殿坤编译：《给教师的建议》，教育科学出版社1984年版，第529页。

法察觉，而只有在父母、医生和老师共同努力下才能弄清楚的。”[①]

在长期的教育实践中，苏霍姆林斯基通过研究还发现了以下问题：儿童早期的不正确的教育，造成儿童发展上的偏差的最有害的因素之一，就是不健康的、经常发生冲突的家庭关系，特别是家长的酒精中毒症。在这种家庭里，儿童智力落后的征兆起初并不显著，但是很快就会变得十分突出了。其次，家庭智力生活的局限性和惊人的贫乏性，是儿童智力落后的原因之一。苏霍姆林斯基曾经调查过几个不幸的儿童，他们的母亲在跟孩子的交往中，所使用的语言里总共只有二三百个词汇。他很痛心地发现这些儿童对于人们平常从童话、民歌里引用的那些词的情感色彩竟茫然无知。因此，在孩子童年时候，保证其健康成长不能单独依靠学校，家长的责任十分重大。苏霍姆林斯基把健康成长的孩子比喻为美丽的花朵，他指出，“我们所期待的美丽的花朵，不可能从天上掉下来。需要多年的努力才能创造出来——培养、防暑、防寒、注意浇水和施肥”[②]，这一切工作主要靠家长来完成。父母如果能够把好的品质灌注到孩子身上，才能从孩子身上得到生活中的欢乐。

为了保证孩子能够身心健康地成长，以适应学校教育工作的要求，苏霍姆林斯基向家长们提出了如下的建议：

科学合理地安排学习与活动时间，保证学生和谐发展。学校组织教学活动要注意劳逸结合。如果学生在学校中体验不到学习的欢乐，死记硬背各门学科的知识，背着沉重的精神包袱学习，就必然会使身体的某些部位发生病变，因此，健康的身体是保证学生和谐发展的基础。他特别指出，教师竭力使课堂的每一分钟都用来进行紧张的脑力劳动的做法是非常错误的，会导致那些隐蔽的毛病和疾患显得特别明显。因此，在学习上也要注意劳逸结合。苏霍姆林斯基把学生的休息分为积极的休息和消极的休息两种。他主张劳动和学习等各种活动的恰当交替是最好的休息，这就是积极的休息，他反对单纯的没有任何活动的消极的休息。在安排学生学习和劳动的过程中，苏霍姆

① 苏霍姆林斯基著，蔡汀等主编：《苏霍姆林斯基选集（五卷本）》（第四卷），教育科学出版社 2001 年版，第 217-218 页。

② 苏霍姆林斯基著，蔡汀等主编：《苏霍姆林斯基选集（五卷本）》（第五卷），教育科学出版社 2001 年版，第 324 页。

林斯基主张从尊重学生的成长规律出发，适当安排各种劳动和活动的交替进行。他说过："我建议高年级学生下象棋和阅读文艺书籍，以此作为休息。在十分安静的环境中聚精会神地下象棋，是振奋神经系统和训练思维的极好手段。"①

合理增加室外活动时间和加强体育锻炼，是增强孩子们健康体质的重要手段。苏霍姆林斯基倡导帕夫雷什中学的孩子们，在夏天一律赤脚走路，这是预防感冒的有效措施。这种做法对我们今天来说，简直是不可思议的做法，但苏霍姆林斯基一直要求他的学生这样去做。他还坚持让孩子们增加户外活动时间，建设游戏场，让孩子从小进行耐寒耐劳的锻炼。苏霍姆林斯基认为，关心孩子身体健康，决不意味着娇惯孩子。他特别强调要让孩子多呼吸新鲜空气，要求家长做到让孩子打开避风窗睡觉，允许孩子在天气暖和时到户外睡觉，鼓励孩子假日到野外去远足和郊游。进入冬季后，他要求家长每天都要让孩子在户外待上一定时间，甚至在零下 10 摄氏度的天气里从事体力劳动。他的标准是 8 岁的孩子每周劳动两小时，9~10 岁的孩子每周劳动 3 小时，11 岁的孩子每周劳动 4 小时。在他看来，耐寒耐劳的锻炼能大大增强孩子的体质，并能有效预防感冒。

建立合理的作息制度，是增强孩子们体质的必要基础。为了促进孩子们的健康成长，在帕夫雷什中学，苏霍姆林斯基从学生的健康教育实际出发，经过长期的探索，建立了一整套科学的作息制度，规定每天在不同的时间从事不同的活动。他要求学生紧张的脑力劳动要在早晨时间进行，因为这个时间学生的思考最活跃也最集中，学习效果最好。"在孩子开始上学前两年，我们就在家长学校的讲课中给他的父母推荐合理的作息制度——早睡早起。因此，待孩子入学时对我们的作息制度在某种程度上已经有准备了。对家长的工作则还要继续进行：我们教给家长如何使孩子自动就寝和自动起床。幼儿会饶有兴趣地练习按照闹钟起床。"② 早起锻炼和做早操等习惯必须在童年时

① 苏霍姆林斯基著，蔡汀等主编：《苏霍姆林斯基选集（五卷本）》（第二卷），教育科学出版社 2001 年版，第 792 页。

② 苏霍姆林斯基著，蔡汀等主编：《苏霍姆林斯基选集（五卷本）》（第四卷），教育科学出版社 2001 年版，第 227 页。

期养成。他要求家长每天按时叫醒孩子起床锻炼，培养孩子早睡早起、坚持锻炼的习惯。“我们花了多年的时间向家长们解释：让孩子早睡早起，把紧张的脑力劳动安排在他起床后的前 8 个到 10 个小时的时间里，这种做法已被科学证明是有好处的。”[①] 上午主要任务是进行学习；而在下午，学校会组织学生们开展各项有意义的活动。

苏霍姆林斯基还要求，教师和家长要督促管理好学生，学生坐在课桌上连续学习时间不能太长：一年级不超过两小时，二年级两个半小时，三年级 3 个小时，四年级 3 个半小时，五、六年级 4 个半小时，七至十年级 5 个半小时。[②] 他要求并帮助家长安装室外淋浴设备，培养孩子洗凉水浴的习惯、冬季用凉水擦身的习惯，通过这些方式来增强孩子们的体质。

合理搭配孩子们的饮食营养，是增强孩子体质的重要保障。苏霍姆林斯基认为：“通过若干年对许多孩子身体发育和智力发展的观察，我们得出结论认为，人在成年时的健康在很大程度上取决于在童年、少年和青年早期各时期充分营养和作息制度的其他因素结合得如何。我们要着重指出：充分的、符合要求的营养要和劳动、休息（睡觉）、空气及经常而又恰当的身体锻炼相结合。”[③] 他们通过研究发现，学校里有 25% 的学生不吃早餐，30% 的学生吃早餐不到正常量的一半，23% 的学生吃早餐只到正常量的一半。这种不良习惯往往导致学生在上完头几节课后就感到头昏目眩。针对这种情况，学校要求家长保证为孩子准备好丰富的早餐，养成学生吃饱早餐上学的习惯。

苏霍姆林斯基认为，有充分价值的、符合孩子健康要求的营养作用十分重要。他特别向孩子和家长们推荐了几种经过科学实践所证明的食物：一是蜂蜜，它是“餐盘里的一块太阳”[④]。在教师们的倡导下，养蜂的家庭越来越多。二是野蔷薇果、刺花李及其他富有维生素果实的果酱，还有苹果。“秋天，我劝说母亲们准备用野蔷薇、乌荆子和其他含有维生素的果子制作

---

① 苏霍姆林斯基著，杜殿坤编译：《给教师的建议》，教育科学出版社 1984 年版，第 71 页。

② 苏霍姆林斯基著，赵玮等译：《帕夫雷什中学》，教育科学出版社 1983 年版，第 166 页。

③ 苏霍姆林斯基著，蔡汀等主编：《苏霍姆林斯基选集（五卷本）》（第四卷），教育科学出版社 2001 年版，第 231 页。

④ 苏霍姆林斯基著，肖勇译：《教育的艺术》，湖南教育出版社 1983 年版，第 54 页。

果酱，以备冬天食用。”[①] 这些果类含有丰富的糖、维生素和矿物质等大脑必需的营养素，有增进记忆、提高智能的效果。三是小麦、黑麦、大麦、荞麦等禾本科植物，有助于增加孩子们身体成长所需要的多种营养物质。四是奶和糖分。“奶和糖，特别是水果里的糖分，在孩子的营养中具有特别重要的意义。早晨起床后，孩子喝一杯牛奶（凉奶），吃面包抹黄油——我们通过对家长的经常解释工作总能做到这一点。”[②] 营养物质的均衡搭配，保证了孩子们身体健康成长的需要。总之，为了保障孩子们的健康成长，家长要做多方面的努力。“良好的营养，加上阳光、空气、水以及适当的劳动和休息，所有这一切配合起来便是无以取代的、有益的健康之源。”[③]

关注孩子成长的自然环境条件，注重孩子居住和活动环境的杀菌作用：这是苏霍姆林斯基对孩子成长的自然环境条件的要求。“我们常常在校务会议上研究，为让学生呼吸到饱含氧气而又没有细菌的清洁新鲜的空气，还应该做些什么。大家决定在工作间周围竖起一道绿化屏障。我们沿着墙壁栽种了葡萄，使秧蔓从下到上把整个建筑都遮盖起来。工作间的窗外是一片绿色海洋，遮掩了强烈的阳光，并且只能使干净的空气进入车间。我校还培植了许多柑橘类植物，使空气在冬季也充满氧气并清除二氧化碳。”[④] 这虽然是对学校中自然条件的要求，但对我们家庭中自然环境的建设也非常具有借鉴意义。

下面就是苏霍姆林斯基对孩子们在夏天室外生活和假期活动的基本要求：

在新鲜空气中的、紧张的体力和脑力劳动的时间越多，各个器官的发育及其功能的发挥就越协调，就越不容易疲劳，睡眠的恢复作用也越好。学生睡觉都开着通风窗，夏季则完全睡在户外，睡在干草垛上、粮田和牧草地附近。草地植物产生的植物杀菌素，可以消灭容易引起肺脏疾患的致病细菌。

---

① 苏霍姆林斯基著，肖勇译：《教育的艺术》，湖南教育出版社 1983 年版，第 54 页。

② 苏霍姆林斯基著，赵玮等译：《帕夫雷什中学》，教育科学出版社 1983 年版，第 172 页。

③ 苏霍姆林斯基著，蔡汀等主编：《苏霍姆林斯基选集（五卷本）》（第三卷），教育科学出版社 2001 年版，第 127 页。

④ 苏霍姆林斯基著，蔡汀等主编：《苏霍姆林斯基选集（五卷本）》（第四卷），教育科学出版社 2001 年版，第 223 页。

如果学生整个夏季呼吸的都是饱含草地植物的植物杀菌素的空气，他就不会患受寒疾病——咽喉炎、气管炎、呼吸道黏膜炎等。

我校学生暑期一般都在自己家乡度过，不专门为休假作任何外出旅行。他们每天都洗几次澡，或在池塘、河沟，或用淋浴。多数学生家里装有淋浴器，可以从春季一直用到深秋。男生夏天穿背心，12 岁以前穿裤衩。年龄到十三四岁的孩子，从春天一直到秋天，不论天气好坏，一律打赤脚。脚的锻炼，是锻炼机体抗病能力的一个很重要的条件。我手边存有 960 个孩子的健康卡片，他们从 7 岁到 17 岁整个夏季都打赤脚，不论刮风下雨还是炎盛夏暑都不怕。他们当中任何一个人从来没生过病。我们有些孩子赤脚在雪地里行走都不在乎，他们冬季每天都在院里走 5-10 分钟，他们都有极好的耐劳能力。①

这里不仅有户外休息与活动的基本要求，还分析了这样去做的原因和好处，对每一位家长都具有很强的借鉴意义。由此可见苏霍姆林斯基对孩子们健康教育的用心良苦。

苏霍姆林斯基特别重视让孩子生活在一个空气清新的环境里。在他的文章中，多次提到让家长们密切配合，让孩子们更多地到新鲜空气中进行活动："饱含禾本科植物——小麦、黑麦、大麦、荞麦以及各种青草——杀菌素的空气，是促进健康的强壮剂。我常带孩子们到田间、牧场去，让他们呼吸到沁透庄稼馨香的空气。我还建议家长在孩子卧室窗外栽种几棵核桃树。这种树木使空气充满能消灭多致病菌类的杀菌素。哪里有核桃树，哪里就没有苍蝇蚊子。"② 他要求"所有少年都需要在户外休息"，午饭之后，躺上半小时，在小花园里休息一会儿；并教会少年们在花园里休息时做呼吸练习。在教室里安装通风设备，窗外种植大量花草树木，以保证良好的空气条件。经常让孩子们晒晒太阳。在行军与游览期间，让孩子们能够在酷暑中晒上几个小时的太阳。"新鲜的空气、良好的营养和丰富多彩的精神生活——这就是

① 苏霍姆林斯基著，蔡汀等主编：《苏霍姆林斯基选集（五卷本）》（第四卷），教育科学出版社 2001 年版，第 229-230 页。

② 苏霍姆林斯基著，蔡汀等主编：《苏霍姆林斯基选集（五卷本）》（第三卷），教育科学出版社 2001 年版，第 66 页。

使身体与精神生气勃勃地健康发展的源泉。”①

这里，我们不难发现，苏霍姆林斯基所采用的一些增强儿童身体健康的措施，是针对农村和乌克兰的具体条件和实际情况提出的。对此，我们不能机械搬用。然而，他在儿童的健康问题上主张锻炼，反对娇惯，主张采取积极的措施，反对一味消极防护的精神，是值得我们学习和借鉴的。

苏霍姆林斯基的健康教育理论是他在教育工作的第一线，与师生们经过坚持多年的实践探索，依据儿童成长的科学原理，不断总结出来的，绝不是在空谈教育理论，而且对今天我们如何加强学生的健康教育也具有很强的针对性和借鉴意义。尊重学生的成长规律和心理特点，从细节要求出发，关爱孩子们的健康成长，按教学大纲要求进行体育教学，让学生掌握卫生保健知识，重视体育比赛对增强学生体质的重要意义。这就是苏霍姆林斯基健康教育的基本要求，对比我们今天的中小学教学，学生负担过重已成为一个突出的现象，孩子们整天待在室内参加学习和进行活动。身体得不到锻炼，小胖子越来越多，这对他们的健康成长是十分不利的。我们应当借鉴和学习苏霍姆林斯基的健康教育思想，促进孩子们的全面发展和健康成长。

---

① 苏霍姆林斯基著，蔡汀等主编：《苏霍姆林斯基选集（五卷本）》（第三卷），教育科学出版社 2001 年版，第 514 页。

第七章

Chapter 7

家长教育学应当成为公民的必备书

为了全面提升学生家长的教育学素养，增强家庭教育的效果，苏霍姆林斯基在帕夫雷什中学创造性地开办了家长学校。苏霍姆林斯基在多年的教育实践中认识到：“我们的社会——无论是家长，还是将要建立家庭的青年，都需要有一本《家长教育学》，需要有一本关于家庭、婚姻的道德修养以及如何教育孩子的书。《家长教育学》应当成为每个公民手边必备的书。”①

他们有计划地把各个年龄段的学生家长请到学校里来，进行系统而完整的家庭教育培训。苏霍姆林斯基认为：“家长教育学是共产主义教育学的第一篇章。”②他们进行培训的基本要求是：“家庭要有高度的教育学素养。”③

苏霍姆林斯基和他的同事们根据不同年龄段孩子成长的特点，把家长们划分为由低到高的5个班级，然后设计了关于孩子心理发展、生长发育、智育发展、教育理论素养等方面的教育话题，有针对性地组织家长们进行授课，同时他们还将家长学校同孩子教育座谈会、优秀家长经验交流会结合起来，收到了良好的教育效果。

---

① 苏霍姆林斯基著，杜志英等译:《家长教育学》，中国妇女出版社1982年版，前言第2页。

② 苏霍姆林斯基著，蔡汀等主编:《苏霍姆林斯基选集（五卷本）》（第二卷），教育科学出版社2001年版，第687页。

③ 苏霍姆林斯基著，杜殿坤编译 :《给教师的建议》，教育科学出版社1984年版，第377页。

第一节 深入研究童年：开办家长学校的重要性

重视家庭教育的作用和家长学校建设，是苏霍姆林斯基教育理论中的精彩和闪光之处。苏霍姆林斯基创立了家长学校，对学前班孩子的家长直到中学毕业班孩子的家长，坚持有针对性的培训和教育，提高全体家长的家庭教育素养，以便家长们能承担起教育孩子的家庭重任。同时，他还身体力行地做好家访和家长座谈等工作，努力提高家长教育孩子的素质和水平。苏霍姆林斯基强调说："没有家长学校，我们就不能设想会有完满的家庭—学校教育。"[①] 虽然目前我们的中小学都普遍开设了家长学校，但在 20 世纪五六十年代的苏联，苏霍姆林斯基的家长学校办得如此出色，确实是一大创举。

关于家长学校的意义，苏霍姆林斯基说得非常明确，他说："我坚定地认为，教育学应当成为所有的人都懂得的一门科学——无论教师或家长都应当懂得它。""在教育方面非常重要的是，要让每个幼儿——未来的小学生能够在人类关系中最大限度地得到他能够得到、发觉到、看到和感受到的一切。因此，必须通过向家长普及教育知识来做到这一点。"[②] 为此他们开办了家长学校。开设家长学校的目的，就是组织家长深入研究童年："在我们帕夫雷什中学，开设了家长学校。这是教师们组织起来的。来上课的有父亲和母亲们，我们做的事情，照我的看法，就是深入研究童年。"[③]

苏霍姆林斯基的家长学校特别要求，学校早在孩子们上学之前就要开始对他们的父母进行教育工作。"家长们在自己的孩子入学两年前就报名参加学习，直到他们的孩子中学毕业为止。""学生在学校学习 10 年，而他们的家长则要在自己的大学里学习 13 年。"[④] 他们的父母在学校里的学习时间比自

① 苏霍姆林斯基著，杜殿坤编译：《给教师的建议》，教育科学出版社 1984 年版，第 398 页。

② 苏霍姆林斯基著，赵玮等译：《帕夫雷什中学》，教育科学出版社 1983 年版，第 8 页。

③ 苏霍姆林斯基著，蔡汀等主编：《苏霍姆林斯基选集（五卷本）》（第五卷），教育科学出版社 2001 年版，第 644 页。

④ 苏霍姆林斯基著，蔡汀等主编：《苏霍姆林斯基选集（五卷本）》（第五卷），教育科学出版社 2001 年版，第 499 页。

己孩子的学习时间还要长。学习期间，每月上课两次，每次一小时。父母双方都必须参加。因故不能出席者，必须向校长或班主任请假。

“在送自己孩子入学的前 3 年，母亲和父亲就开始在家长教育学校里学习。他们每两周听一次课，由校长、主管教育和教学工作的副校长、主管课外工作的副校长和 3 年后担任一年级工作的教师讲课。”① “教导主任、课外活动负责人、教师和校医”也参与讲课。“全体教师都认为，这是一项最必要和最重要的工作。”② 主讲者并不进行泛泛的议论，而是针对存在的问题提出具体、切实的建议。例如，在未来父母的班上，要讲讲夫妇间的相互关系，各自如何把握自己的愿望，等等；在学前儿童家长的班上，要讲讲如何发展孩子的智力和语言能力，如何培养孩子良好的情感，等等。

通过培训学习不断提高父母亲们的教育学知识水平，这实质上就是学校跟家长一起进行共同的工作——细致而艰难的工作，它的最终目标是培养出全面和谐发展的人。通过研究，苏霍姆林斯基发现，最困难的事就是怎样使父母亲们跟教师一起发现和理解自己孩子的精神世界，学会分析事情的原因和结果，把教育看成是一种有明确目的的劳动。在这项共同工作中，主导的思想就是要想到将来，看到将来。如果家长训练班的活动不能变成教师和家长的集体思考的活动，那就是白白地浪费时间。苏霍姆林斯基和老师们经常跟家长一起思考：应当怎样认识教育的目标，已经把子女的教育提高到了怎样的阶段，一起做了哪些教育工作和取得了哪些实际成果，应当怎样预防错误，如果不加预防就会造成哪些后果，以及要成为好的教育者必须具备哪些知识，等等。“我们努力使家长们注意到，在教育自己的孩子时，永远也不要忘记：我们的孩子也要当父亲和母亲，这件事不应当使我们感到出乎意料。”③

家长学校不仅向家长讲授教育理论知识，还注重提升家长的艺术修养：

① 苏霍姆林斯基著，蔡汀等主编：《苏霍姆林斯基选集（五卷本）》（第二卷），教育科学出版社 2001 年版，第 683 页。

② 苏霍姆林斯基著，蔡汀等主编：《苏霍姆林斯基选集（五卷本）》（第四卷），教育科学出版社 2001 年版，第 636 页。

③ 苏霍姆林斯基著，蔡汀等主编：《苏霍姆林斯基选集（五卷本）》（第一卷），教育科学出版社 2001 年版，第 113–114 页。

"在家长学校每一次活动中，除了听讲课以外，父母们还听文艺作品的艺术朗读。"[①] 就是在这一次次欣赏艺术朗读的过程中，家长的艺术素养得到提升，也为教育孩子打下了基础。

帕夫雷什中学还经常组织家长们参加一些非常有意义的讲课活动，每次上课之前，他们都进行了精心的准备："家长学校的课，是学校领导人员最重要的工作之一。他们要为每个班级的课程编排顺序，要调查各个家长的教育知识水平，要配合每一次上课给流动图书馆选出参考书。"[②]

在家长学校上课时，需要教师们具有高度的机智和敏感。苏霍姆林斯基特别要求："任何时候我们都不要把儿童的心灵'兜底翻出来'，不要去讨论家庭关系中那些尖锐的、易伤感情的方面。这一类问题只可以在个别谈话中去涉及。"[③] 因此，老师们特别注意"避免谈及个别家庭中的纠纷和冲突。如果我们谈论这些事，就会使家长们与学校疏远"。[④] 他们只有与家长进行个别谈话时，才谈及家庭中具体的棘手问题以及各种错误和挫折。

家长学校的效果是显著的。通过学校的精心组织，家长们非常喜欢参加家长学校的教学活动："我们成功地使 95%~98% 的家长到家长学校来听课。约有 25% 的家庭既有母亲，也有父亲到家长学校学习。结果，家长们在家长学校学前班听课二三年以后，又一连四年来听初小班的课，在少年班学习三年，然后在青年班（这里八年级属于青年年龄段）学习三年。要是不系统进行教育学的教育，不提高家长的教育素养的话，无论什么样成功的教育工作都是不可思议的。"[⑤] 通过参加系统培训与学习，家长的教育学修养提高了，学校在各方面的工作也得到了家长的大力支持。

苏霍姆林斯基在家长教育的过程中，通过建立家长学校这样一个平台，实现了父母与教师的沟通，实现了家长与学校的沟通，同时也能够及时了解

---

① 苏霍姆林斯基著，杜殿坤编译：《给教师的建议》，教育科学出版社 1984 年版，第 528 页。

② 苏霍姆林斯基著，蔡汀等主编：《苏霍姆林斯基选集（五卷本）》（第四卷），教育科学出版社 2001 年版，第 638 页。

③ 苏霍姆林斯基著，杜殿坤编译：《给教师的建议》，教育科学出版社 1984 年版，第 398 页。

④ 苏霍姆林斯基著，蔡汀等主编：《苏霍姆林斯基选集（五卷本）》（第四卷），教育科学出版社 2001 年版，第 638 页。

⑤ 苏霍姆林斯基著，肖勇译：《教育的艺术》，湖南教育出版社 1983 年版，第 60 页。

孩子在学校的行为及表现，更重要的是通过这个平台实现了父母的再教育。我们现在提倡终身教育，活到老，学到老。家长教育不也正是如此吗？世间还有比教育人更伟大而艰巨的任务吗？

1919 年时，鲁迅先生在《我们现在怎样做父亲》一文中指出，当时社会上存在着“实在欠缺做父亲的资格”的人，“就令硬做了父亲，也不过如古代的草寇称王一样，万万算不了正统”。他在《随感录二十五》中呼吁：“中国现在，正须父范学堂；这位先生便须编入初等第一年级。”鲁迅先生是从社会革命的角色来倡导建立父亲学堂的重要性的。他所倡导的父范学堂，即家长学校，在我们现代社会里已经成为现实，有目的有计划地组织学生家长到学校里来学习家庭教育知识，让每位家长承担起做父亲或母亲应有的责任，这不正是鲁迅先生的愿望吗？

第二节　提高家长教育学水平：家长学校的办学模式

帕夫雷什中学家长学校的办学模式是，参加家长学校学习的听众们按照孩子们的年龄分为以下 5 个组：①学前组（5 至 7 岁儿童）；②一、二年级组；③三、四年级组；④五至七年级组；⑤八至十年级组。每组每月活动两次。此外还包括两个特殊的小组：还没有孩子的年轻夫妇、在智力发展和身体发育上有缺点的儿童的家长。[①] 家长学校的心理学和教育学课程共计 250 学时，这比任何学院或大学的这门课程的授课时间都多得多。“主要的活动形式是由校长、教导主任和最有经验的教师进行讲课或谈话，把心理学和教育学的理论知识跟家庭教育的实际紧密地联系起来。”[②]

教学大纲涉及师范学院课程的各个部分：“我们拟定了学习大纲，其中包括诸如儿童的体力、心理、智力、道德和美感方面的发展，家长在思维教

---

① 苏霍姆林斯基著，蔡汀等主编：《苏霍姆林斯基选集（五卷本）》（第四卷），教育科学出版社 2001 年版，第 636 页。

② 苏霍姆林斯基著，杜殿坤编译：《给教师的建议》，教育科学出版社 1984 年版，第 397-398 页。

育方面对未来小学生的关怀问题。”[①] “我们着重讲年龄心理、个性心理和体育、智育、德育、美育理论。”[②] 在帕夫雷什中学家长学校的教学大纲里，既包括共同性的教育教学问题，也有学前期、学龄初期、少年期和青年早期教育上的一些特殊问题。“我们摆在中心位置上的一个最重要的问题，就是教育目标问题。‘我们要培养什么样的人？’在家长学校的每一个组里，都是从这一讲开始的。”[③] 他们尽量地做到，让每一位父亲、每一位母亲把在家长学校里学到的理论知识，能够跟自己孩子的精神生活联系起来。

苏霍姆林斯基通过家长学校对家长进行教育的基本要求是：

家长教育的对象范围比较广。包括学龄儿童家长、学龄前儿童的家长、刚刚怀孕或新婚的年轻人，以及高年级的学生和未婚青年。他曾经多次明确指出：“不是所有的人都要做物理学家、数学家，可是所有的人都要做父母、丈夫或妻子。”[④] 强调每个人在成年以后都将做家长。因此，每个人都应该接受如何做家长的教育。

家长教育的内容根据其教育对象的不同而有所不同。对学生家长主要从解决儿童教育中遇到的实际问题出发，带着强烈的问题意识向家长传授实际教育技巧，提升教育素养，教育他们如何培养孩子的智力、语言能力，如何培养孩子的情感等；对年轻父母进行婚姻关系教育，使他们能够正确处理好夫妻关系，从小培养孩子良好的道德情感；对未婚青年进行婚姻准备教育，教育他们树立强烈的责任心和义务感，培养双方对婚姻的忠诚感；对高年级学生进行爱情教育，帮助他们树立正确的爱情观，教导他们如何寻找真正的爱情。

家长教育的课堂根据家长的需要灵活组织上课。苏霍姆林斯基建立的家长学校，定期组织家长集体来到学校里，在将家长按照有无孩子及孩子的年级分成不同组别的基础上，既进行系统的关于教育素养的培训，也根据个别

---

① 苏霍姆林斯基著，蔡汀等主编：《苏霍姆林斯基选集（五卷本）》（第三卷），教育科学出版社 2001 年版，第 202 页。

② 苏霍姆林斯基著，蔡汀等主编：《苏霍姆林斯基选集（五卷本）》（第四卷），教育科学出版社 2001 年版，第 51 页。

③ 苏霍姆林斯基著，杜殿坤编译：《给教师的建议》，教育科学出版社 1984 年版，第 530 页。

④ 苏霍姆林斯基著，杜志英等译：《家长教育学》，中国妇女出版社 1982 年版，第 5 页。

家长的情况开设特别的辅导班，或者教师有针对性地开设一些专题讲座，在解决实际问题的基础上，教师与家长共同探索关于儿童教育的科学规律。

根据以下苏霍姆林斯基所列举的第五个家长学习组（八至十年级组）的家长学校的谈话题目，我们可以看到其内容包括孩子成长的各个方面：

（五）八至十年级组

① 15 岁到 17 岁男女青年的解剖生理特点和心理特点。②身体的、道德的、社会的和性的成熟的统一。③要善于尊重青年的独立性。④青年时期的世界观和信念的形成。⑤道德坚定性，对丑恶事物的不肯妥协、不屈不挠和不能容忍的精神的培养。⑥书籍在青年的精神生活中的作用。男女青年的个人图书室。⑦男女青年的道德教育、审美教育、情感教育和性教育的统一。⑧男女青年公民义务感的教育。⑨男女青年的劳动教育。⑩青年早期的自我教育。⑪青年的精神需要及其发展。⑫青年的智育和兴趣。⑬个人爱好、才能和志向的培养。⑭青年的知识、信念和行为。⑮怎样跟男女青年讲恋爱、婚姻、家庭的问题。⑯青年早期的劳动和学习制度。⑰职业定向和专业选择。⑱青年的法制认识。⑲年长者的榜样在青年教育中的作用。⑳男女青年的社会公益活动和公民义务活动。㉑对青年教育中的教育机制。㉒预防青年期的神经疾患和心脏疾病。㉓勇敢精神、坚定性和不屈不挠精神的培养。㉔青年服兵役的准备。㉕对男女青年的阅读指导。㉖教育男女青年珍视我们社会的道德财富。①

我们可以对这 26 个谈话题目的内容进行归类，总结出其家长学校的教学内容主要包括以下几个方面：

1. 关于爱情、婚姻、家庭等的情感教育

苏霍姆林斯基认为，家长教育要从对高年级学生所进行的爱情教育开始，教育这些即将进入恋爱季节的学生们端正自己的价值观，树立正确的爱情观、人生观，培养对感情高度负责的责任心。他教育年轻父母要坦然接受婚姻生活与爱情生活的不同，在婚姻生活中力求互相尊敬、互相体贴、相互

---

① 苏霍姆林斯基著，杜殿坤编译：《给教师的建议》，教育科学出版社 1984 年版，第 402 页。

忍让，使感情服从理智，为了家庭的幸福，为了孩子，甘愿放弃自己的部分愿望，能够克制自己的愿望。希望父母们在孩子很小的时候就开始培养他们和家庭成员的融洽关系，教育孩子从小热爱劳动，使他们养成关爱老人、孝敬父母、关心兄弟姐妹等优秀品质。

2. 关于儿童生长发育的知识教育

苏霍姆林斯基的家长教育思想建立在科学的基础上，他在家长学校里向家长们传授关于儿童生长发育的科学知识，帮助家长们了解孩子身心发展的科学规律，让家长们和教师一道为孩子们制定科学合理的饮食和作息制度，细心观察孩子的身体健康状况，积极保护孩子的视力，安排丰富多彩的户外活动，使家长在了解孩子生长发育基本知识的基础上，积极地、随时随地地关注孩子的身体，促进孩子健康成长。

3. 关于家长与儿童成长发展相关性的教育

苏霍姆林斯基多次强调家长与儿童的成长发展之间极为密切的联系，认为孩子对父母的言行有着极强的模仿力，因此，他教育家长们要时刻注意自己在孩子面前的一言一行，努力进行自我教育，在不断提高自我修养的基础上，给孩子做出好的榜样，增加对孩子进行教育的筹码。他还要求家长们必须在教育子女的问题上始终保持一致，他认为，父母的任何分歧和争吵都会在孩子的心灵中产生开始是困惑莫解，之后便是不听话，所以父母都应该彼此忍让。

4. 关于提高家长教育理论素养的教育

家长们要在家长学校中学习十至十三年，学习的题目有：解剖生理学的特征、神经系统、身体和心理的发育、儿童的精神生活等，随着学习年限的增长，家长们积累的理论性比较强的教育学知识也就越多。

苏霍姆林斯基和他的同事们不只是同家长们进行谈话和授课，还经常就家长们关心的话题展开讨论，增强了家长课程的针对性和实效性：

在家长学校各班使用的一节讲义中，我特别提出了一个问题：孩子怎样复现长辈的性格？家长、长辈的个别细微特点好像是难以捉摸的，可是在新的条件下，这个特点扩大了，变成了孩子身上一个明晰的性格特征。摆出这种现象，引起了家长们的极大兴趣。正是这种需要细心和耐心的分析，构成了对家长们（集体也好，个别也好）开展经常性工作的内容。为了使学校和家庭的教育影响一致起来，这样做是十分重要的，其目的在于使家长们在自己的孩子身上发现自身，并理解孩子发展的辩证法。①

家长学校工作的另一个形式是召开家教经验交流会，请家教成功的家长介绍经验，把家教不太成功的家长单独请到学校来，给他们上教育学、心理学的课。每一年他们还要邀请家长到学校参加学校联谊活动，他们的课外活动小组都是由有经验、有能力的家长担任主持人。

为了满足学校内不同孩子成长发展与教育的需要，苏霍姆林斯基还针对不同类别的学生家长进行开班上课。一是为“智力发展有缺陷的学生的父母开班，是我们的一大成绩”。② 帕夫雷什中学在 1969—1970 学年度，专门开设了这个班级，从家庭影响的各个方面对孩子进行了全面分析，并对家长提出了具体详细的要求。为了预防疾病、增强体质，帕夫雷什中学在 1969—1970 学年度专门为一、二年级的学生家长上了怎样促进孩子健康成长的课。他们还举办了学校心理讲习班：“专门研究儿童的，大约一个半月举行一次”。③

为了开诚布公地交谈家庭具体情况下的教育，让家长深刻地思考家庭教育的过错，苏霍姆林斯基还经常同个别家长进行谈话，特别安排女教师同母亲谈话，安排男教师同父亲谈话。他说过：“决定家长一般精神修养和教育修养的条件和前提是，没有两个家庭是绝对相同的，每个家庭都有自己的特点。因此，同母亲和父亲个别谈话——儿童不在场的谈话，是我们家长教育学校的一个有机组成部分。”④ 在谈话中，他还要求：任何情况下都不要让儿

① 苏霍姆林斯基著，肖勇译：《教育的艺术》，湖南教育出版社 1983 年版，第 61 页。

② 苏霍姆林斯基著，蔡汀等主编：《苏霍姆林斯基选集（五卷本）》（第四卷），教育科学出版社 2001 年版，第 637 页。

③ 苏霍姆林斯基著，蔡汀等主编：《苏霍姆林斯基选集（五卷本）》（第四卷），教育科学出版社 2001 年版，第 638 页。

④ 苏霍姆林斯基著，蔡汀等主编：《苏霍姆林斯基选集（五卷本）》（第二卷），教育科学出版社 2001 年版，第 686 页。

童知道教育中的困难和烦恼、成功和疏忽，这样做只会有害处。在良好的家庭中，父亲善良和睦、互敬互爱和互让是教育影响的主要力量。他们经常组织这样的谈话："对学龄中期和学龄后期学生的家长，我们每月进行一两次小组咨询和个别谈话，内容是谈怎样发展禀赋、爱好和才能，怎样为青年人选择今后的生活道路。"①

需要特别注意的是：对家长进行个别谈话，一定不要对教育中犯错误的家长从"整人"的角度进行讲课或谈话。"如果你开始'揭人心事'，把人家的不幸（不善于教育首先就是不幸）置于众目睽睽之下，那么，来听你讲课的家长会越来越少，你将使他们和学校疏远，而特别危险的是，他们会对一切都不顾，说：我无论怎样做也不会成为好父亲，别人家的孩子是好的，我的孩子注定是不好的。"②

帕夫雷什中学通过对家长进行关于如何教育孩子的指导，也促进了家长的自我教育，使家长自身的行为完美起来，更加认识到对家庭和儿童应承担的责任感："家长知道了儿童的模仿能力很强，就会经常检点自己，以批判的态度对待自己的行为。他们不再把儿童的教育看成是采取一连串'非常措施'的事，而看成是一种不断的、非常细心的劳动，看成首先是要使自身的行为完美起来。我们力求使家长通过教育儿童而自己也振作向上，使他们加强对家庭、对儿童的责任感。"③

学校举办如此复杂的家长学校，会不会加重教师的负担？苏霍姆林斯基给予了否定的回答："因为我们把自己从许多不必要的、在学校里广泛存在的同家长交往的形式中解放出来了。我们不对孩子进行家访，孩子的父母亲自来找我们。"④可见，家长学校已经成为学生家长在学校的必修课程，并深受家长们的欢迎。通过进入家长学校参加学习，密切了家长与教师的联系，提升了家长的教育素质，在一定程度上减轻了教师做家长和学生工作的负担。

① 苏霍姆林斯基著，杜殿坤编译：《给教师的建议》，教育科学出版社 1984 年版，第 533 页。

② 苏霍姆林斯基著，蔡汀等主编：《苏霍姆林斯基选集（五卷本）》（第二卷），教育科学出版社 2001 年版，第 686 页。

③ 苏霍姆林斯基著，杜殿坤编译：《给教师的建议》，教育科学出版社 1984 年版，第 531 页。

④ 苏霍姆林斯基著，杜志英等译：《家长教育学》，中国妇女出版社 1982 年版，第 61–62 页。

苏霍姆林斯基家长学校的授课内容非常广泛，涉及孩子成长与教育的方方面面。由于资料所限，我们现在虽然看不到每一个谈话的具体内容，但从他们所列举的谈话内容的设计来看，苏霍姆林斯基的家长学校已经形成了完整的系列化校本教材，形成了一整套系统的家长课程体系，保证学校和教师能够依据教学计划和校本教材开展正常有效的教学活动。这不仅在当时，就是在家庭教育研究如此深化的今天的中国，一所普通的农村学校，能做到如此严密而丰富的程度，也是非常难能可贵的。

第三节　父母都要参加学习：家长学校的教学活动

帕夫雷什中学连续十多年举办“家长学校”，它的任务是不断地提高父母的教育修养水平。家长学校给父母们提供一些实际建议，说明怎样在家庭里为儿童创造一个良好的成长环境。苏霍姆林斯基曾经亲自为学前儿童的家长们编写了教材，说明怎样逐月地、逐年地在儿童面前揭示自然界、劳动、艺术、人的相互关系等构成的这个多方面的世界，逐步地激发儿童的认识愿望。

在家长学校的教学大纲里，既包括共同性的教育学问题，也有学前期、学龄初期、少年期和青年期教育上的一些特殊问题。苏霍姆林斯基认为极其重要的一点，就是要使“设计人”的工作不仅成为教师的事业，也要成为家长的事业。① 他们在分析教育过程时，运用一些实际事例来说明：学生从家长那里得到些什么，从教师那里得到些什么，以及从他度过闲暇时间的那个环境里得到些什么。讲清楚儿童是怎样受到家长影响的，这也可以促进家长的自我教育。

在家长学校的各个组里，苏霍姆林斯基都要专门讲到学校和家庭在教育影响上保持一致的问题。这种教育影响的方向就是培养关心人、体贴人、待人诚恳、对一切有生命的东西抱善良的态度这些品质。学校和家长的教育影响的一致，对于培养学生的自我意识和自尊感起着很大的作用。

针对不同年龄段学生的家长情况，苏霍姆林斯基进行了不同的教学设

① 苏霍姆林斯基著，杜殿坤编译：《给教师的建议》，教育科学出版社 1984 年版，第 530 页。

计，组织了不同的教学活动。苏霍姆林斯基把幸福的内容置于家长讲座的首位，他曾作了一个生动的比喻："如果把我们的生活跟一棵开满鲜花的树相比，那么，我们的父亲们和母亲们就要研究花朵：我们可以期望于这些花朵是什么？这些花朵会结出什么样的果实？在我们开设的20个讲座里，置于首位的是关于幸福的内容。"①

在苏霍姆林斯基的家长学校里，除去按照学校计划定期组织不同的家长进行系统的教育培训之外，苏霍姆林斯基还针对不同的家长设计如下特殊的教育内容：

1. 为新婚的青年男女开设家庭关系修养课程

帕夫雷什学校已开设了"家庭关系修养"这门课。他们教育男女青年，如何做好结婚的准备，如何处理好家庭生活，什么是家庭关系中的高度文明以及如何教育子女。②新婚夫妇是未来的父母，他们也要组织起来参加家长学校的学习，"主要是讲解关于夫妻相互关系的修养，关于人要驾驭自己的欲望，要使自己的意愿与别人协调一致等"。③现实中，很多男女青年在结婚时，并没有学会正确处理两人的关系，也没有人向他们传授这方面的知识。他认为："在日常生活中，所说的幸福与不幸，成功与失败以及两人（往后就是家庭集体）所共同创造的精神财富，所有这一切都应是建立在人们关系的修养上的。"在讲课过程中，苏霍姆林斯基还十分注意给他们上课的技巧，小心翼翼地保护好新婚夫妇的隐私："一方面我们要保护人的不可侵犯的秘密世界，与此同时我们可轻轻触及，可以说是人们内心中最隐秘的角落。这也正是吸引年轻的父亲和母亲的地方。"④

2. 为刚生孩子的父母展示特殊的"敏感区"

苏霍姆林斯基引用列·尼·托尔斯泰的话说："孩子的降生为父母建立了

---

① 苏霍姆林斯基著，蔡汀等主编：《苏霍姆林斯基选集（五卷本）》（第五卷），教育科学出版社2001年版，第644页。

② 苏霍姆林斯基著，蔡汀等主编：《苏霍姆林斯基选集（五卷本）》（第四卷），教育科学出版社2001年版，第717页。

③ 苏霍姆林斯基著，杜志英等译：《家长教育学》，中国妇女出版社1982年版，第51页。

④ 苏霍姆林斯基著，杜志英等译：《家长教育学》，中国妇女出版社1982年版，第51页。

一个特殊的‘敏感区’。”[①] 他在学校里要求做到：“我们尽一切可能来给父母展示这一敏感区，使他们坚信，须用自己生活的每一步来对孩子进行教育，以便在孩子的心灵中留下一点儿自己的智慧、道德、精神的印迹。”[②] 让孩子的父母从孩子降生之后，就学会照料和培育幼儿的教育方法，关注生活细节，走好生活的每一步，学会对孩子从小进行心灵的教育。

3. 为学龄前儿童父母讲课的内容

学龄前是儿童成长的重要阶段，在苏霍姆林斯基当时的条件下，还没有像我们专门进行学龄前儿童教育的幼儿园。因此，对孩子们进入小学前这一阶段的培养，成为学校教育的一项重要任务；而对其家长的教育，也成为帕夫雷什中学家长学校的一个重要组成部分。

学校要求家长密切配合，重视对孩子学习能力的培养。“在家长学校学前组的活动中，关于培养儿童将来顺利学习所必需的技能和技巧问题是十分重要的。在我们这里已经成了传统：7 岁的儿童在进入一年级学习时，已经会读、写一些字母，会画画。在阅读、书写、图画的教学中，家庭起了很大作用。6 岁到 9 岁（有些是 5 岁）的学前儿童，每天到我们学校的预备班里学习两小时。我们把这种预备班叫作‘蓝天下的学校’。它的主要任务是教给儿童思考。在预备班里，还帮助孩子们学习阅读和书写。如果没有家庭的教育，我们是很难教会儿童阅读的。”[③]

苏霍姆林斯基特别关注学龄前儿童家长的教育学知识的培养，注意教给他们如何培养孩子的智力、语言能力，如何培养孩子的情感。有些专题讲座题目是“父与子”“母亲与女儿”“家庭是人们相互关系的大学校”“孩子道德修养的初期标准”等等。[④] 学龄前的几年是打下道德基础的时期。在家长学校的学前组，苏霍姆林斯基每年都要讲到下列题目：《怎样培养关心别人的品质》《怎样打下尊敬长辈的根子》《怎样培养孩子爱善憎恶的态度》。在讲课中，他用生活中的实例来说明，应该怎样限制孩子的不合情理的愿望，

---

① 苏霍姆林斯基著，杜志英等译：《家长教育学》，中国妇女出版社 1982 年版，第 52 页。

② 苏霍姆林斯基著，杜志英等译：《家长教育学》，中国妇女出版社 1982 年版，第 52 页。

③ 苏霍姆林斯基著，杜殿坤编译：《给教师的建议》，教育科学出版社 1984 年版，第 528 页。

④ 苏霍姆林斯基著，杜志英等译：《家长教育学》，中国妇女出版社 1982 年版，第 52 页。

同时又要发展善良的、有益的意向。由于苏霍姆林斯基非常熟悉每个家庭的特点，所以他能提出具体的建议：每一个儿童应当对长辈（祖母、祖父、母亲、父亲）尽一些什么义务。①

4. 为各年级学生家长讲课的内容

在教学上，苏霍姆林斯基身体力行，亲自为家长们讲课，注意理论知识的系统性、连续性。苏霍姆林斯基认为："要是不系统进行教育学的教育，不提高家长的教育素养的话，无论什么样成功的教育工作都是完全不可思议的。"② 苏霍姆林斯基讲的课见解精辟，情趣横溢，所以深受家长们的欢迎。他要求父母要像园丁培养幼苗那样去照管孩子，从小就注意培养他们的社会责任感、集体荣誉感、公民自豪感。帮助他们关心周围世界，了解和认识人们，引导他们为人民谋福利，做好事，这样才能使孩子成为真正的人，幸福的人。

除去家长学校的教材之外，苏霍姆林斯基还为家长们编写其他教育读本。如他给家长们选编的文选读本《人性的世界》中，童话和儿童故事占了相当大的篇幅。在这本书里，他向家长们解释"应当向学龄前儿童讲述哪些童话，在家庭里应当置备一些什么儿童书籍，应当如何阅读和解释它们"③等等。

在苏霍姆林斯基所写的1500多篇童话故事中，许多篇目都和家庭教育有关。这些故事被他引用到讲课中，给人极深的教育和启发。他经常向家长们强调："创造人，培养人的智能、感情、意志、性格、道德美和人性美，是一项最高尚的工作，这是人的最大幸福。""我们创造人，不仅要对他今天的每个行为负责，也要对他的未来负责，而未来——一个人的智慧、情感和信念——的根基是现在打下的。"④ 他向父母们强调：幸福不是遗产，它不能留下，也不能继承。对孩子过分溺爱，放由孩子任性，是不会使孩子幸福的。对孩子娇生惯养，使孩子从小好逸恶劳，这正是产生社会灾祸的幼根。

---

① 苏霍姆林斯基著，杜殿坤编译：《给教师的建议》，教育科学出版社1984年版，第528页。

② 苏霍姆林斯基著，杜志英等译：《家长教育学》，中国妇女出版社1982年版，第57页。

③ 苏霍姆林斯基著，杜殿坤编译：《给教师的建议》，教育科学出版社1984年版，第527页。

④ 两句出自：苏霍姆林斯基著，杜志英等译：《家长教育学》，中国妇女出版社1982年版，第135页。

帕夫雷什中学的家长学校还有一项重要任务，就是学校定期对孩子的成长情况进行教育鉴定，然后在家长会上向家长们进行报告。“大约一个半月举行一次，由某一个班主任教师做题为“对某个学生的教育鉴定”的详细报告。”① “教育鉴定中放在首位的是儿童的健康状况、身体发育情况，以及对儿童全面发展的条件的评定。”② 教师要做这样的鉴定报告，需要做大量的准备工作，而且必须具备高深的教育素养。教师既报告自己的观察现象，也介绍医生定期检查的结果。他们非常重视的一个项目，就是对儿童智力发展的个人特点的评定：孩子如何感知周围世界的事物和现象？他的概念是怎样形成的？他的言语特点是什么？他如何识记？等等。“我们在分析某个具体孩子的这些特点时，就能探索到他的脑力劳动的根源。在集体讨论的过程中，在研究儿童的热烈辩论中，常常会揭示出一些令人惊奇的情况。”③

在家长学校里，苏霍姆林斯基还根据父母的不同性格特点，注意对母亲、父亲分别安排不同的上课内容。“在家长学校里有时只给母亲们上课。……在阐述有关少年的性教育问题时，这样做是必要的。”④ 他们注意发挥父亲在教育孩子方面的重要作用：“冬天的晚上，父亲们常常到我们学校里来。我们这些教育者就同他们谈论一个特别的话题——男子在家庭中的崇高职责。这类谈话具有重要的意义，因为在教育事业中，父亲起着独特的作用。”⑤ “在同父亲们单独上课时，我们阐述了一个父亲应当如何将生活的智慧教给他的儿子，在教育中应当如何表现坚强的意志和不折不挠的性格。”⑥

在家长学校的讲课中，苏霍姆林斯基还特别注意对孩子进行性教育的问题。“在家长教育学校的讲课中，我们要给母亲和父亲讲，在子女接近性成熟

① 苏霍姆林斯基著，蔡汀等主编：《苏霍姆林斯基选集（五卷本）》（第四卷），教育科学出版社 2001 年版，第 638 页。

② 苏霍姆林斯基著，蔡汀等主编：《苏霍姆林斯基选集（五卷本）》（第四卷），教育科学出版社 2001 年版，第 639 页。

③ 苏霍姆林斯基著，蔡汀等主编：《苏霍姆林斯基选集（五卷本）》（第四卷），教育科学出版社 2001 年版，第 639 页。

④ 苏霍姆林斯基著，肖勇译：《教育的艺术》，湖南教育出版社 1983 年版，第 62 页。

⑤ 苏霍姆林斯基著，肖勇译：《教育的艺术》，湖南教育出版社 1983 年版，第 62 页。

⑥ 苏霍姆林斯基著，肖勇译：《教育的艺术》，湖南教育出版社 1983 年版，第 62 页。

时期，家长面临着什么任务。在关于怎样使性的本能高尚的问题上，我们力求同母亲和父亲取得一致的看法和信念。”[①] 由此可见，他们家长学校的上课内容是如此广泛。

为了组织好学生家长的教育教学活动，帕夫雷什学校成立了家长委员会，这是加强学校与家庭沟通的桥梁。他们吸引优秀家长参与家长委员会，组织家长活动，参与学校管理，促进了学校教育与家庭教育的和谐发展。

相比帕夫雷什中学的家长学校，我们的家长学校还远没有他那样做得有丰富性、系统性和持久性，还普遍存在着以下问题：一是各地对家长学校办学工作的认识水平和重视程度不一，家长对家庭教育的认识和家教水平也良莠不齐，特别是在条件相对落后的农村学校，这些问题尤其突出。二是缺乏统一的教学、考核和管理机制。各级学校普遍缺乏对家长学校的统一策划与指导，使家长学校无专职的师资力量，各家长学校基本根据各自实际情况以班为单位自行进行，无统一的教学要求，教学质量和创新力度有待进一步提高。三是各地家长学校办学工作发展不平衡。有些地方没有家长教材，学校上课随意性大。有些地区虽然有教材，但缺乏学校针对性。有的家长学校只注重抓教学质量，教学过程流于形式，没有跟学校其他工作结合起来。

借鉴苏霍姆林斯基的家庭教育思想，结合我们教育教学的实际，在今后加强家长学校建设方面，应重点做好以下几方面的工作：

政府部门要加大舆论宣传力度，大力宣传家教工作的重要性、紧迫性，使全社会都来关心家教工作，形成共识。教育主管部门要研究制订好家长学校的教育计划。要制定统一的教育规划，落实好家长课程计划。要组织专家和相关人员，编写好家长课程和校本教材，家长教材一定要突出本地特点，与学校教育实际紧密结合起来，如有条件，则一定要吸收本地的教师、家长与学生参与。要制订好家长学校教学计划，根据各年级学生成长与学习的不同特点，提出不同的要求。要落实好家长课程教学的经费、基本教学设施、师资力量等方面的保障措施，要研究制定家长课程实施评价方案，确保将家长课程教学计划落到实处。

---

① 苏霍姆林斯基著，蔡汀等主编：《苏霍姆林斯基选集（五卷本）》（第二卷），教育科学出版社 2001 年版，第 710 页。

要认真组织好家长课程的开课活动。开课活动要新颖化、多样化，吸引家长积极参与。可与优秀家长经验交流会、家长育子座谈会、观看家教视频、观看孩子成长影视片等活动结合起来，丰富家长课程开课的内容。一定要兼顾不同家长的接受水平和文化水平，避免加重家长参与课程学习的负担。家长要积极参与学校组织的各项家长课程、家校沟通活动，多与孩子的老师特别是班主任进行沟通交流，掌握和了解孩子在学校内的表现，要善于听取孩子的老师对自己的建议甚至是批评。学校还要制定评价标准，安排专人组织好对家长课程学习效果的评价，这个评价应该既包括在学校里参加培训学习效果的评价，也应当包括在家庭中落实家庭教育效果的评价。

此外，随着网络技术的发展，各地相继开设了网上家长学校。学校充分利用好各种网络平台，例如 QQ 群、微信群、家长学校在线等，举办线上家长学校，为家庭教育专家提供了一个向家长传授家庭教育知识、方法及经验交流的平台，为学生家长提供了一个学习家庭教育知识的网上交流互动平台，也为教师和学生家长提供了一个即时交流沟通的平台，这对加强学校与家长的沟通，即时开展一些有意义的活动，起到了非常好的推动作用。

第八章

Chapter 8

最完备的教育是学校—家庭教育

在孩子们的成长过程中，家庭教育的作用固然重要，但必须与学校教育紧密配合、和谐发展，才能取得最佳教育效果。因此在日常教育工作中，苏霍姆林斯基特别强调：“教育的效果取决于学校和家庭的教育影响的一致性。”① 在这个一致性的教育工作中，学校教育发挥着主导作用，家庭教育工作如何开展，家庭教育工作如何评价等，还需要学校进行整体性地规划、设计和安排。那些脱离学校指导的家庭教育，和脱离家庭的学校教育一样，都是不可能取得良好教育效果的。学校要引导家长明确自己在家庭教育中的重要责任，履行家庭教育职责，严格遵循孩子的成长规律，关注孩子的全面成长，不断提升家庭教育水平。

在加强和落实好家庭教育工作的同时，要通过学校强有力的教育工作，让学校中的善来战胜家庭中的恶，注意消除个别家庭环境对儿童教育的不良影响，让学校教育的效果影响家庭，改变家长的一些落后或错误思想，使学校教育和家庭教育形成最大的合力，共同促进孩子的健康成长与全面发展。

---

① 苏霍姆林斯基著，杜殿坤编译：《给教师的建议》，教育科学出版社1984年版，第526页。

第一节 教师是“指挥者”：使创造真正人的活动和谐一致

学校教育只有在家庭教育的紧密配合之下，才能取得有效的教育效果，这已经成为我们的共识。苏霍姆林斯基也已经认识到这一问题的重要性：“现在家长也好，教师也好，都深深认识到，只有学校而没有家庭，或只有家庭而没有学校，都不能单独地承担起塑造人的细致、复杂的任务。现在的情况是，家庭和学校在教育人的问题上，都是各行其是。”[①]

因此，我们应当正确处理好学校教育和家庭教育的关系。怎样处理好两者之间的关系，是摆在我们教育者和广大家长面前一个不能回避的问题。苏霍姆林斯基在给教师的100条建议之第51条中，曾经启发我们对各类教育者所发挥的作用进行深入的思考：

> 谁在教育儿童？什么在教育儿童？在教育方面什么取决于教师，什么取决于其他教育者？有时过分简单和绝对地肯定某种教育因素是唯一主要的，会使青年教师无所适从，因为在教育过程中，一切都是重要的，一切都有自己的意义。[②]

因此，苏霍姆林斯基把开始教育和培养的儿童，比作一块大理石，把这块大理石塑造成一座雕像，需要6位雕塑家：第一是家庭，家庭中最细致和最有才干的雕塑家是母亲；第二是教师，他有精神财富、智慧、知识、能力、爱好和生活经验，有智力、审美和创造等方面的需要，有自己的兴趣和志向；第三是对每个人产生强大教育影响的集体，主要包括儿童集体、少年集体和青年集体等；第四是每个受教育者本人，主要指自我教育；第五是受教育者在智力、美感、道德等珍宝的世界中的精神生活，这里指的是书籍；第六是完全未预料到的教育家，主要指儿童在成长中遇到的偶然出现的因素。

---

① 苏霍姆林斯基著，杜志英等译：《家长教育学》，中国妇女出版社1982年版，第50页。

② 苏霍姆林斯基著，蔡汀等主编：《苏霍姆林斯基选集（五卷本）》（第二卷），教育科学出版社2001年版，第678页。

苏霍姆林斯基在全面分析影响儿童成长的6种因素的基础上，进一步指出：“如果这些起教育作用的雕塑家，始终行动得像一个组织得很好的交响乐队一样，那么，教育的利剑和长矛往往为之交锋和折断的许多问题，就会非常容易地得到解决。”[①]

在这6位雕塑家的作用中，学校和家庭是责任最重要的两位，更需要两者和谐、紧密地相互配合。“就伦理和教育而言，学校是家庭的最高权威。”[②]他特别强调：“为使我们在苏维埃学校里创造出来的人，成为德育、智育、美育的完善杰作，就需要所有接触‘大理石块’的雕塑家配合行动，需要使创造真正人的活动和谐一致。那么，谁应当是形成这种和谐一致的敏锐的、明智的、有经验的、细心的和勇敢的指挥者呢？是教师。”[③]因此，教师在创造这项和谐一致的重大工程中担当着“指挥者”的任务。家庭教育水平的提高，不能没有学校的指导和帮助。这就是苏霍姆林斯基不吝惜时间和精力从事家长工作的原因。家长如何建立和谐的家庭气氛，如何学习教育学素养，如何学习教育孩子的知识等，都需要学校进行科学指导和具体安排。学校应当密切联系家长公众。家长代表应当以校务委员会成员的身份，作为讨论教学和教育问题的参加者而直接参与教学过程。

因此，苏霍姆林斯基特别重视学校教育与家庭教育的互相联合：“施行学校—家庭教育不仅可以很好地培养年轻一代，而且还可以使家庭和父母的道德完美。没有对子女的教育，没有父母对学校生活的积极参与，没有成人与孩子之间经常的精神上的接触和相互充实，就不可能有作为社会基层单位的家庭本身，不可能有学校这个最重要的教育教学机关，也不可能有社会在精神上的进步。”[④]

---

① 苏霍姆林斯基著，蔡汀等主编：《苏霍姆林斯基选集（五卷本）》（第二卷），教育科学出版社2001年版，第679页。

② 苏霍姆林斯基著，蔡汀等主编：《苏霍姆林斯基选集（五卷本）》（第三卷），教育科学出版社2001年版，第833页。

③ 苏霍姆林斯基著，蔡汀等主编：《苏霍姆林斯基选集（五卷本）》（第二卷），教育科学出版社2001年版，第680页。

④ 苏霍姆林斯基著，蔡汀等主编：《苏霍姆林斯基选集（五卷本）》（第四卷），教育科学出版社2001年版，第11页。

当孩子在入学以后，许多家长以为教育孩子的责任已经交给学校了。是的，学校在教育学生方面有责任。但是，苏霍姆林斯基指出，家长的作用依然十分重要。他说："我认为极其重要的一点，就是要使'设计人'（实际就是我们讲的培养什么人）的工作不仅成为教师的事业，也要成为家长的事业。"①他特别提醒家长，让家长们认识到：儿子或女儿首先是向他们学习的，包括学习好的品质和坏的品质。儿童的模仿能力是非常强的，而他们首先模仿的就是自己的父母。家长们必须懂得，家长的某些特点，会变成孩子的性格特征。孩子总是潜移默化地从家长身上学习品质与道德。所以，当孩子身上表现出一些不良行为的时候，家长需要从自己身上找原因，家长要从孩子身上看到自己，要使自身的行为完美起来。

苏霍姆林斯基在毕生的教育实践中始终顽强地寻找学校与家庭紧密联系的途径，可以说，在他心目中，家庭教育是和学校教育具有同等重要意义的工作。他曾一再提到他重视家庭教育的思想出发点：家庭是第一个源泉，伟大的爱国主义情感、信念的巨流是从这里开始奔流的。

为了使学校和家庭密切配合，苏霍姆林斯基非常重视学校、校长、教师同家长的联系。这方面他强调了两点：一是在学生学习的最初几年，要特别注意加强同家长的联系；二是这种联系指的是同父母双方的联系，不是只联系父亲或只联系母亲就行。苏霍姆林斯基身体力行，经常同家长接触、交谈。他专门拟出了与家长谈话的题目。这些话题都有较强的针对性。如家长都是爱子女的，苏霍姆林斯基在谈话题目中就提出：什么是明智的父母之爱？如何把父母的爱抚同严格要求结合起来？他强调，正确的父母之爱应当是这样的：它能激起孩子对周围世界，对人们所创造的一切的关心。父母的爱应当是一股凉爽的轻风，它能把在孩子心灵中燃起的关心别人的火花吹得更加旺盛。

苏霍姆林斯基不仅对家长提出要求，而且追踪检查，帮助家庭教育工作做得好的家长总结经验，并积极推广，务必使每个家长在教育子女方面都不断做出新的成绩。

---

① 苏霍姆林斯基著，杜殿坤编译：《给教师的建议》，教育科学出版社 1984 年版，第 530 页。

第二节　和谐的教育：两个雕塑家立场要一致

在我们的教育工作中，有一种叫作“5 加 2 等于 0”的现象，即孩子在学校里 5 天的教育效果，跟周末两天在家庭里或社会上的教育影响互相抵消了。这是由于学校教育和家庭教育的不一致造成的。“5 加 2 等于 0”：这个看似荒诞的等式揭示出外在环境、家庭教育等对未成年人学习和思想品德的巨大影响。教育的效果取决于学校和家庭的教育影响的一致性。

在学校教育工作中和长期对家长的工作中，苏霍姆林斯基也发现了这样一个突出的现象：“有些家庭的生活方式、家长之间的关系以及家长对社会义务的态度，会把学校在儿童身上培养的一切善良、美好和积极的东西加以破坏，以至全部抵消。……有一些儿童生活在充满丑恶、谎言、虚伪和贬低人的尊严的环境里。”①

学校教育和家庭教育是学生教育中很重要的两个方面，如何正确处理好两者的关系，以发挥最佳教育效果呢？苏霍姆林斯基认为，只有重视加强了家庭教育，实现家庭教育和学校教育的和谐统一，才真正实现个性和谐全面发展的教育：“教育的完善，它的社会性的深化，不是意味着家庭作用的减弱，而是意味着家庭作用的加强。只有在这样的条件下才能实现和谐的全面发展，就是两个教育者——学校和家庭不仅要一致行动，向儿童提出同样的要求，而且要志同道合，抱着一致的信念，始终从同样的原则出发，无论在教育的目的上、过程上还是手段上，都不要发生分歧。”②只有在这样的条件下才能实现儿童的和谐全面发展。他还说：“我们（学校）和家庭作为并肩工作的两个雕塑家，有着相同的理想信念，并朝一个方向行动，要知道，在创

① 苏霍姆林斯基著，蔡汀等主编：《苏霍姆林斯基选集（五卷本）》（第四卷），教育科学出版社 2001 年版，第 787 页。

② 苏霍姆林斯基著，蔡汀等主编：《苏霍姆林斯基选集（五卷本）》（第一卷），教育科学出版社 2001 年版，第 111 页。

造人的工作上，两个雕塑家没有相互对立的立场是极为重要的。”[①]

如果没有学校和家庭教育的这种一致性，那么学校的教学和教育过程就会像纸做的房子一样倒塌下来[②]。这种一致性表现在哪里，以及如何去达到这种一致性呢？苏霍姆林斯基首先分析了孩子分别受到父母教育和社会影响的基本现状：

我们的基本认识是：父母、亲属是儿童的最早的教育者；正是在学龄前的几年间，也就是在儿童接受教师的影响开始以前很久，就在他的身上种下了人的一些基本特征的根子。儿童从 2 岁到 6 岁、7 岁，从周围环境中和他经常接触的人那里获得大量知识，这些知识好像都砌进了他的心理发展的地基。儿童个性中的精神财富，还有教育家们称之为对知识的渴望、好奇心、探求精神、思维的敏捷性之类的东西，这些都在很大的程度上取决于儿童从 2 岁到 6 岁、7 岁时所处的环境如何。[③]

因此，消除个别家庭环境对儿童教育的不良影响，让学校教育的效果影响家庭，改变家长的一些落后或错误思想，也是我们学校教育工作的一项重要任务。这正如苏霍姆林斯基所说的：“学校和家长的任务是让每个孩子都幸福。老师只有和家长共同努力，才能给予孩子巨大的人的幸福。”[④]

学校要和家庭提出一致要求，共同教育好学生。苏霍姆林斯基在教育实践中通过研究发现，很多难教育的儿童，就是因为受到不良家庭教育的影响而形成的。在许多家庭里，笼罩着互不信任的气氛，大家不是心平气和地用商量的口吻谈话，而经常是吵吵嚷嚷，这样必定会出现难教育的儿童。学校和教师要跟这种灾难做斗争，要转化这样的学生，最关键的是“把家庭和学

① 苏霍姆林斯基著，蔡汀等主编：《苏霍姆林斯基选集（五卷本）》（第二卷），教育科学出版社 2001 年版，第 692 页。

② 苏霍姆林斯基著，杜殿坤编译：《给教师的建议》，教育科学出版社 1984 年版，第 526 页。

③ 苏霍姆林斯基著，杜殿坤编译：《给教师的建议》，教育科学出版社 1984 年版，第 526 页。

④ 苏霍姆林斯基著，蔡汀等主编：《苏霍姆林斯基选集（五卷本）》（第三卷），教育科学出版社 2001 年版，第 35 页。

校里的教育过程建立在高度文明的基础上”。[①] 要转化这样的学生，做好这类学生的教育工作，首先必须对儿童的成长环境进行认真的调查与分析，以便对症下药地做好工作：“校长作为学校的主要教育者，应当了解儿童、少年和青年受到哪些不良环境的影响，了解他们的精神生活。”[②] 教师要通过家访、跟学生个别谈话等形式，全面了解孩子的家长和其成长环境。苏霍姆林斯基指出，要解救这些孩子，“并不是一定把他们送到寄宿学校或儿童之家（指儿童教养所之类的教育机构）去受教育，除非极个别的情况”。“学校的使命就是把他们从这种环境中解救出来。”[③] 当然，如果学校通过各方面的工作能够把家长转化过来更好，但是，如果已经没有任何办法使家长转变过来，那就不能再让子女去步后尘。学校的任务就是，当孩子在校时，让他们处在足以消除上述影响的气氛之中。苏霍姆林斯基还特别强调学校教育和家庭教育的关系：假若没有家庭，我们（我指的是我们的学校）就会是软弱无力的。几十年来我们一直向家长普及家庭教育的基本知识。无限地尊重和信任学校，这对家长群体来说是至关重要的。

如何使学校的教育工作同家长们保持一致，苏霍姆林斯基在各年级开展的家长学校里，也作为一项重要的议题进行专门研究。他针对孩子在成长过程中出现的一系列的性格发展和个性成长等方面的教育问题，还有家长在教育孩子的过程中遇到的一些困惑，比如教育方法不当、孩子不听话等等。针对这些议题，教师通过与家长进行研究，让家长对孩子的教育同学校取得共同的意见，让学校教育和家庭教育相向而行，以增强教育的效果。

使学校和家庭在美育方面保持高度一致。苏霍姆林斯基认为美育素养在学校和家庭保持一致关系方面的作用非常重要：“为了使学校和家庭在美育方面保持一致，我们首先设法使每一个家庭具有基本的审美素养。”[④] 因为无论

---

① 苏霍姆林斯基著，蔡汀等主编：《苏霍姆林斯基选集（五卷本）》（第四卷），教育科学出版社 2001 年版，第 719 页。

② 苏霍姆林斯基著，蔡汀等主编：《苏霍姆林斯基选集（五卷本）》（第四卷），教育科学出版社 2001 年版，第 787 页。

③ 苏霍姆林斯基著，蔡汀等主编：《苏霍姆林斯基选集（五卷本）》（第四卷），教育科学出版社 2001 年版，第 787 页。

④ 苏霍姆林斯基著，杜殿坤编译：《给教师的建议》，教育科学出版社 1984 年版，第 534 页。

对于家长还是他们的孩子，审美素养对提升人的品格、促进人的情感都具有重要作用。在家长学校的学前组里，他们就通过有关的讲座，使审美素养的各种因素（特别是音乐和造型艺术）在家庭里先“习惯起来”，再得到充分的发展。他们向家长们提一些具体建议：应当让学前期、学龄初期、学龄中期和学龄后期的学生听哪些音乐作品，怎样发展儿童的音乐趣味。通过家庭发展孩子们的审美素养，以达到学校教育的发展要求。要在这些学生身上努力发展高尚的情操。“要教他们过一种智力的、审美的和富有创造性的丰富生活。”重要的是要在这些学生身上发展高尚的对人的需要。苏霍姆林斯基指出：“我们在自己的实际工作中，总是竭力使道德真理和准则能在儿童、少年和青年的行为和活生生的相互关系中鲜明地表现出来，使学校环境充满人道精神。这是对来自不良家庭的那些学生进行正确教育的一个先决条件。”[①]

使学校与家庭保持高度一致性，还要使学校与家庭的沟通渠道保持畅通。通过老师与家长不同渠道的沟通交流，取得在教育孩子方面观念的一致性，消除一些错误认识或误解，从而发挥两者在“雕塑心灵”方面的最大作用。

第三节 发挥学校教育作用：让学校中的正能量战胜家庭中的负面影响

众所周知，我们学校的教育工作无时无刻不受家庭教育的影响。一方面，不同的家庭会对自己的孩子产生不同的影响，不少父母会把自己的人生观、价值观传输给自己的孩子，特别是一些家长自私自利、缺乏责任感的思想，常常在无形中影响着自己的孩子。另一方面，某些家长的思想和不良的家庭教育环境也会破坏孩子们在学校里的教育效果。

苏霍姆林斯基说：“有一些儿童生活在充满丑恶、谎言、虚伪和贬低人的尊严的环境里，学校的使命就是把他们从这种环境中解救出来。”[②]

---

① 苏霍姆林斯基著，蔡汀等主编：《苏霍姆林斯基选集（五卷本）》（第四卷），教育科学出版社 2001 年版，第 788 页。

② 苏霍姆林斯基著，蔡汀等主编：《苏霍姆林斯基选集（五卷本）》（第四卷），教育科学出版社 2001 年版，第 787 页。

因此，对于教师来说，要首先正确处理好孩子与家长之间的关系。苏霍姆林斯基强调："家庭以及存在于家庭中的子女与家长之间的相互关系，是智育、德育、美育和体育的第一所学校。父亲、母亲、哥哥、姐姐、爷爷、奶奶都是孩子在学龄前时期的首批教育者，乃至他们上了学依然还是。"[①] 他特别提醒我们：有些教师手中握有这样一件法宝，就是每当孩子犯了错误或出现问题，就把家长请到学校里来，或者让父亲用严厉手段来吓唬孩子，或者让家长带领孩子回家进行反思。但苏霍姆林斯基要求教师们一般不要使用这件法宝。

苏霍姆林斯基要求："要尽可能少请家长到学校来对孩子进行道德训斥，用父亲的'强硬手腕'来吓唬儿子，说什么'如果再这样继续下去是危险的'来警告孩子。而应尽可能多地让孩子同父母在精神上进行交往，这种交往能给母亲和父亲带来欢乐。这就是我们一方面既教育如何对待父母，另一方面又教育如何对待孩子所遵循的十分重要的原则。"[②] 实践证明：如果教师不注意这一点，就会造成家庭中家长与子女关系的紧张，也会逐渐丧失教师在家长与学生心目中的威信。因此，苏霍姆林斯基再三提醒我们的家长："我们的孩子成长为好孩子或坏孩子，是我们的道德情操、我们的公民感、我们的言行举止、我们的文化素养的一面镜子。"[③]

学校教育工作中还有一项特别重要的任务，就是学校要努力消除学生来自家庭中的负面影响。苏霍姆林斯基特别强调："很重要的一点，是要设法使这些学生尽可能多地处在学校环境的影响之下，要用在学校集体的精神生活中确立起来的'善'（正能量）去战胜家庭环境中的'恶'（负面影响）。"[④] 应当使学生对家庭中的负面影响采取零容忍和零妥协的态度，使学生完全受学校良好环境的教育和影响，而不为家庭的不良环境所支配，应当使他憎恨

---

① 苏霍姆林斯基著，蔡汀等主编：《苏霍姆林斯基选集（五卷本）》（第四卷），教育科学出版社 2001 年版，第 10 页。

② 苏霍姆林斯基著，蔡汀等主编：《苏霍姆林斯基选集（五卷本）》（第二卷），教育科学出版社 2001 年版，第 290 页。

③ 苏霍姆林斯基著，世敏等译：《爱情的教育》，教育科学出版社 2001 年版，第 187 页。

④ 苏霍姆林斯基著，蔡汀等主编：《苏霍姆林斯基选集（五卷本）》（第四卷），教育科学出版社 2001 年版，第 787 页。

家庭中各种负面影响的东西。

苏霍姆林斯基在其著作中讲过这样一个故事：

从上学开始，家长就给济娜暗示这样的思想：人的高尚品格就是不干预别人的生活，尤其不干预集体的生活。正如我们看到的，济娜的母亲由于其落后思想而曲解了学生的行为规范和准则。

首先，我们竭力使济娜产生与其他孩子一样的兴趣。教育工作的经验使我们确信，这是集体主义信念形成道路上十分重要的一个阶段。济娜那个班分成3个小组。这3个小组经常开展各种竞赛。济娜比起其他孩子来，更经常地受托检查教科书、练习本，以及属于班集体的直观教具的状况。她对自己的小组要争取成为先进小组表现出极大的关心。自然，她不能不品评班级里做着的事情。在她心灵中逐渐确立起一种集体主义情感，关心集体的荣誉。小组里有些同学的书写技能难以达标，济娜就帮助他们，课后与他们一起留在学校里并在教师指导下完成练习。同学们的成绩给济娜带来了极大的快乐。母亲无法阻止这一切。……

一年级结业后的暑假期间，孩子们集体在一起做游戏，一起采集植物标本。济娜越来越经常地与同学们分享自己各式各样的东西，特别是玩具。那位母亲还继续训示女儿不能那么做，但来自学校对她的影响的抗衡力，以及跟这位母亲的谈话，都对消除这个“桎梏”起了作用。我们跟济娜的母亲交谈，指出她在不正确地教育女儿。成功地影响女孩的主要条件，还是她自己的积极活动。这种活动的作用变得越来越大，济娜表现出了绘画的才能。我校每个班级都办有儿童创作杂志，济娜在这方面成了班里的骨干。她激动不已地关注着，他们班的杂志比起其他班的杂志来将会展示出怎样的面貌。她紧张地、如醉如痴地投入全部精力去参加这项活动。对济娜来说，个人和集体精神的一致性，这个最重要的前提条件起了决定性的作用。……

时间过去了。济娜已满14周岁，她开始为加入共青团作准备。济娜的母亲在甜菜种植队工作。在春季大田农活最紧张的时候，每个集体农庄庄员都接到了一项任务：为预防甜菜种植园的象虫要挖沟。济娜的母亲拒绝干超出定额的事情。济娜知道了这个情况后，自然为妈妈而羞愧。济娜试图说服妈妈，使她相信，甜菜秧受象虫害就等于农村里的火灾。这些道理未能影响母亲，济娜于是亲自到队里去干活。她完成了本应由母亲完成的工作。

女儿的行动感动了母亲。这位母亲首次感到了自己的不对。源于旧道德的那种只相信定额的正确性的信念开始动摇了。她早就发现，集体农庄庄员们对她的许多行为都持不赞同的态度，然而她总是认为庄员们的这种态度不正确。如今女儿只得被迫拿起铁锹替她干活，以使母亲的名誉不受损害。[①]

消除家庭对孩子道德教育的负面影响，是帕夫雷什学校道德教育的一项重要内容。学校里的学生来自不同的家庭，都受到来自父母的不同的家庭教育和影响。苏霍姆林斯基提醒我们：成长中的人，应接受长辈们道德上的正面经验，应发展和丰富这种经验，同时应积极抵制反面的、不符合我们愿望的道德经验。不管这种抵制体现为什么形式，都是新与旧的斗争。这个斗争并非总是出现尖锐的形式。在绝大多数家庭中，家长们极高兴地赞同学校在孩子们身上培养成的那些新品质，自己也竭力按照现实生活所提出的要求进行自我改造。同时，要通过培养孩子们对公共事情充满关切感，必须使集体深切地关心重大社会任务，使学生在为达到所提目标的集体活动中，彼此了解对方的精神世界，并全神贯注于共同的利益。

苏霍姆林斯基特别强调，要建立好学校同家庭联系起来的细微而牢固的纽带。这个纽带就是激发孩子好好学习、做个好人，并给家庭带来欢乐、幸福、和睦和安宁的愿望。如果没有这种纽带，或者它断了，父母的教育就将成为空谈，学校请求家庭的帮助也不会有任何期望的结果。只有在孩子极力给家庭带来欢乐时，学校和家庭的努力才有可能统一起来。当然，这里谈的是道德健康的家庭，这种家庭是建筑在相互爱慕、忠诚、帮助，每个家庭成员共同参与创造公共幸福的牢固基础之上的。[②]

下面的这个故事，就是一个因孩子学习成绩的提高而改善了家庭亲情关系的事例：

---

① 苏霍姆林斯基著，蔡汀等主编：《苏霍姆林斯基选集（五卷本）》（第二卷），教育科学出版社 2001 年版，第 94–98 页。

② 苏霍姆林斯基著，蔡汀等主编：《苏霍姆林斯基选集（五卷本）》（第二卷），教育科学出版社 2001 年版，第 291 页。

八年级学生维克多·马特维延科没有更大的才能，但他的特点是爱劳动和勤奋。数学对他来说是一块绊脚石。他费了九牛二虎的劲儿才得了“3”分。这个男孩子定了个目标：一定学会解算术题，更扎实地掌握理论资料，争取得个“5”分。他参加了一个数学小组，一连几小时坐下来解难题。他心中的希望，就是想让父母不再一提起数学就忧伤叹气。有一天，他高高兴兴、喜气洋洋地放学回家来，一进门就高声喊：“数学，得‘5’分！”

男孩子没有注意到父母十分激动的心情，母亲眼里充满了痛苦的泪花，父亲激动得双手发抖。维克多一点没有看到。他不知父母之间刚有过严重的不和。母亲正向父亲提出一个问题：像我们这样生活，是否能生活下去，我能忍受住我头上那些苦恼吗？父亲在母亲提问题时打断了她。

就在这一刹那间，传来儿子那欢乐的声音。父亲还从来未见到过儿子眼里透出的这种欢乐。他把自己的欢乐带给父母。这种欢乐，如同用巨大的劳动取得的财富一般。“儿子给家庭带来的欢乐使我大为震惊，”那位父亲对我说，“是他使我们家庭不和之火熄灭了……我感到羞愧，我懂了，我们的儿子不是发奋一时了，他总在想如何能给我们带来幸福。如果在这一时刻我去想别的什么，那我算什么父亲呢？请相信，儿子带来的欢乐，救了我们，避免了破裂，确切些说，那救了我免于背叛……”①

上面的故事中，正是由于孩子给家庭带来欢乐、和睦和安宁，使父亲与母亲之间那种微妙而深深的裂痕消失了。父母把自己子女的幸福看作是自己的共同创造，而且越深刻地感到这种幸福，它使父母的精神共性和相互忠诚越巩固。

苏霍姆林斯基认为，在巩固家庭方面，学校有着很重要的使命，学生应当从学校给家里带去欢乐。教育者的人道使命就在于，学习最差的学生也要感受到取得成绩的欢乐。只有在这种条件下，他算是学校和老师的学生，而在他的家庭里，那些小小的欢乐，往往是巩固母亲与父亲精神上一致的巨大精神力量。在孩子从学校给父母带回欢乐时，父母对学校的帮助，要比老师

---

① 苏霍姆林斯基著，蔡汀等主编：《苏霍姆林斯基选集（五卷本）》（第二卷），教育科学出版社 2001 年版，第 292 页。

们把他们请到学校去强迫孩子成为好学生那种情况下，要好上很多倍。

针对这个问题，苏霍姆林斯基曾经这样说过：

在实践中我们深深知道：孩子本身，对成人来说，是个伟大的教育力量。的确如此，在有孩子的家庭里，那里对教师揭示了关于形成纯洁道德、高尚风度、精神财富、热情诚挚的相互关系的基地的良好条件。假若在学校的帮助下，在年轻的家庭里打下了家庭—学校教育的高水平的教育修养的巩固基础的话，那么在那里生长的孩子就善于创造出奇迹：他不允许父亲变成酒鬼，他能制止父母说粗野的话、吵架等等。这也就是为什么教师把教给家长如何教育孩子作为自己的重要任务的原因。[①]

苏霍姆林斯基还经常要求孩子，从学校带回喜悦来，以增进孩子和父母的关系。他们经常邀请家长们来学校，请他们来过母亲节、父亲节、图书和创作节。家长们在学校里了解自己儿女在劳动和学习中的才能、爱好和取得的成绩。每一位母亲和父亲都抱着一个希望到学校来，希望这一天孩子能以自己的成绩让他们感到喜悦。不能让他们丧失这种希望，缺少了能实现的希望，就不能想象他们能对子女进行正确的教育。

苏霍姆林斯基强调，为了教育好自己的孩子，家长必须要认真学习，要有高度的教育学素养。而且家长教育和学校教育要做到和谐一致。在家长学校中，苏霍姆林斯基教育家长如何认识自己，如何教育孩子，如何学会做父母。他非常重视学校同家长的联系，他本人每周都要和家长亲切谈心，向他们提出建议和忠告，采用各种方法对家长进行教育。

苏霍姆林斯基在总结多年的工作经验后，得出这样的结论："只有学校教育而无家庭教育，或只有家庭教育而无学校教育，都不能完成培养人这一极其细微、复杂的任务。"[②] 只有学校教育和家庭教育和谐一致，才能取得教育的最佳效果。

① 苏霍姆林斯基著，杜志英等译：《家长教育学》，中国妇女出版社 1982 年版，第 50 页。

② 苏霍姆林斯基著，杜志英等译：《家长教育学》，中国妇女出版社 1982 年版，第 262 页。

总跋

苏霍姆林斯基的卓越贡献令人敬仰

教育丛书“苏霍姆林斯基在中国”的首批新书现在与大家见面了，这是“中国陶行知研究会苏霍姆林斯基研究专业委员会”办成的一件大事。此时，我心里很高兴、很激动。

这件大事办成，历时数年，颇不容易。丛书初成，首先有赖于朱小蔓教授的鼎力支持和悉心指导，也依靠了唐云增先生的先期发端和不断推动，还受益于青年学者杨一鸣博士等人的睿智谋划和积极配合。朱小蔓教授、唐云增先生在我国教育界，堪称“苏霍姆林斯基式的教育科研工作者”，他们德高望重，备受尊敬；杨一鸣博士等在青年学者中实属佼佼者，他们对苏霍姆林斯基教育思想的满腔情怀，代表了青年一代的美好教育追求。

办成这件大事，当然也离不开丛书编委会全体成员的团结协作、共同奋斗，更取决于各卷作者的辛勤劳作和呕心沥血。

不仅如此，我们还得感谢江苏凤凰科学技术出版社和上海凤凰颐合文化发展有限公司相关同志长期付出的巨大辛劳。自 2013 年初起，相关同志就积极参与策划和推动本套丛书，对每分册都不厌其烦地提出修正意见，表现出难能可贵的诚意和良知。这些都使我们编委会深受感动，在此一并感谢！

今天，在经济全球化背景下，在我国的教育改革和发展进入新阶段的时刻，为什么要编写这套丛书？办这件大事的意义和价值何在？这是大家必然关心的问题。

是的，当我们的教育改革进入攻坚阶段之时，当我们面前的青少年学生与任何时候都不同之时，当我们的年轻教师面对海量资讯和多元价值而难以抉择之时，我们急切地需要一个看得见摸得着、可以信赖的学习榜样，需要一个富有情感、血肉丰满的时代楷模，苏霍姆林斯基就是最好的选择之一。

我国成都的李镇西老师，1998 年底就被苏霍姆林斯基的女儿称为“中国的苏霍姆林斯基式教师”（当时我有幸在场），他最崇拜的教育家就是陶行知和苏霍姆林斯基。他在专著《追随苏霍姆林斯基》中这样写道："苏霍姆林斯基是前方的太阳，永远照耀着我们前行，让我们的教育之路不会迷失。""苏霍姆林斯基是一个美好的梦，读他，就是追梦。"李镇西老师积极追随苏霍姆林斯基，满含热泪地读他的书，十分用心地践行他的教育思想，带着自己的创造不断前行，于是，李镇西老师成功了。

我们编写这套丛书的意向之一，就是为我国年轻一代的教育工作者提供学习条件，使他们了解苏霍姆林斯基教育思想在我国教育界几度掀起的传播高潮，了解其影响的广泛和深远程度，了解其广受欢迎的内在教育因素和文化条件，了解其间涌现出的许多先进人物和感人故事，从而在心中保留那十分难得的、写满生动教育故事的历史画卷。

我们编写这套丛书的初衷，也在于使年轻人真实地感受到：一个普通的中小学教师和校长持续地努力奋斗的前景不可小觑，他生命力量中蕴藏的潜能和可能达到的高度是如此惊人！我们力图使年轻人在此基础上思考这样的问题：苏霍姆林斯基为什么这么令人敬仰？我们是否可以通过自身的努力，站到巨人的肩膀上，积极提高教育素养，从而达到新的高度，直至攀登教育的高峰？

奇迹总是由人来创造的。当今时代就给期望创造奇迹的有志者提供着舞台。

苏霍姆林斯基，一个普通乡村中学校长，创造了教育实践和理论的范例，他震动了世界，得到了国际教育界的赞许，被公认为世界级的教育大家。这在20世纪中叶的社会主义教育发展史上，是绝无仅有的。

苏霍姆林斯基，乌克兰苏维埃社会主义共和国中部一所乡村中学——帕夫雷什中学的校长。他从第二次世界大战的硝烟中归来，辞官到乡村中学当校长，一当就是22年，他的人道主义教育实践的卓著成效，连同其中展示的"我把心献给孩子们"的教育情怀和精神，超越了万水千山，令世界各国的教育工作者由衷佩服；他通俗而不凡的理论建树，突破了意识形态的阻隔，牵动了东西方教育工作者的心，让大家关注和敬仰。人们争相翻译和阅读他的著述，研究他的教育思想，访问他创办的学校。而且，这种关注和敬仰遍及世界，经久不息，一直延续至今。这无疑是一个奇迹！

让我们看一看，苏霍姆林斯基究竟创造了怎样的奇迹呢？

首先，苏霍姆林斯基做着“真教育”，他办好了一所真正的学校。他扎根于乡村学校的实践，创造了令人信服的人道主义教育样板，做出了实实在在的成绩，令世界对社会主义教育刮目相看。他永远把教育实践视为教育研究的根基，让实践成为优秀文化和人文精神传承的过程，把自己的心血乃至整个生命化解于此，努力在实践中验证和发展教育理论。他的双脚永远站在学校的土地上，他永远在课堂里（每天听 2 节课），在学生中（认识所有的学生）。他直面各种教育问题，触摸着学生生命的脉搏，在不断解决问题的过程中，用心培养每一个学生，同时吸取鲜活的教育营养，推动他的“教育学是人学”的实验室工作前进。他办好了一所乡村学校，拿出了一个经得起推敲的教育样板——帕夫雷什中学，这所学校成了世界名校。他证实了：真正的教育家都是与一所名校联系在一起的，真正教育家是“接地气”的——与儿童在一起的。

其次，他真有学问。苏霍姆林斯基知识渊博，学养深厚。他从小就以一颗谦卑和真诚的心投入阅读。后来，他身为校长，永远以高强度的专注力异常勤奋地读书（每天早上四点起床阅读）。他博览群书，思考人类，洞察社会，审视自我，构建了健康的社会认知及自我认知。他着眼根本，专研“人学”，服务现实。他独立思考，从不人云亦云、故弄玄虚。而且，他脚踏实地，精通中小学全部教材和教学法理论，他几乎教过中小学的所有课程。他的教育学、心理学和哲学等学科的修养之深，远远超乎常人。他学风踏实，勤奋写作，著述丰厚，言之有物，他的著作被翻译成世界的主要语言文字，被公认为是“活的教育学”和“教育百科全书”，他的学问物化成了宝贵的教育遗产。

再次，他有自己的教育思想。苏霍姆林斯基的教育思想深刻，着眼根本，前瞻未来，堪称“教育战线上的思想家”。他成天生活在孩子中，欣慰于学生的天真，敬畏着生命的严肃，感受着家长和社会的信任，掂量着教育的现实责任和时代使命，思索着对人性的尊重和对精神的关切。他心怀人类未来，前瞻新的世纪，他永远在追问：怎样的中小学才是好学校？什么是“真正的教育”？什么是“真正的人”？未来世界连同教育将走向何处？他在长年的教育实践中苦苦求索，在不间断的教育实验中验证答案，在广泛涉猎、持久深入的阅读中深思熟虑，通过勤奋写作及时总结，他沿着“教育学是人学”的线路前行，逐步形成了一整套独特的以人为本的教育主张，从而催生了举世无双的教育思想体系——苏霍姆林斯基教育思想。

还有，他坚守良知，敢讲真话，为人磊落，是一位真正的共产主义教育家。苏霍姆林斯基具有超越世俗的教育追求，拥有一颗美丽的心——以完美教育理想为血液循环的心。他满怀激情，又头脑清醒，在持续的阅读和不竭的实践中接触人类思想的精华，攀登教育理想的制高点，让自己的精神和心灵突破教条的桎梏，冲出时空的限制，超越四周的环境，凝成共产主义的教育信仰，在内心深处养成浩然之气，铸成不竭的精神力量。他以“人民教师——民族的良知和青年的楷模”要求自己，鄙视对学术的无知与怠慢，嘲笑对物质的贪婪与迷信，拒绝对权力的膜拜和恐惧，批评教条主义和形式主义，抵御社会和个人的沉沦。所以，他即便面对“围剿”也总是朝气蓬勃，积极达观。他挺直腰杆，拒绝平庸，追求真理，在平凡中显得那么不平凡，从而显示出巨大的人格魅力。

那么，怎样概括苏霍姆林斯基做出的教育贡献？

考察苏霍姆林斯基的一生，通览他的全部著述，纵观其教育理论和实践的建树，在苏联教育界，他做出了十个方面的贡献，可以简要归结为：

第一，他在苏联教育界第一个公开提出“人是最高价值”①，“教育学是人学，它的基础在实质上就是创造幸福”，“要相信人”。在“以阶级斗争为纲”的年代，他举起了社会主义、人道主义的教育大旗，用马克思的“异化”论述观照教育理论和实践，主张学校一定要把学生当人，真正当作“大写的人”，把“为了学生的欢乐和幸福”、全力“培养真正的人”作为教育的根本目的，这在当时无异于石破天惊。

第二，他旗帜鲜明地反对苏联教育界普遍存在的形式主义和教条主义。苏霍姆林斯基认为必须反对教师照搬先人教条、学校只按行政指令办事的倾向。他特别提倡教育要面向每个具体的学生，他指出：“请记住，没有也不可

① 苏霍姆林斯基著：《苏霍姆林斯基选集（五卷本）》（第五卷），俄文版，第 471 页。

能有抽象的学生。”[①] 他批评道，有教师在谈到教育教学要“面向学生”时，这里的“学生”，通常被理解为“中等的”“抽象的”学生，其实，这根本不存在；教师面对的是一个个活生生的人，只有从每个学生的具体实际出发开展教育教学，并努力走进他的心中，这才真是面向学生。所以，他在写作中总是会采用学生名字（隐去了姓氏），展示一个个鲜明的学生个性，在他那里看不到教条主义和形式主义的影子。

第三，他带头成功地实现了课堂教学改革。他提出了“要引导孩子参与学习”“要教会学生学习”“要丰富学生的智力生活”，还提出了“蓝天下的学校”[②]，从早期教育开始，就让学习充满吸引力，让孩子参与教学。他主张从小就把学习工具交给学生，打好学习技能的基础，熟练掌握“五把钥匙”（读、写、算、观察、表达），读、写、算要达到半自动化程度。他制定了“第二教学大纲”，开发新的课程，主张课内课外学习时间之比需达到1:1，为学生扩展和丰富智力背景提供条件。他十分关注培育学生的学习兴趣，使他们形成稳定的学习意愿，增强持续的学习动力。他主张教师改进与学生的交往风格，努力营造“充满爱的课堂”“有情感的课堂”，形成良好的“智力情感场”。事实上，苏霍姆林斯基在帕夫雷什中学就构建了以“教学三原则”——需要、难度、愉悦为核心的，特有的“苏氏教学法”体系，其内涵为：①趣味性教学——千方百计让孩子（“后进生”）喜欢学习、参与学习；②发展性教学——发展学生的思维、情感、创造力等；③研究性学习——三年级起就布置课题研究型作业，引导学生参与课题研究；④合作性学习——在小组讨论中交流智能与情感，在完成学习任务中发展个性；⑤个性定向性教学——发现每个学生的特长，针对学生的实际，强化个别指导，提供展示机会，促进学生个性发展。

第四，他力排众议改革教育教学评价，提出在（低年级）教育和教学中可以“取消消极性评价（不打不及格）”，延迟采用分数评价，甚至可以取消分数，以全力爱护和增强每个孩子的“智力自尊”，给学生以适度的空间和自由。他指出：“在学习中取得成就——这一点，形象地说，乃是通往儿童

① 苏霍姆林斯基 .《给教师的建议》[M]. 杜殿坤，编译 . 北京：教育科学出版社，1984：1.

② 苏霍姆林斯基 .《给教师的建议》[M]. 杜殿坤，编译 . 北京：教育科学出版社，1984：528.

心灵中燃烧着‘想成为一个好人’的火花的那个角落的一条蹊径，教师要爱护这条蹊径和这点火花。”[①]在他眼里，学校应是人生的启蒙园，是前进的加油站，课堂是增强学生学习兴趣和动力的场所。教师如果总是用消极性评价挫伤学生的积极性，用坏分数做皮鞭抽打孩子的自信心，那么，这无异于对学生犯罪。

第五，他第一个明确提出“广义德育”的概念。他指出“应当把学习和掌握知识的过程，放在广义的德育计划中，当作集体和个性生活的一部分”，要“发挥教学的德育作用，并找到帮助学习困难学生的策略”。他反对把德育从教育教学中剥离出来，主张综合地、有机地实施德育。他反对好高骛远，提出了脚踏实地的德育要求，其中，放在首位的是公民（平民）德训，即基本的做人准则：“三热爱”（热爱劳动、粮食、老百姓），“四崇拜”（崇拜祖国、母亲——人、书籍、国语）。他认为，道德目标应当有切实的基点，即以善良——设身处地为他人着想的善良，加上正义感——不容忍恶行的正义感作基点，在此基础上，包含着从“平民”（公民）目标到“圣贤”目标的广阔区间内的自由选择及逐步提升。

第六，他第一个公开指出“在苏联的共产主义社会中存在恶行”，提出必须加强精神和心灵的教育。他在教育学研究中引进了“精神”（相对于“肉体”）、“灵魂”“心灵”“良心”“生命”“死亡”“爱情”“意愿”“情感”“欢乐”“幸福”等诸多概念，突破了苏联经典教育学的刻板教条，从根本上改造其概念系统。他提倡教育走进学生心灵，深入学生精神生活，增强学生崇尚真善美的情趣，重视提高学生识别和反对假丑恶的觉悟、能力，为切实搞好公民（平民）人格教育，培养“真正的人”打下扎实的基础。

第七，他第一个提出学校的“情感文化”，提倡建设“情感文明”，提高教师的情感素养。苏霍姆林斯基认为：“一个人越变得有力量，他就越需要温情——这算道德教育的规律。力量乘以温情，唯在此过程中才会产生人类的高尚。”[②]他说，不重视学生的情感就是没有真正把学生当人。他要求教师：将认知与情感有机结合起来，十分密切地关注学生的体验、感受；在确

① 苏霍姆林斯基.《给教师的建议》[M]. 杜殿坤，编译. 北京：教育科学出版社，1984：3.

② 苏霍姆林斯基著：《苏霍姆林斯基选集（五卷本）》（第五卷），俄文版，第497页。

立教育目标时，把切实培养学生的自尊感、同情心、正义感放在第一阶段，并把培养责任感、友谊感、成就感、舒适感等纳入其中。他又说，学生在学习中经常失败，心里会感到痛苦，并慢慢变得迟钝，麻木。情感的麻木会导致道德上的厚颜无耻，这是一个人丧失自尊后的最可怕的后果。① 他主张从排除师生交往障碍入手，切实建立情感沟通，开展师生精神交往，真正注入关爱（自爱、爱人类）并强化之，形成积极情感的正向循环，从而构建学校和班级的良好情感氛围和人际关系。

第八，他第一个挑战了苏联经典教育学的写作风格，开创了用散文方式自由地撰写教育专著的先河。苏霍姆林斯基反对撰写教育著述时普遍存在的不良倾向——程式固化，面孔铁板，矫揉造作，故弄玄虚，烦琐冗长，不知所云。他带头把教育著作写得通俗、形象、生动、有激情，人物灵动，富有情境性，让读者如临其境，喜欢阅读，读有所得。他指出，教育学著述的精髓在于朴素、本真、实用。

第九，他在教育界大胆亮起了“自由”的旗帜。他反对把纪律和集体作为教育的目的，认为必须将其视作教育的手段，他提倡“对待孩子就应如对待一个自由的生命体”，“孩子是学习的主体”，要真正尊重学生的民主权利，主张给学生以选择自由，培养自由意志，学习自我评价，要求学生将“学习中的自由”与“做人的责任”适度结合，承认以约束为前提的自由。他反对校长和教师独断专行，主张指导学生学习民主操作和参与民主管理（班级及学校的管理），彻底挑战了专制式的教育思想和实践。他认为这些都要从课堂、班级和家庭教育做起。

第十，他第一个公开批评马卡连柯的集体教育思想，指出其中的诸多缺陷，挑战了理论权威。苏霍姆林斯基曾在《前进》一文中指名批评前辈教育家马卡连柯，列数其如下错误：机械搬用马克思关于集体的论述，把集体看作教育的目的，以“平行影响原则”削弱教师自身的教育作用，把学校的纪律看成“斗争”的纪律，让个人无条件服从集体，在解决个人与集体矛盾时主张“毫不留情”……他坚持正确的方法论，以过人的理论勇气，从实际出发，独立思考，始终坚持了教育本质的人文性、教育研究的整体性和教育理

---

① 苏霍姆林斯基著：《苏霍姆林斯基选集（五卷本）》（第五卷），俄文版，第 498 页。

论的实用性；提倡教育回归到人性之本，以培养大写的人为目的，深入学生的心灵。

至此，我们可以看到：苏霍姆林斯基是模范的实践家，是渊博的理论家，是深刻的思想家。苏霍姆林斯基做出的贡献是非同一般的，是伟大的，他将被载入人类教育史册。

我国著名教育学专家朱小蔓教授曾经这样写道："苏霍姆林斯基教育思想是国际全民教育进程的不熄灯塔"，"苏霍姆林斯基的确是一位伟大的思想先锋、思想的超前者、卓越实践的创造者。对他思想和实践的诠释在现今时代依然有巨大的张力，依然具有无穷的魅力"。

毋庸讳言，苏霍姆林斯基并不是神，如同历史上任何一位伟人那样，他不可能十全十美，阅读他的著作，也可以感到些许历史局限，或称时代烙印。但是，这恰恰证实，在我们面前的是一个真实的苏霍姆林斯基，是一位活生生的苏联乡村中学校长，是一位满怀教育激情的、勇于改革教育的实践家和理论家。我想，某些历史的局限丝毫不影响苏霍姆林斯基的高大形象和不朽精神。

读苏霍姆林斯基的著作，我们会不断汗颜，因为他书中的话语似乎就是对我们的拷问，它们就在敲打着我们的心——每个有良知的教师的心！读他的著作，我们又总感到眼明心亮，因为他的教诲总能给我们指明解决问题的思路、前行的方向。

我们编委会的很多同仁都感到：撰写丛书的过程，就是不断研学苏霍姆林斯基著作的过程，也是我们从中汲取教育营养、继续进步的过程。

掩卷沉思，我们仿佛看到：苏霍姆林斯基就站在我们的面前！

是啊！他在深情地期盼着我们……

吴盘生

2018 年 7 月